曹炜 著

CAOWEI CHUZAOQI
YUYAN YANJIU LUNJI

曹炜

初早期语言研究论集

（1984—1994年）

暨南大学出版社
JINAN UNIVERSITY PRESS

中国·广州

图书在版编目（CIP）数据

曹炜初早期语言研究论集：1984—1994 年/曹炜著 . —广州：暨南大学出版社，2017. 12

ISBN 978 - 7 - 5668 - 2289 - 5

Ⅰ. ①曹…　Ⅱ. ①曹…　Ⅲ. ①汉语—语言学—文集　Ⅳ. ①H1 - 53

中国版本图书馆 CIP 数据核字（2017）第 319457 号

曹炜初早期语言研究论集（1984—1994 年）

CAOWEI CHUZAOQI YUYAN YANJIU LUNJI（1984—1994 NIAN）

著　者：曹　炜

··

出 版 人：徐义雄

策划编辑：杜小陆

责任编辑：黄　颖

责任校对：王雅琪

责任印制：汤慧君　周一丹

出版发行：暨南大学出版社（510630）

电　　话：总编室（8620）85221601

　　　　　营销部（8620）85225284　85228291　85228292（邮购）

传　　真：（8620）85221583（办公室）　85223774（营销部）

网　　址：http：//www. jnupress. com

排　　版：广州良弓广告有限公司

印　　刷：广州市穗彩印务有限公司

开　　本：787mm×960mm　1/16

印　　张：16. 25

字　　数：310 千

版　　次：2017 年 12 月第 1 版

印　　次：2017 年 12 月第 1 次

定　　价：58. 00 元

（暨大版图书如有印装质量问题，请与出版社总编室联系调换）

自 序

孔圣人在《论语》中有一个极为简略的自传:"吾,十有五而志于学,三十而立,四十而不惑,五十而知天命,六十而耳顺,七十而从心所欲,不逾矩。"

自己对照一下,在人生的初早期,堪与孔圣人看齐:

15 岁时,即 1978 年,正好初中毕业上高中。我初中就读的是昆山县花桥公社的公桥中学,属于昆东地区。初中毕业前,适逢昆山县第一次搞全县统考,从应届毕业生中选拔 150 名学生,编成三个重点班,予以重点培养;其中昆东、昆南地区选拔出来的 50 名学生编在陆家中学重点班(一个班),昆西及昆北地区选拔出来的 100 名学生编在昆山中学重点班(两个班)。我所在的花桥公社属于昆东地区,所以被编在陆家中学重点班。而公桥中学的数百名初中毕业生中考上陆家中学重点班的,就我一个;语文更是在全公社三个中学 1 000 多名毕业生中考了第一名,记得当时考了 92 分,我的初中班主任杨士元老师在班会课上颇为得意地说:"曹炜是全公社唯一的一个语文考了 90分以上的考生。"今天依然记得,当年语文试卷中的作文,因为试题中说明诗歌体裁也可,便当场写了一首长诗,分段的那种,每段第一句的句式是一样的,这样便形成了排比诗段,形式上比较整齐,还注意了押韵,具体写了什么已经记不清了。这在当时是有风险的,毕竟是升学考试,现在回想起来,还是替当年的自己捏了一把汗。

高中两年真是很勤奋,不分白天黑夜,也不存在休息日及假期,书不离身,手不释卷,所以在 1980 年高中毕业时,再次成为陆家中学少数几名应届考上大学的学生,也是唯一一个考上文科大学的学生。我清楚地记得那年的高考分数是 392 分(文科),上复旦大学、南京大学应该没问题,但自己听从老师的意见,鬼使神差地报考了北京大学,结果未能如愿而被调剂到了当年第一次被列为重点大学招生的苏州大学(录取分 350 分)。

因此,说自己"十有五而志于学"也并不为过。

30 岁时,即 1993 年,儿子已经 5 周岁,能说会道的。自己在教学上已经获得所在高校青年教师教学竞赛最高奖。在学术研究上,已经先后在《汉语学习》《中国语文天地》《语文》《古汉语研究》《山东师大学报》《南京师大学报》《苏州大学学报》《扬州师院学报》等刊物上发表了近30篇论文，并在所在学校举行的首届（1989 年）教师科研成果评奖活动中荣获三等奖，是获奖人员中唯一的一名30 岁以下的青年教师。

因此，说自己"三十而立"，大抵也属当之无愧。

这里结集的二十九篇文章，就是在而立之前写就的。现在看看，有些文章尚有些深度，有些文章则深度不够，而且也有些驳杂，逮住什么问题就做什么研究，尤其是在 20 世纪 80 年代写就的那些篇什，看不出有什么主攻方向以及心仪的领域，却是弥足珍贵。因为它们忠实地记录了我在走上学术研究这条路之初的基本状况，那种跟跟跄跄，那种步履蹒跚。回看它们，让我不免想起当年第一次笨拙地把我那大胖儿子抱在怀中的那种感觉，竟是一样的啊！那种欣喜，那种自豪，难于言说。

需要说明的是，那段时间出现自己名字的论文，其实不止本论文集所收录的这些篇什。一些论文，虽属合作的，写作前或写作过程中也曾讨论过，但是别人执笔完成的，本论文集便不予收录。如我同曹培根研究员合作的《近代汉语史料学概论》（《吴中学刊》1991 年第 4 期）、《汉语史料概论》（《高校社科情报》1992 年第 1 期）及《汉语史料检索方法》（《图书馆学研究》1992 年第 2 期）等论文均未予收录，因为这些论文都是曹培根研究员执笔完成的。

为什么过了知天命之年，才想到要将自己三十岁左右写就的论文收集起来出一本集子呢？这主要还是源于我所指导的博士、硕士研究生们的需求。因为这些论文，在网络中一般都找寻不到，有的论文我手头也已没有，要阅读已属不易。如发表于1988 年《铁岭教育学院院刊》上的《一类比喻句的真伪辨》一文，我身边已经没有了，而这份刊物也已停办，主办这个刊物的单位已经几番拆分、重组，早已面目全非，当年在该期刊物一起发表论文的作者绝大部分现已作古；费了很大的周折，动用了许多人力，才最终获取。为了省却学生们一届复一届搜寻的艰难和重复劳作，我便决计自己动手来做这份搜罗的工作。

我想我的学生们应该是最欢迎这本小书的。这些年，所招收的博士生、硕士生越来越多，生源已遍布亚洲、欧洲、美洲、非洲这四大洲。这个群体的迅速扩大，也让自己感到了前所未有的压力——学生们攻读学位期间的论文写作及发表给我的压力、学位论文选题确立及完成并通过盲审及答辩给我的压力等。这本小书中的一些篇什或许可以作为我的现身说法，激发起他们的科研热情；或者作为研究的起点，引领他们向更高更专的领域努力，超迈前人。

　　我想，我的朋友们应该也会欢迎这本小书的。所谓隔行如隔山，我的不少朋友不是我这个行当的，他们并不了解我的工作，学术著作对他们来说过于专业，这本略显稚嫩的论文集可能很适合他们，从中可以管窥我的职业生涯内涵。即使是与我同一行当的朋友，可能了解我 30 岁以后或 40 岁以后或 50 岁以后的学术生涯，但并不了解我 30 岁以前的学术活动，像我的朋友、中国人民大学对外汉语学院前院长李泉教授这样的还记得我早期写过不少论文的同行应该是不多的（他应邀来苏州大学作学术讲演时在开场白中说，他当年是看着我的论文走上学术研究之路的，这当然是客套、自谦之词，更是溢美之词）。这本小书可以让我的同行朋友们了解我初早期的研究成果。

　　我想，其他青年学子大概也会欢迎这本小书的。从中他们可以感受到一个青年学子在人生起步阶段的学术进取精神，可以明白人的研究兴趣是逐渐形成的而且也是可以改变的，可以发现许多我们生活中习以为常的东西原来是大有研究探索的必要的。

　　我想，大家可能会喜欢这本小书，还有一个原因便是每篇论文末尾的"附记"。在"附记"中，记录了我论文写作、发表的一些花絮琐事，涉及当年不少的人和事，从中可以管窥二三十年前高校及学术界的一些人际交往和学术风尚，有点"老照片"的味道。

　　我于那本在学界小有名气的书籍《现代汉语词义学》（修订本）"后记"中曾写道："每个人有每个人的乐趣，每个人有每个人的活法，于是便有了林林总总不同的人生。"这本小书反映了我最初的人生选择，展示了我最初的一段人生轨迹。从撰写并发表第一篇学术论文（1984 年）至今，三十多个年头过去了，我依然坚持着最初的人生选择，依然延续着当初的人生轨迹，没有丝毫偏离，这让我很欣慰。我人生的全部乐趣也都在其中矣。

　　这条人生之路依然会延续，就因为其中蕴含着我以为的无穷乐趣。她与退休与否无关，只与生命的长度有关——一直通向生命的终点。

　　苍天，看在我还算是一个比较勤勉的人的份上，请假我以时年吧！

曹　炜

于苏州古城区学士花园寓所

2017 年 6 月 3 日

目 录

CONTENTS

1984年

王念孙 《读书杂志》 和汉语语法学

近读王念孙《读书杂志》，发觉其中存在着大量语法材料，便随手笔录，计得数百条。遂于中精选五十余条，分条比辑，下加案语，缀成此文。其目的在于：

（1）收集《马氏文通》以前汉语语法学资料，为汉语语法学史的研究提供素材。自《马氏文通》始，中国方有系统的语法学，但不能说在此以前就不存在汉语语法的研究。只要稍微留心一些，我们便可从古代的训诂学、校勘学专著中找到丰富的语法学材料，郑奠、麦梅翘便做了这个收集工作，编成《古代汉语语法学资料汇编》一书，其中亦从《读书杂志》中引了数例，但为举例性质，有必要对此重新归纳、整理。

（2）阐述王念孙的《读书杂志》与汉语语法学的关系。历来学者们对《读书杂志》因声求义，正确理解文字通假现象推崇备至，但对它在语法学上的贡献，则往往选择忽略。王氏在此巨著中继承我国古代联系实际研究语法现象的传统，用一些语法规律解决了不少训诂、校勘中的疑难问题，成就卓著。例如他对某些否定句、疑问句中代词作宾语应前置而未前置的情况所作的刊误，正与目前的一些研究成果暗合。

（3）对《读书杂志》中列举的一些特殊的语法现象和规律，作一些说明，以补充古汉语语法研究之不足。一般的语法书都论述普遍的语法现象和规律，而《读书杂志》为了训诂、校勘的需要，往往讨论一些不常见的语法现象和规律。例如，王氏引例证得"为"即表假设之"如"，因而断定"纵"为衍文。此为一般语法书无法达到。

（4）对《读书杂志》在语法方面存在的一些问题作一些探讨、补充、商兑。汉语语法学是一门新兴学科，尚很年轻，尤其在王念孙所处的那个时代，理论性不强，亦无系统性可言，因而难免有欠妥之处。例如，王氏将《庄子·山木》"庄周反入，三月不庭"中之"庭"当作"逞"；《史记·封禅书》"吾有羊上林中"，"羊"下脱去一个"在"字等，均值得商榷。

全文分句法、词法、虚字训释、问题商兑四个部分。其中虚字训释，大多见于《经传释词》，此处略引一些。

笔者读书甚少，学识浅薄，文中所案必有谬误，谨望指正。

一、句法

（一）"见"表被动而误脱例

《读书杂志》（下文此四字省）《汉书·高武王传》曰："琅邪王刘泽既欺，不得反国。"

念孙案：既欺，本作"既见欺"。谓既见欺于齐王而不得反国也。

炜案："见"表被动，作用相当于现代汉语之"被"。古人施受同词，故为受事之司者，或加"见"字，抑或不加，例《公羊传·庄公二十八年》"春秋伐者为客，伐者为主"，何休注云："见伐者为主。"前一"伐"为施词，后一"伐"为受词，若无何注，则不知所云。"刘泽既欺"，若无"见"字则"欺"为施词耶？抑或受词耶？殊为不明。窃谓当以王案为妥。

（二）代词"之"复指提前之宾语例

《史记·太史公自序》云："惠之早霣，诸吕不台，崇彊禄产，诸侯谋之，杀隐幽友，大臣洞疑。"

念孙案："诸侯谋之"本作"诸侯之谋"。之，是也。言吕后，崇彊禄产，而谋刘氏。

炜案：王说甚确，"之"非指诸吕，乃复指诸侯也。古汉语中，为强调宾语，常将其置于动词或介词前，而在其后，用"之""是"复指，试举几例。
《左传·昭公三十一年》："寡君其罪之恐，敢与知鲁国之难？"
"之"复指"罪"。
《国语·周语》："我周之东迁，晋郑是依。"
"是"复指"晋郑"。
韩愈《师说》："句读之不知，惑之不解，或师焉，或不焉。"
"之"分别复指"句读""惑"。

（三）疑问句中疑问代词作宾语当前置例

《淮南子·齐俗训》曰："桓公读书于堂上，轮扁斫轮于堂下，释椎凿而上，问桓公曰：'君之所读者，何书也？'桓公曰：'圣人之书。'轮扁曰：'其人在焉？'"

念孙案："其人在焉"当作"其人焉在"。

炜案：王改"其人在焉"为"其人焉在"，是也。古汉语中，疑问句疑问代词作动词或介词的宾语，一般前置于动词或介词前，试举几例，以为佐证：

《楚辞·哀郢》："忽翱翔之焉薄?"

《左传·庄公十年》："曹刿乃入见，曰'何以战?'"

《论语·子罕》："吾谁欺? 欺天乎?"

"焉""何""谁"皆前置。

（四）否定句代词"之"作宾语当前置例

《史记·殷本纪》曰："此三代，莫敢发之。"

念孙案："莫敢发之"本作"莫之敢发"，浅学人改之耳。

炜案：古汉语中，否定句代词作宾语位置较复杂，不能一概而论。有些代词，前置情况要比后置多得多，例如，周法高先生认为，古"不食之"之用法多于"不之食"之用法，并作了统计，当为可信；有些则恰恰相反，例如，马汉麟先生主编之《古代汉语读本》便认为"莫知我"这种用法在先秦古籍中很少见。诸说纷纭，然有一点似乎可以肯定：在以否定性无定代词"莫"作主语之否定句中，代词"之"作宾语不前置为罕见。故"莫敢发之"当依王案改作"莫之敢发"为是。

（五）"见"表被动而后无及物动词例

《荀子·赋》曰："公正无私，反见纵横。"

念孙案：此本作"见谓纵横"。

炜案：王案是也，"见"表被动，其后必有及物动词。例如：

《孟子·尽心下》："盆成括见杀。"

《史记·廉颇蔺相如列传》："欲予秦，秦城恐不可得，徒见欺。"

"杀""欺"均为及物动词。"纵横"为名词，故其前当加"谓"。

（六）"何以……为"为先秦固定格式例

《晏子春秋·内篇杂下》曰："位为中卿，田七十万，何以老为妻?"

念孙案：当作"何以老妻为?"

炜案：当以王案为是。"何以……为""奚以……为"均为先秦固定句式。其中"为"乃表疑问的语气词，仅与"奚""何"诸字连用，试举几例：

《荀子·议兵》："然则又何以兵为?"

《列子·杨朱》："人而已矣，奚以名为?"

《论语·季氏》："何以伐为?"

《庄子·逍遥游》："奚以之九万里而南为?"
若云"何以老为妻"则殊为不词。

（七）"有……者"为上古固定句式例

《淮南子·人间训》曰："昔者宋人好善者，三世不解。家无故而黑牛生白犊。以问先生。先生曰：'此吉祥，以飨鬼神。'"

念孙案："好善"上脱"有"字。
炜案：王说是也。"有……者"为上古固定句式，常用于叙事，例如：
《韩非子·外储说左上》："郢人有遗燕相国书者……"
《韩非子·外储说右上》："宋人有酤酒者……"
《吕氏春秋·淫辞》："宋有澄子者……"
若脱"有"字，则不成句矣。

（八）使动词后"于"字误衍例

《管子·立政篇》曰："五乡之师出朝，遂于乡官，致于乡属，及于游宗，皆受宪。"

念孙引引之之说，谓"致"下不当有"于"字，此涉上下两"于"字而衍。
炜案："于"字误衍，是也。"致"有使动义，意即"使来"也，"乡属"乃"致"的对象，故"致"后不能用"于"。"于"字当删。

（九）"者"字结构误用例

《管子·重令》曰："虽不听而可以得存者，虽犯禁而可以得免者，虽毋功而可以得富者。"

念孙案：三"者"字皆因下文而衍。
炜案："者"字结构，其作用与一名词相当，仅能作句中某一成分，而不能自成句子。"虽不听而可以得存……"本为三并列句，若在句尾加一"者"字，则为三并列成分，语意不完整，不成句子。王谓三"者"字误衍，当确凿无疑。

（十）"然"为代词而误衍例

《汉书·循吏传》曰："初，邑病且死，属其子曰：'我故为桐乡吏，其民爱我，必葬我桐乡。后世子孙奉尝我，不如桐乡民。'及死，其子葬之桐乡西郭外，民果然共为邑起冢立祠，岁时祠祭，至今不绝。"

念孙案:"然"字后人所加,凡言果然者,皆谓果如此也。下既言"为邑起冢立祠",则"然"字为赘文矣。

炜案:古汉语中之"果然"非今语之"果然",其一为形容词,意谓"饱足貌",例如《庄子·逍遥游》:"适莽苍者,三飧而反,腹犹果然。"其二如今语之曰:"果然这样(如此)。"而今语之副词"果然"者,古汉语中曰"果",其后之"然"为指示代词,在上例中既然被指代之事在文中出现,则"然"必为赘文无疑。

(十一) 以关联词指配刊误例

《史记·吕不韦列传》曰:"且自大君之门,而乃大吾门。"

念孙案:"且"当为"盍",字之误也。盍,何不也。言何不自大有之门,而乃大吾门也。若作"且",则与"而乃"二字义不相属矣。

炜案:"且"当为"盍",王说是也。"而乃"为表转折之词,故下句所言与上句所言在意义上得相对或相反,"盍"为"何不"义,表反问之词,刘淇《助字辨略》谓之"倒言也",与"而乃"恰好相对为文。若作"且",则"而为"对何而言不可知矣。

(十二) 施事误为受事例

《汉书·高帝纪》曰:"由所杀蛇白帝子,所杀者赤帝子,故也。"

念孙案:下"所"字,涉上"所"字而衍。"杀者"谓杀蛇者也,则"杀者"上不当有"所"字。

炜案:王案甚确。"所"字盖衍文也。"赤帝子"乃"杀蛇"之施事者,故当云"杀者","所"加动词构成"所"字结构,指代动作涉之对象,此处若加"所"字,"赤帝子"则由施事者变为受事者,与文意不合。

(十三) 古"所以……"结构误脱"以"字例

《淮南子·泰族训》曰:"上无烦乱之治,下无怨望之心,则百残除而中和作矣。此三代之所昌。"

念孙案:"此三代之所昌"当从《群书治要》所引作"此三代之所以昌也"。今本脱去"以""也"字,则字义不明。

炜案:"所以昌"谓"昌"之原因,"所昌"谓"昌"之对象,二者截然不同。且"所"后跟及物动词,"所以"后则可跟动词(及物的与不及物的)、形容词。"昌",此解为"昌盛",为形容词,则"昌"前不当为"所"明矣,王依《群书治要》改"所"作"所以"既合语意,又合文法,颇当。

（十四）不及物动词用作"为动"例

《淮南子·泛论训》曰："直躬其父攘羊而子证之，尾生与妇人期而死之。直而证父，信而溺死，虽有直信，孰能贵之？"

念孙案："信而溺死"本作"信而死女"，言信而为女死，则信不足贵也。

炜案：王氏解"死女"不作"使女死"，而作"为女而死"，颇当，今人称之为"为动"用法，即谓语动作行为为宾语而发生。例如：

《庄子·骈拇》："伯夷死名于首阳之下，盗跖死利于东陵之上。"

《礼记·檀弓上》："伯氏不出而图吾君。"

《孟子·梁惠王下》："君无尤焉！君行仁政，斯民亲其上，死其长矣。"

"死名""死利""死其长"多作"为名而死""为利而死""为其长而死"。"图吾君"，亦作"为吾君图"，而不作"图谋吾君"。

二、词法

（一）动词误用作名词例

《逸周书·文传》曰："令行禁止，王始也。"

卢注曰：疑"王治"也。

念孙案："王始也"，本作"王之始也"，"王"读"王天下"之"王"。

炜案：卢以"王"为名词，非也。"王"当为动词，读作 wàng，意即"统治"，王说是也。"之"或有或无皆可，有"之"，语缓，无"之"，语直。

（二）形容词误用为动词例

《荀子·非十二子》曰："行辟而坚，饰非而好，玩奸而泽，言辩而逆，古之大禁也。"

杨倞注曰："饰非而好者，好饰非也。"

念孙案："饰非而好"，言其饰之工也，"好"字当读上声，不当读去声。

炜案："好"有两读：作形容词时读作 hǎo，作动词时则读作 hào，犹今语之"喜欢""爱好"，此处之"好"当依王说，作形容词，意谓"精巧""精致"，若依杨说作动词，则曲解文意矣。

（三）名词误为形容词例

《淮南子·齐俗训》曰："若夫规矩钩绳者，此巧之具也，而非所以巧也。"

念孙案："巧"上当有"为"字。

炜案：古汉语中，单音节形容词作定语，一般不用结构助词"之"。若"巧"，可说"巧具"，不可说"巧之具"，此处之"巧"当为名词，指"巧的东西"。据文意，当于"巧"前加动词"为"，以构成动宾词组作"具"的定语。

（四）"以是""是以"不互通例

《淮南子·道应训》曰："晋爵益高，吾志益下，吾官益大，吾心益小，吾禄益厚，吾施益博，是以免三怨，可乎？"

念孙案："是以"当依《列子·说符》作"以是"。

炜案：王案甚确，试详述之。

刘淇《助字辨略》云："是以，犹云所以。"其书又引《毛诗正义》曰："是以者，承上生下之辞。"

王引之《经传释词》亦云："是故，是以，皆承上启下之词，常语也。"裴学海《古书虚字集释》则曰："是以，犹'故也'，申事之词也。"

炜案："是以"为古凝固结构，如今语之"所以""因此"也，起承上启下的作用。而"以是"则不然，其可释为"因此"，即"是以"；又可以释为"用此""拿此"，《马氏文通》曰："以司'何'、'是'两代字，倒置为常，司'之'、'此'，诸字则否。"又引《汉书·司马迁传》云："惜其不成，是以就极刑而无愠色。"曰："'是以'者犹似是也。"另引《左传·僖公四年》："以此众战，谁能御之！以此攻城，何城不克！"曰："'以此'二字未可倒置。"[1] 即谓"是以"皆可倒置为"以是"，而"以是"唯有作"因此"解时方可倒置，其说颇为可取。

《淮南子·道应训》之例如作"是以"，则只能是连词而释为"因此""所以"，句意就不通。作"以是"方可释为"用此""拿此"，全句就通畅。

（五）动词误为叹词例

《荀子·儒效》曰："鸣呼而莫之能应；然而通乎财万物、养百姓之经纪。"

杨倞注曰："鸣呼，叹词也。"

念孙案："鸣"当为"噪"，字之误也。"噪"与"叫"同。

炜案：杨注非，王说是。叹词除一些特殊用法，一般独立于句子结构之外，不充当句子成分。陈承泽《国文法草创》云："'感'字独立表意于文章

---

① 马建忠：《马氏文通》，上海：商务印书馆，1898 年。

之构造部不生关系"，"感"字即今之叹词也。又，"而"为连词，它只能连接实词，不能连接既非实词又非虚词的叹词，如此，则"呜"断不为叹词明矣。王谓"呜"乃"嗥"之伪，与"叫"同，为动词，当可信。

三、虚字训释

（一）叹声、发声不可互用例

《文选》曰："嗟内顾之所观。""嗟难得而觊缕。""嗟难得而备知。""嗟孰可为言已。""嗟见伟于畴昔。"

念孙案：王逸注《离骚》曰："羌，楚人发语词也。"《文选》内"羌"多作"晓"，因伪为"嗟"。若"嗟"，叹声，非发声也。

炜案：王以"嗟"为叹声，"羌"为发声，谓叹声、发声有别，甚是。

刘淇《助字辨略》云："嗟，犹云噫也。"彼引《释名》曰："嗟，佐也，言不足以尽意，故发此声以自佐也。"又引《诗·国风·猗嗟》"猗嗟昌兮"，《毛传》注云："猗嗟，叹词。"《正义》云："猗是心内不平，嗟是口之嗢哑，皆伤叹之声，故为叹词。"刘氏又释"羌"云："羌，《广韵》云：'发语端也。'"又引颜师古注曰："庆，发语词，读与羌同。"

近人杨树达《词诠》亦云："羌，语首助词，无义。"又云："嗟，叹声，无义。"则"嗟"为叹词，羌为发声明矣。

炜案：古"叹声"与"发声"有别，不可互通。"发声"又叫"句首助词"，用在句子或段落之首，或起提示下文作用，"叹声"则不同，它有"佐文意"的作用。吕叔湘在《中国文法要略》一书中云："文言文里最适用的是感叹词：噫、嘻、呜呼、嗟乎。一般说来，表悲伤的多用'呜呼'，惊讶多用'嘻'，叹息用'噫'，感慨用'嗟乎'……"可见，叹声是有表情的。且叹词有很大的独立性，没有固定的位置。《马氏文通》就指出："叹字既感情而发，故无定位之可拘。在句首者其常，在句中者亦有之，句终者不概见焉。"此文与"发声"有别。

故以叹声、发声所处之位置、所起之作用观之，当依王案为是。

（二）"则""是以"并同而不复用例

《墨子·非命上》曰："与其百姓兼相爱，交相利，则，是以近者安其政，远者归其德。"

念孙案："是以"上不当有"则"字。

炜案：王案甚是。"则"为连词，起承上启下之作用。

王引之《经传释词》曰:"则者,承上启下之词。"

刘淇《助字辨略》曰:"则,语辞也,承上趣下,辞之急者也。"

近人杨树达《词诠》亦云:"则,承接连词,于始为一事时用之。"

均可证"则""是以①"并为承上启下之词。故用"是以"则不当用"则"矣。

(三)"如""而"并同而不复用例

《管子·侈靡》曰:"贱有实,敬无用,则人可刑也。故贱粟米而如敬珠玉,好礼乐而如贱事业。"

王念孙引引之之说,谓两"而"字为后人所加,"如"即"而"也。

炜案:"而""如"古声近义通。

《左传·昭公四年》:"牛谓叔孙:'见仲而何。'"杜注曰:"而何,如何也。"

《战国策·齐策》:"而此者三。"高注曰:"而,如也。"

《汉书·贾谊传》:"变化而嬗。"《史记·索隐》引韦昭注曰:"而,如也。"

"而""如"义通则可互用,"而"即"如"也,用"如"则不必用"而"矣,王案为是。

(四)"俄而"训"假如"例

《法言·问神》曰:"天俄而可度,则其覆物也浅矣。地俄而可测,则其载物也薄矣。"

念孙案:"俄而"之言"假如"也。

炜案:王案颇当。是"俄而"非表"须臾"之"俄而"也,当为"假如"。唯其如此,下句"则"字才有着落。"如""而"字古通②,"俄""假"并为"见"组字,音近义通,念孙又引《诗·周颂·维天之命》云:"假以溢我",而《说文》引作"俄以溢我"证"俄""假"古亦相通,如此则"俄而""假如"古相通亦明矣。

(五)"为"训"如何"

《战国策·韩策》曰:"陈轸曰:'……王听臣'为之微四境之内,选师,言救韩,令战车满道路;发信臣,多其车,重其币,使信王之救己也。纵韩

---

① 马建忠:《马氏文通》,上海:商务印书馆,1898 年。

② 马建忠:《马氏文通》,上海:商务印书馆,1898 年。

为不能听我，韩必德王也，必不为雁行以来。是秦、韩不和，兵虽至，楚国不大病矣。为能听我，绝和于秦，秦必大怒，以厚怨于韩……"

念孙案："纵韩为不能听我"，鲍本无"纵"字，是也，"韩为不能听我""为能听我"两"为"字，并与"如"字同义。古或谓"如"曰"为"。

炜案：王氏引《战国策·秦策》："为我葬，必以魏子为殉。"《楚策》："子为见王，则必掩子鼻。"《吕氏春秋·异宝》："为我死，王则封汝，必无受利地。"证"为"即"如"，此证允当。古文雅洁，言无枝蔓。"纵"亦"如"也，"纵"为衍文当是。

（六）"可而"训"可以"例

《吕氏春秋·祁黄羊·去私》曰："晋平公问于祁黄羊曰：'南阳无令，其谁可而为之?'"

高注曰："而，能也。"

念孙案："而""能"古虽同义，此"而"字不可训为"能"。"而"犹"以"也，言谁可以为之也。谁可以为之，犹言"谁能为之"。若云"谁可能为之"，则不辞矣。

炜案：古"而""以"互用，颇为常见。王氏以《吕氏春秋·功名》"故当今之世，有仁人在焉，不可而不此务；有贤主，不可而不此事。贤不肖不可以不相分"，证"而""以"互用，甚切！如此，则"可而"犹云"可以"也。"可以"即"能"，今语之言"可能"者，乃表推测也，为不定之词，非云"可以"也。王说甚是。

（七）"如有"训"如或"例

《史记·孟尝君列传》曰："如有不得还，君得无为土禺人所笑乎?"

念孙案："如有""如或"也。"或"与"有"，古同声而通用。

炜案：王案为得。"有""或"古通。

刘淇《助字辨略》云："《后汉书·王充王符仲长统列传》：'或推前王之风，可行于当年；有引救敝之规，宜流于长世。'此'有'字，犹云或也。"

王引之《经传释词》亦云："'有'犹'或'也。"又云："古'有'字通作'或'。"其引例甚多，不胜枚举。

炜案："有"古属"匣"母，"之"韵；或古属"匣"母，"职"韵。"之""职"对转可通，则"有""或"古音同义近明矣。王训"如有"作"如或"，此说不移。

四、问题商兑

（一）关于补语中的"于（在）"

《史记·封禅书》曰："吾有羊上林中，欲令子牧之。"

念孙案："羊"下脱去"在"字。《汉书·卜式传》有"在"字，作："吾有羊在上林中。"

炜案：介词"于"在补语中的有无，在《史记》《汉书》中显得极其随便。就是叙述同一件事，《史记》《汉书》是否用"于""在"的情况也有所不同：

《史记·高祖本纪》："遂以鲁公号葬项羽谷城。"（无）

《汉书·高帝纪》："故以鲁公礼葬项之谷城。"（有）

《史记·留侯世家》："项羽急围汉王荥阳。"（无）

《汉书·张陈王周传》："项羽急围汉王于荥阳。"（有）

《史记·项羽本纪》："沛公居山东时，贪于财货。"（有）

《汉书·陈胜项籍传》："沛公居山东时，贪财货。"（无）

《史记·高祖本纪》："贫，种瓜于长安。"（有）

《汉书·高帝纪》："贫，种瓜长安。"（无）

炜案："吾有羊上林中。""羊"下是否脱"在"字，似不能定。杨树达先生称此作"省略一'于'字"。而王力先生则谓此非省略，而是"本来就有这种语法"[1]。《史记》中这类例子比比皆是，此处略而不引。

（二）关于"而已"与"而后已"

《淮南子·时则训》曰："通路除道，从境始，至国而后已。"

念孙案："后"字后人所加，"已"亦止也，无须加"后"字。

炜案：王说欠妥。"而已""而后已"一也。"而"即"后"也，然古自有复语耳，若"岂讵""何遂""庸讵"之类。诸葛亮《后出师表》曰："臣鞠躬尽瘁，死而后已。"则此又一证也。

（三）关于"不庭"说

《庄子·山木》曰："庄周反入，三月不庭。"司马彪云："不出坐庭中三月。"

---

① 详见王力：《谈谈写论文》，《大学生》1981 年第 1 期。

念孙案：如司马云，则"庭"上须加"出"字，而其义始明。"庭"当为"逞"。不逞，不快也。

炜案：当依司马云。古汉语中，有一种名词用作动词的惯例，例如：

《左传·襄公二十三年》："夫鼠昼伏夜动，不穴于寝庙，畏人故也。"穴，打洞也。

《列子·说符》："昔齐人有欲金者，清旦，衣冠而之市。"衣冠，穿衣戴帽也。

炜案："不庭"之"庭"亦为名词活用作动词。上例之"不庭"当"不出门庭""不出户庭"之意。另，"不庭"又有"不上朝廷""不朝天子"之意，即"不廷"也。

《左传·隐公九年》："宋公不王。郑伯为王左卿士，以王命讨之，伐宋……"《左传·隐公十年》："君子谓：'郑庄公于是乎可谓正矣，以王命讨不庭……'"王引之《经义述闻》引念孙之说云："诸侯见于天子曰王，王之言往也，往见于天子也。宋公不王，犹言宋公不朝。"

炜案：下文"不庭"自应与上文"不王"同义以相应，则"不庭"之言"不上朝廷"明矣。

又杜预注《左传·成公十二年》的"而讨不庭"云："讨背叛不来王庭者。"

炜案：杜氏以"不来王庭"释"不庭"，颇为允当。

又《管子·明法解》："废其公法，专听重臣，如此，故群臣皆务其党，重臣而忘其主，趋重臣之门而不庭。故明法曰：'十至于私人之门，不一至于庭。'"

炜案：此则明明以"不一至于庭"解"不庭"了。此"不庭"虽与"三月不庭"之"不庭"意义有别，然以名词"庭"作动词用则一也。

（四）关于代词"焉"与连词"焉"

《庄子·胠箧》曰："彼窃钩者诛，窃国者为诸侯，诸侯之门而仁义存焉。"

念孙引引之之说曰："存焉"，当为"焉存"。焉，于是也。

炜案：当为"存焉"。念孙引《史记·游侠列传》"窃钩者诛，窃国者侯。侯之门，仁义存"及《礼记·月令》"天子焉始乘舟"，证"存焉"当作"焉存"，窃以为不妥。"焉"当为代词，指代"诸侯之门"，而非连词"于是""乃"。《史记·游侠列传》"侯之门，仁义存"因求音节整齐而省去"焉"，无法作证。《月令》"焉始乘舟"之"焉"为连词，但句意与《庄子·胠箧》之例相差甚远，且亦并不能以此"存焉"之式的存在。《庄子·

盗跖》曰："小盗者拘，大盗者为诸侯。诸侯之门，义士存焉。"作"存焉"而不作"焉存"，"焉"为代词，此与上句基本相同，可以证《庄子·胠箧》之例不误。

（五）关于"中"之位置

《淮南子·主术训》曰："圣主之治也，其犹造父之御。齐辑之于辔衔之际，而急缓之于唇吻之和；正度于胸臆之中，而执节于掌握之间。内得于心中，外合于马志。"

念孙案："心中"当为"中心"。

炜案：古"心中""中心"一也。邢公畹先生在《诗经"中"字倒置问题》一文中，颇能令人信服地论述了《诗经》中表区域及其方位，作用相当于现代汉语方位词之"中"常常倒置这条规律。例如：

《小雅·信南山》："中田有庐，疆场有瓜。"

郑笺："中田，田中也。"

《周南·兔罝》："肃肃兔罝，施于中林。"

毛传："中林，林中。"

《桧风·羔裘》："岂不尔思？中心是悼！"

"中心，心中也。"①

然《诗经》中这条规律，是否适合汉武帝时代之《淮南子》尚有待深入研究。其实，早在《易经》中，就有"中"不倒置之现象。例如《屯·六三》："即鹿无虞，惟入于林中。"不作"中林"。而到了汉魏时，这种不倒置现象更多，试略举几例：

《史记·周本纪》："徙置之林中，适会山林多人，迁之。"

《史记·秦始皇本纪》："齐人徐市等上书，言海中有三神山。"

《史记·晋世家》："乃投璧河中，以与子犯盟。"

《史记·陈涉世家》："乃丹书帛曰'陈胜王'，置人所罾鱼腹中。"

《汉书·高帝纪》："及壮，试吏，为泗上亭长，廷中吏无所不狎侮。"

《汉书·高帝纪》："吕后与两子居田中……"

《古诗为焦仲卿妻作》云："十七为君妇，心中常苦悲。"

《庭中有奇树》："绿叶发华滋。"

阮籍《咏怀》："林中有奇鸟，自言是凤凰。"

谢灵运《田南树园激流植援》："不同非一事，养疴丘园中。中园屏氛杂，清旷招远风。"

---

① 见邢公畹：《诗经"中"字倒置问题》，《语言论集》，北京：商务印书馆，1987 年，第 135 页。

则"园中""中园"混用矣。

[原收录于苏州大学中文系《中文系 1980 级毕业论文选（1984 集)》]

附记

此文是我的学士学位论文。

本论文的指导老师是当年苏州大学中文系的王迈老师和蔡镜浩老师。论文题目是王迈老师定的，写作过程中使用的数百张空白卡片是蔡镜浩老师提供的。

为了收集《读书杂志》中语法学方面的材料，我在苏州大学图书馆红楼分馆（今苏州大学红楼会议中心）坐了三个多月的冷板凳。主要是因为其时《读书杂志》尚只有线装书，图书馆当作宝贝似的概不外借，所以只能坐在图书馆古籍部阅览室中阅读。直到 1985 年江苏古籍出版社才出了影印本，这是后话。

大四时已几无课程，所以我每天早上于红楼分馆开门时进去，一直坐到傍晚关门时回去。就这样，将 24 册《读书杂志》中涉及语法学的材料一一抄写在卡片上。

做完卡片后，先去找蔡镜浩老师，由他从中初选了近 100 张卡片作为写作材料。尔后，自己分类材料，确定全文写作框架，得到了蔡镜浩老师的首肯。最后去找王迈老师，又从初选的近 100 张卡片中挑了 50 多张卡片确定为文中所援引的写作案例。

写作框架及语料确定后，写作就变得比较顺利了，一个多月后，文章初成。经由王迈老师、蔡镜浩老师润色，便形成了本文。

1984 年 6 月，苏州大学中文系本科毕业生首次试点实行学位论文答辩，系里在 100 位学生撰写的学位论文中挑了 6 篇作为答辩论文，其中 1980 级（1）班 4 篇，1980 级（2）班 2 篇。本论文便是 1980 级（1）班 4 篇中的一篇，也是 6 篇论文中唯一一篇语言研究论文。

参加我的学士学位论文答辩委员会的委员，除了王迈老师、蔡镜浩老师，还有翁寿元老师、董志翘老师等。

论文答辩进行了半天，长达数个小时，因为答辩学生只有我一个人，有充足的时间供各位答辩委员评议。当时，学士学位论文答辩的严肃、认真、细致、紧张与今日各高校学士学位论文答辩动辄半天数十人的情形无疑有霄壤之别。

苏州大学中文系将组织答辩的 6 篇学士学位论文汇编成《中文系 1980 级毕业论文选（1984 集）》以作纪念，这在恢复高考之后的苏大中文系还是头一次。虽然今天看来，这本论文集无论是名称还是装帧印刷均较为粗糙，但对我来说却弥足珍贵，因为这里收录了我今生的第一篇学术论文，所以虽几经搬家迁徙，一直珍藏至今。

1987年

也谈 "有" 的词性

——与林泰安等同志商榷

我们先来看两组例句：

A 组：（1）我有一本书。

　　　（2）我们没有时间。

B 组：（3）弟弟有哥哥高。

　　　（4）他没有你胖。

有的同志以为 A 组里的"有"（下文称作"有 A"）表领属，是动词；B 组里的"有"（下文称作"有 B"）表比较，作用同"比"相似，因此是介词。①"有 A"是动词，无可非议；可把"有 B"看作介词，我们以为很值得商榷。

"有"是个很特殊的动词，朱德熙先生将它归为"准谓宾动词"，认为它可以带结构短语，但只限于偏正结构，"而且这种偏正结构里的修饰语只能是体词或形容词"②。我们以为，"有 B"同"有 A"一样，也具备"准谓宾动词"的语法特征，因此，不该是介词。

在分析表比较的"有 B"的词性之前我们不妨先分析一下下面这个例句。

（5）弟弟有一米高。

例（5）中的"有"表度量，在句中作谓语，这是很显然的。因为这个"有 B"若是介词，那么下面的例子：

（6）弟弟有一米。

就不能成立。因为"介宾短语连着主语说出来站不住"③。而事实上，这

---

① 详见林泰安：《这个"有"可以看作介词》，《汉语学习》1986 年第 5 期；又见林泰安：《怎样辨别虚词〈语素〉的同一性》，《学语文》1986 年第 5 期。

② 见朱德熙：《语法讲义》，北京：商务印书馆，1982 年。

③ 见邢福义：《词类辨难》，兰州：甘肃人民出版社，1981 年。

样的句子是成立的，例如：

（7）鱼有五斤（重）。

（8）雪有半尺（厚）。

可见"有 B"不是介词，而是动词。形容词"高"由于不能直接作"有 B"的宾语，就同"一米"构成体词修饰的偏正结构，一起充当"有 B"的宾语。按照朱先生的归类，"有 B"都应是"准谓宾动词"。所以，例（5）的内部结构应作这样的切分：

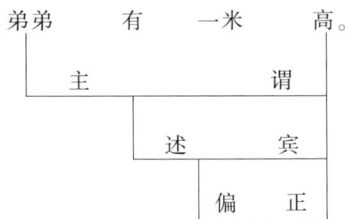

弟弟   有   一米   高。

主   谓

述   宾

偏   正

"有 B"表量度是动词，"有 B"表比较是否也是动词呢？答案是肯定的，因为"量度和比较是相通的"。两者在句法上"有共同的特点"①。它们都带估量的意思，都要用表示量度、比较的字眼，且都不直接跟形容词。因此，无论是《现代汉语语法讲话》还是《现代汉语八百词》，或是刘月华等的《实用现代汉语语法》，都把它们列为同一种意义和用法，并存在一个义项中。因此，承认"有 B"表度量是动词，也就得相应承认"有 B"表比较也是动词。

这是从类比的角度去分析"有"为动词，而从"有 B"在句子中的语法功能来分析，也可以得出相应的结论。我们来看例（3）"弟弟有哥哥高"，若"有"是介词，那么，下面的语言现象又该如何解释？

问：弟弟有哥哥高吗？

答（1）：（弟弟）有。（可能还高些呢！）

答（2）：（弟弟）没有。（差一大截呢！）

因为"单独一个介词连着主语说出来站不住"②，且介词也不能单独回答问题。所以，上例中的"有"只能是动词，作谓语，而不该是介词。"有 B"与介词"比"有根本的区别。同样的情况，我们不能这样说：

---

① 详见丁声树等：《现代汉语语法讲话》，北京：商务印书馆，1961 年。

② 见邢福义：《词类辨难》，兰州：甘肃人民出版社，1981 年。

问：弟弟比哥哥高吗？

答（1）：（弟弟）不比。

答（2）：（弟弟）比。

因为"比"是介词，而只有问"弟弟与哥哥比不比"时，才可以这样作答，可这时的"比"不再是介词，而是动词了。单独回答问题的"比"是动词，为何单独回答问题的"有 B"是介词呢？因此，例（3）的内部结构也应该并且只能作如下切分：

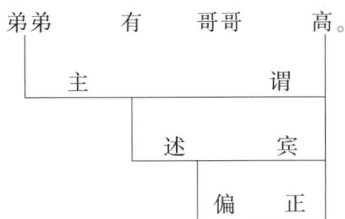

体词"哥哥"是修饰"高"的，两者组成一个偏正结构作"有"的宾语，意思是讲"哥哥那般高"，而不是"哥哥很高"（主谓结构）。因此，"有 B"也还是属于"准谓宾动词"。

至于何以例（6）、（7）、（8）能省略后面的形容词，而例（3）、（4）却不能省略，这完全是由表比较的"有 B"及表量度的"有 B"各自的特点所决定的。前者必须引出比较对象，再引出比较的方面，是"高"（长度），还是"胖"（体重），因而形容词不能省略；而后引出的是数量，如例（6）"一米"和例（7）"五斤"，这些数量本身就表高度和重量，所以其后的形容词"高"和"重"可以省略。

综上所述，我们以为林泰安等同志把"有 B"看作介词是欠妥的，正如《现代汉语语法讲话》等语法专著指出的那样，"有 B"表比较是动词，且是一种很特殊的动词。

（原载于《汉语学习》1987 年第 2 期）

附记

本文是我今生正式公开发表的第一篇论文。

当时，翻阅《汉语学习》《学语文》等刊物，发现大家围绕一个表比较的"有"的词性问题展开争论，便跃跃欲试，也试着写了一篇小文章投给了《汉语学习》。没想到，《汉语学习》很快就寄来了用稿通知。这是我平生第一次被学术刊物录用稿件，心里甭提有多高兴了。

那个时期，学术刊物很少，而且版面也小。就拿《汉语学习》1987 年第 2 期来说，总共 32 页，发表了 16 篇文章。首栏共发表了 10 篇文章，除我的小文章之外，还有沈开木、马庆株、望月圭子（日本）、吴长安、周一民、谢逢江、胡双宝、常理、宋玉柱九位学者的文章。这 10 篇文章总共占用了 21 页半的版面，可见那个时期都流行写短小的文章，后来文章是越写越长，所以一般学术刊物也都要扩容到一两百页，一百页以下的刊物只有《语文研究》（64 页）、《中国语文》（94 页）、《当代修辞学》（94 页）、《华文教学与研究》（94 页）、《汉语学报》（96 页）、《方言》（96 页）等几种，寥寥无几。

真要感谢《汉语学习》这份刊物，它也是当初我在 9 平方米的单身宿舍中坚持看书、写作下去的一种动力。因为当时，我身边很多同龄的青年教师还没有科研意识，绝大多数人的课余生活都是在围棋、象棋、扑克牌中度过。也难怪，才二十三四岁的年轻人，哪个不爱好玩乐。那个时候，又没有电脑，每篇文章都是靠自己在 400 格的方格稿纸上用钢笔一字一字写下来的。写完了，还要修改，修改完之后再行抄写，尔后去邮局投寄给相关编辑部。有的时间长了没有退稿的，还得再行抄写，再去邮局投寄他刊。每次写作、修改或誊抄的时候，隔壁或楼上都会传来下棋、甩扑克牌及争吵、哄笑的声音，而我还能不为所动，可见当时还是挺有毅力的。可能真是有了这种毅力，等我 7 年后调回母校任教时，人们发现，我这个小讲师在当时的汉语教研室里，是发表论文最多的教师之一。

谈 A、B 同义的 "既 A 且 B" 式

为叙述方便,我们将《诗经》中的"既庶且多"这类句式称作"既 A 且 B"式。

清代著名学者俞樾在《群经平议》"既庶且多"条下注云:"凡言且者,必有异义。"意谓"既 A 且 B"式中,A、B 两项义必有异。俞樾的这个观点,我们以为未免过于绝对。

考诸《诗经》所有的"既 A 且 B"式句子,既有如俞氏所言——A、B 两项意义有别之例,如:《小雅·大田》:"播厥百谷,既庭且硕。""庭"义为"直"(一说同"挺",挺拔),"硕"为"大"义;又《小雅·甫田》:"禾易长亩,终善且有。""终"即"既"①,"善"即"丰收",谓庄稼长势旺;"有"即"多",谓结穗累累。但也有例外,即 A、B 也可同义。下试举三例为证。

(1)《小雅·常棣》:"丧乱既平,既安且宁。"

"安"与"宁"义同。宁(甯),古作"寍"。段玉裁《说文解字注》:"寍,安也。从宀,心在皿上。皿,人之食饮器,所以安人也。此安宁正字,今则宁行而寍废矣。"可证"宁"即"寍",义同"安"。

正因为如此,"安"与"宁"在先秦两汉文献中常混用不分。例如,《左传·桓公十八年》:"寡君畏君之威,不敢宁居。""宁居"即"安居";也有直接说"安居"的。《孟子·滕文公下》:"一怒而诸侯惧,安居而天下熄。"又《淮南子·本经训》:"天下宁定,百姓和集。"而《汉书·张良传》:"天下属安定,何故反乎?""宁定"则"安定"。至于注家以"安"注"宁"之例,则更是不胜枚举。《诗经》中"宁"共出现 37 次(陈宏天、吕岚《诗经索引》误衍 1 例),其中 18 例是训作"安"的,而其余的 19 例,"宁"均为语辞,用法同"乃、曾、岂、宁使"等,此限于篇幅,不复一一援引。

---

① 说见王引之《经传释词》。

（2）《大雅·卷阿》："君子之车，既庶且多。"

"庶"即"多"。先秦时，"庶"有数义，但作形容词，描写事物的数量、程度时，则解作"多"，其他的文献姑且不说，就一部《诗经》而言，凡作形容词之"庶"皆训作"多"。例如《小雅·小明》："念我独兮，我事孔庶。"郑玄《毛诗诂训传笺》："庶，众也。""我事孔庶"即谓"我的事情很多"。又《大雅·公刘》："既庶既繁，既顺乃宣。"又《小雅·楚茨》："为豆孔庶。""庶"除解作"多"外，别无他义。因此，姚际恒《诗经通论》注云："末章言王朝虽多吉士，犹恐野有遗贤，欲王多盛其车马以待之也。"而袁梅《诗经译注》则更为明了："庶，众多。庶、多并言，着力形容车之盛多。"此说颇为精当。

（3）《大雅·烝民》："既明且哲，以保其身。"

"哲"即"明"，皆为"明智"之义。《诗集传》注云："明，谓明于理；哲，谓察于事。"乃误，朱熹不知"明"亦可谓"察于事"。《管子·宙合》："见察谓之明。"又《说文解字》："察，覆审也，从宀，祭声。"徐铉注云："祭祀必质明。明，察也，故从祭。"可见，"明""哲"义实同，既可谓"明于理"，又可谓"察于事"。无怪乎陈奂《诗毛氏传疏》注云："哲亦明也，连言曰明哲。"

在先秦文献中，"哲"与"明"亦常混用不分。例如，《楚辞·离骚》："哲王又不寤，怀朕情而不发兮。""哲王"即"明王"，谓贤明之君主。《管子·五辅》："明王之务，在于强本事，去无用。"此则称"明王"。就是在同一部书里亦如此。《书·酒诰》："在昔殷先哲王迪畏天显，小民经德秉哲。"也有称"明王"的，《书·说命中》："明王奉若天道，建邦设都。"《诗经》中共有 12 次用到"哲"字，其义皆作"明智"解，此限于篇幅，不复——引证。

以上数例足以说明，《诗经》中凡言且者，未必如俞氏所言"必有异义"，也可同义。这在今天看来未免有点不可思议，因为今人只会讲"既快且好"之类 A、B 不同义的"既 A 且 B"式，断不会说 A、B 同义的诸如"既跳且跃""既呼且喊"此类的"既 A 且 B"式。在古代却是完全有可能的，这与古代可以说"籍第令"（《史记·陈涉世家》）而今人却不说"即使仅仅假如"一样。那么，如何解释这种现象呢？我们认为这是古汉语中一种修辞的同义并列结构，这时"既"与"且"所引的不再表示同一范畴的两个相关的方面，而仅仅是一种巧妙的重复。一方面构成整齐的四字句，以协调音节；另一方面则起渲染与强调的作用。正如袁梅同志所言，是为了"着力形容"。这与古汉语中的同义复用现象有些相似。例如，贾谊《过秦论》："有席卷天下、包举宇内、囊括四海之意。""席卷天下"以下三句都为"统一天下"之义，这是句子的同义复用现象，目的是增强文章的气势，而"秦人阻险不守，关梁不阖，长戟不刺，强弩不射"① 中的"阻""险"二词义同，则是词的同义复用现象，是为了句式整齐，音节和谐。A 和 B 同义的"既 A 且 B"式，去掉了"既"和"且"，不就成了同义复用了吗？

另外，杨树达在《中国修辞学》一书中罗列了一种叫做"避复"的修辞现象，即为了避免形式上的重复，使行文富于变化，而将上下文中的两个同义同形词改为同义异形词。A、B 同义的"既 A 且 B"式，作为一种同义异形反复，谁能否认作者就没有那种"避复"的意图呢？既是意义上的反复，又是形式上的"避复"，这也许就是这种句式的特殊所在吧？这个问题值得深究，限于篇幅，此处不再铺开讨论。

参考文献：

［1］毛亨传，郑玄笺，孔颖达等正义：《十三经注疏·毛诗正义》（影印版），北京：中华书局，1980 年。

［2］孔安国传，孔颖达等正义：《十三经注疏·尚书正义》（影印版），北京：中华书局，1980 年。

［3］朱熹集注：《诗集传》，上海：上海古籍出版社，1980 年。

［4］姚际恒著，顾颉刚标点：《诗经通论》，北京：中华书局，1958 年。

［5］陈子展撰述，范祥雍、杜月村校阅：《诗经直解》（共二册），上海：复旦大学出版社，1983 年。

［6］袁梅：《诗经译注》，济南：齐鲁书社，1985 年。

［7］袁愈荌译诗，唐莫尧注释：《诗经全译》，贵阳：贵州人民出版社，1981 年。

［8］祝敏彻等译注：《诗经译注》，兰州：甘肃人民出版社，1984 年。

［9］高亨注：《诗经今注》，上海：上海古籍出版社，1980 年。

［10］陈宏天、吕岚编：《诗经索引》，北京：书目文献出版社，1984 年。

（原载于《苏州师专学报》1987 年第 1 期）

附记

从严格意义上讲，这才是我的第一篇学术论文。

大三的时候（1982 年），系里请了一位外校的教师来作讲座。在讲座过程中，他指出：《诗经》中的"既 A 且 B"式值得研究，还承诺，如果有哪位同学感兴趣可以去做一下，做完以后可以寄给他，他还可以推荐发表。

当时的我还是一个十八九岁的青年大学生，强烈的求知欲驱使着我去啃

---

① 说见王引之《经传释词》。

《诗经》，硬是把《诗经》中的所有"既 A 且 B"式用例全部找了出来，再一一分析、考察、分类，写成了论文——《〈诗经〉中的"既 A 且 B"初探》。尔后按照讲座后向这位教师索要的通信地址寄了过去，却石沉大海，杳无音讯。在失望中，我毕业了。

这件事情，对我影响很大。在高校执教的这 30 多年中，我从来没有不兑现对学生的承诺，虽然有时很辛苦，但还是不想让学生在失望中等待，在等待中失望。

1987 年，我所在的学校开始创办学报，名曰"苏州师专学报"，封底有"江苏省内部报刊准印证（JS）第 3203 号"字样，是一份内部刊物。主编是中文系的教师，所以在系里发动大家投稿。我就把我大三时候写就的那篇文章翻出来，选取其中的一小部分，即只讨论 A、B 同义的"既 A 且 B"式的那一部分，写成了这篇小文章，交给创刊的学报发表了。今天翻看这期学报目录，总共发表了 21 篇论文，其中超过 70% 的作者均已退休多年，有的已经作古，我是其中年龄最小的作者。

就发表序列而言，本文不是我发表的第一篇学术论文。

但就写作年代而言，本文确乎是我写就的第一篇学术论文。

在这里，我还要感谢常熟理工学院的丁晓原教授和该院档案馆彭丽华女士，因为几经搬迁，这篇论文我手边已无存留，是他们的努力，让我得以重新看到 30 多年前写就、28 年前发表的这篇论文。

1988年

一个新兴的副词后缀——"为"

后缀，在使用表音文字的语言中是极其发达的，它是构造新词的主要手段之一。例如在后缀极为丰富的英语中，像"er""ly""ment"等，为新词的构造提供了充分的语言材料。汉语使用的是属表意体系的方块汉字，缺少形态变化，因此，后缀相对来说显得贫乏一些。据前人研究，古代汉语的后缀一般只限于形容词，如"然""尔""若""乎""焉"等都是形容词后缀。现代汉语情况有所变化，后缀要比古代汉语来得丰富。陈望道先生早在 20 世纪 30 年代就曾预言："中国语将来会不会变成有语尾变化的语言？我的答语是：中国语似乎有语尾增多的倾向。"① 陈先生口中的语尾就是指后缀。现代汉语中的大量语言事实证实了陈先生的预言。不久前，郭良夫先生也撰文认为："新兴的后缀日益增多，确乎是事实。"② 本文要讨论的只是众多的新兴后缀中的一个尚未被人注意的副词后缀——"为"。

我们先来看下面的两个例句：

（1）他听到了这个消息，极为悲伤。
（2）小李的事迹已在同学中间广为流传。

这两例中的"为"是词还是语素呢？这是确认它是不是后缀的关键问题，因为后缀首先必须是语素。我们认为，这个"为"不是一个词，它不能离开"极""广"而独立出来自由运用。"极为""广为"均不是词组，而是词——一个不能再分割的造句单位，其中的"为"不过是一个构词成分、一个语素而已。前面说过，后缀必须是语素，但语素未必都是（前）后缀，要成为（前）后缀还得有两个条件：一是没有词汇意义，也就是说，应该是虚语素；二是具有构词能力。这两个条件，例（1）、（2）中的"为"是否具备呢？答案是肯定的。以例（1）为例，在"极为"一词中，"为"无法体现也根本不

① 见复旦大学语言研究室编：《陈望道语文论集》，上海：上海教育出版社，1980 年，第 327 页。
② 见郭良夫：《现代汉语的前缀和后缀》，《中国语文》1983 年第 4 期。

具备它的词汇意义，它完全虚化了，"极为"意义基本同"极"，"极为悲伤"也就是"极悲伤"，虽然语气上有些差异。这正如"票儿"的"儿"意义完全虚化，"票儿"与"票"意义相同一样。因此，"为"当与"儿"一样是个虚语素。而且，这个虚语素还具有一定的构词能力。说"一定"，是与那些构词能力极强的名词后缀，如"子""儿""者"等相比较而言的。从我们所接触到的材料来看，"为"的这种用法大约是在20世纪60年代以后产生的，应该说是较晚出现的。可就在这不太长的时间内，产生了"大为""广为""深为""极为""尤为""最为""较为""更为""甚为""颇为"等新词，这就不能不承认"为"所具有的构词能力，尽管它的这种能力比起"子""儿"等要弱一些。至此，我们完全可以确定"为"是个后缀。而且，它还是个副词后缀，因为由它作后缀构成的词，如"极为""广为"等，都是副词。

我们说"极为""广为"是副词，倒不是因为《现代汉语词典》也作如是说①，而是因为它们确确实实具有副词的语法特征：修饰谓词或谓词性词组，只能作状语。我们可以把它们与"然"作后缀构成的形容词进行比较，例如：

（3）事情发生的原因和经过我都茫然。
（4）他的脸上露出凄然的神色。
（5）走出校门，他茫然不知所归。
（6）想想自己的处境，小王感到凄然。

例（3）至例（6）中的"茫然"和"凄然"都是形容词，因此，它们就具有形容词的主要语法功能，在上述诸例中分别作谓语、定语、状语、宾语。而"极为""广为"却无法在句中充当谓语、宾语、定语，唯一能充当的是状语，如例（1）、（2），也就是说，"极为""广为"等只具有副词的语法功能，因而只能是副词。

需要指出的是，并非所有的词（词根）与"为"结合均能成为副词。作为副词后缀的"为"在现代汉语里是有严格的条件限制的：

与它结合构成副词的只能是形容词或副词。例如，"极为"中的"极"是副词，"广为"中的"广"是形容词。否则，便不是副词后缀。例如，动词"变""成"与"为"构成"变为""成为"，它们是动词，这时的"为"是一个实语素，而不再是后缀了。

与它结合的形容词、副词只能是单音节的，如"最""尤""大"等，而绝不能是双音节和多音节的。

---

① 见中国社会科学院语言研究所词典编辑室编：《现代汉语词典》，北京：商务印书馆，1978年，第1102页。

据此，我们可以这样概括副词后缀"为"的特征：它黏附在单音节的形容词或副词后，构成一个新的副词。也就是说，"为"只是一个标志，标志该词是副词。

"为"除了表示它所应该表示的一定的语法意义之外，在语言的表达上有没有什么作用呢？经过一番比较、考察，我们认为，作为副词后缀的"为"在表达上至少有以下三个方面的辅助作用：

1. 起强调的作用

尽管"为"的有无并不影响意思表达，但在语气的强弱上，我们是可以细细体味出有"为"和无"为"的区别的，试比较：

（7）领导对此事极重视。

（8）领导对此事极为重视。

例（7）与例（8）意思相同，但在语气上，例（8）要比例（7）强一些。也许因为这个原因，我们发现，与"为"结合的单音节形容词、副词一般都是表示"大、高、深"这一类概念的词，例如，最为、广为、尤为。而很少有或者说基本没有"小、低、浅"这一类概念的词，至少在目前是这样。

2. 凑足音节，从而使语气舒缓

我们知道，现代汉语词汇的一个重要特点是结构双音节化。这个特点使得古汉语留存下来的不少单音节词成为构词的词根，以构成双音节词，符合现代人的语言习惯。因此，在单音节的形容词、副词后加上"为"，构成一个新的双音节副词，也应该看作汉语词汇双音化的一种现象。就这而言，"为"客观上起到了凑足音节，使音节和谐匀称的作用。理解了这一点，我们也就不难解释为何"极为""广为"等修饰的动词、形容词一般总是双音节的，很少是单音节或三个音节的。以"极为"为例，它修饰的往往是"满意""痛苦""悲伤""赞赏"等双音节形容词、动词。由于音节的匀称，也使有"为"的句子语气舒缓，无"为"的句子相对而言语气要急促一些，试比较：

（9）小张的话他最欣赏。

（10）小张的话他最为欣赏。

例（10）多了个"为"，语气比例（9）似乎要舒缓不少，例（9）语气则显得急促一些。

3. 增加书面语色彩

后缀"为"构成的副词，一般都有与之相应的同义词。两相比较，我们就不难看出"极为""广为"等副词具有较浓的书面语色彩：

A组：

颇为、尤为、大为、较为

B 组：

非常、尤其、很、比较

相对来说，A 组显得文绉绉的，而 B 组则比较通俗，是口语中经常用到的。

到目前为止，现代汉语词缀的研究还很不够，分歧也较大。大家往往以西欧一些语言的词缀作为参照系，而没有从本民族语言的特点来进行研究，比较之下，汉语的词缀越看越不像词缀了。本文对一个人们尚未注意到的新兴的副词后缀"为"进行了一番讨论，谈了自己的一些不成熟的看法，作为对陈望道先生"中国语似乎有语尾增多的倾向"这一预言的补充，同时，也试图以此抛砖引玉，得到同行的指教。

［原载于《淮阴师专学报》（哲学社会科学版）1988 年第 1 期］

附记

本文曾发表在《山东师大学报》（社会科学版）1988 年第 1 期上。

写作这篇论文时，我刚进山东师范大学现代汉语助教进修班学习不久。那时，正在听山东师范大学高更生教授的"现代汉语语法研究"课程和王立廷教授的"现代汉语词汇研究"课程，词缀问题是这两门课程共同涉及的问题，便有了自己的一点想法。写成初稿后，送给高更生教授讨教，没想到得到高更生教授的肯定，并被推荐到了《山东师大学报》（社会科学版）。这可难住了学报语言研究栏目责任编辑方晓明同志：发吧，我还是个研究生课程班学员，身份上差了点；不发吧，高更生教授是山东师大语言学科的权威，得罪不起。在焦虑之中，方编辑把我约到了学报编辑部，大致谈了以上的意思，我第一次为一个小编辑的境遇感到不安和同情。商量之后，我把一篇 3 000 多字的论文压缩成 1 000 字以内，类似于一篇摘要，交给方编辑发表，但不是以补白形式，而是以正式论文的形式发表，是该期"语言研究"栏目刊发的 10 篇论文之一。这 10 篇论文依次是：高更生的《关于语法的定义》、刘静敏的《说"同形"》、王立廷的《关于言语反义词》、王红旗的《美国描写语言学初期的两本〈语言论〉》、曹炜的《一个新兴的副词后缀——"为"》、张玉来的《内外转补释》、王平的《戴震〈方言疏证〉中的"声转"和"语转"》、孙良明的《高诱注中的语义结构和语法结构描写》、吴庆峰的《训诂二题——殷孟伦先生〈子云乡人类稿〉读后》和许进的《"之"的又一种用法》。

由于压缩得厉害，例子尽删，论证显得很不充分，所以，我就把全文又交给了《淮阴师专学报》（哲学社会科学版）予以发表，这便是本文。

语流义变中的"同化""异化"说质疑

引言

王希杰先生在他的力作《汉语修辞学》一书中，对"语流义变"现象进行了理论阐述，见解颇为新颖，然而正如任何新的理论的建立都需要一个不断完善的过程一样，王先生关于语流义变的理论也存在着缺憾，那就是，他不恰当地把"语流义变"同"语流音变"进行类比，从而推断"语流义变"中也存在着同化、异化现象。殊不知语义毕竟与语音有别，用同样的方法去解释它们的不同变化，就难免产生乖舛。下面笔者就他的"同化""异化"说谈一点自己的看法，以就正于方家。

1. 关于"同化"说

（1）王先生给语流义的"同化"现象下的定义是："由于受到邻近的语义单位的影响，一个词同它邻近的那个词的意义接近了。"[1] 王先生所举的例子是：

①我们为我们伟大的祖国感到骄傲而自豪。
②骄傲自大的人是没有不跌跤的。

王先生认为：在例①中，"自豪是褒义词，受到它的影响，骄傲一词中也只有褒义而无贬义"[2]。而在例②中，"自大是贬义词，受到它的影响，骄傲一词也只有贬义而无褒义了"[3]。用王先生的定义来解释之，便是：在例①、②中，"骄傲"一词因受褒贬不同的两个词的同化，而呈现出褒贬各异的词义来。这实在是一种误解。实际上，例①、②"骄傲"词义的不同，并非是受了"自豪""自大"的影响，而是其所在的具体语境对它的制约、选择所致。例①、②不过是一种巧合——与"骄傲"邻近的词"自豪""自大"的感情

---

[1] 文中着重号乃笔者所加，下同。
[2] 王希杰：《汉语修辞学》，北京：北京出版社，1983 年，第 160 页。
[3] 王希杰：《汉语修辞学》，北京：北京出版社，1983 年，第 160 页。

色彩与所在句子所要表达的思想感情恰好一致，从而给人一种错觉，似乎是语境的作用转移给了某个词，该词直接影响其他词的词义变化。实则不然。我们仍然以"骄傲"为例：

③自从他得了一百分之后，他骄傲起来了。

④使他骄傲的是，他得了一百分。

例③中的"骄傲"是贬义，例④中的"骄傲"则是褒义。在这两例中，"骄傲"词义的一褒一贬，很显然，并非是受了哪个词的同化所致——事实上，例③、④中除了"骄傲"之外，还有哪个词是贬义或褒义的呢？可见，"骄傲"词义的不同乃是由例③、④特定的语境所决定的。语境的作用在例①、②中虽然没有在例③、④中表现得那样明显，却是客观存在的。因此，我们认为，例①、②中的"自豪""自大"与"骄傲"之间并不存在同化和被同化的关系，尽管在某种意义上，它们对"骄傲"词义的辨别有一定的指别、提示作用。若去掉"自豪""自大"，"骄傲"一词照样发生义变。

（2）所谓"同化"，通常是指本不相同的事物逐渐变得相同或相近。语音中的同化便是如此。语音中的同化音和被同化音本来是不相同的，因为同化而变得相同或相近了。

但是，必须指出的是：被同化音在特定的语流中所发的音，一旦脱离语境便消失了，它单独存在时，仍然且只能发原来的音。例如，"难免"本念作［nan］［miɛn］，经同化，"难"念作［nam］，成为［nam］［miɛn］，但是"'难'一旦脱离语境单独存在时，仍然且只能念作［nan］，而不能念作［nam］"[1]。而王先生所谓的词义的同化远不是这么回事。试以例①、②中的"骄傲"一词为例，它的褒义和贬义并非同化后才有的，它本身便兼有这两个意义。在《现代汉语词典》中，"骄傲"有两个义项："1. 自以为了不起，看不起别人；2. 自豪。"[2] 也就是说，它在被"同化"之前便与"自豪""自大"分别构成同义词。例①用了"自豪"义，例②用了"自大"义，那是不同的语境对"骄傲"的两个义项的选择——这是多义词进入具体语境后常发生的事情，也是多义词得以在具体语境中明确地表情达意的前提，根本谈不上是受了它邻近的某个词的同化。也正因为如此，"骄傲"即使脱离语境单独存在时，也仍然具有所谓"被同化"后产生的那两个褒贬各异的义项。这与语音的同化毫无共性可言。如果我们把语音的一种音变现象称为"同化"了，那么，与这种现象毫无共通之处的最普通的一种语流义变现象就不能称为

---

① 见王希杰：《汉语修辞学》，北京：北京出版社，1983 年，第 159 页。

② 见中国社会科学院语言研究所词典编辑室编：《现代汉语词典》，北京：商务印书馆，1978 年，第 558 页。

"同化"，否则便会混淆两种根本不同的事物，造成概念术语上的混乱。

2. 关于"异化"说

王先生认为："两个语义单位彼此影响，一同改变了原有的意义，产生了新的意义。"① 这便是语义的异化。为了说明问题，王先生举了以下三个例子：

⑤不知道天高地厚。

⑥好话坏话都要听。

⑦好也罢，歹也罢，反正这一回。

他是这样来解释例⑤的"意思是'不懂事''什么也不懂'"。例⑥的"意思是'什么话都要听'"。例⑦的"意思是'不管怎么样，反正这么一回事'"。② 也就是说，例⑤、⑥、⑦所表达的含义已不是组成它们的那些词的字面意义的简单相加，而是一个全新的意义，这便是王先生所谓的语义的"异化"的全部含义。我们姑且不谈两个语义单位彼此影响，从而产生了不同于原有意义的新的意义是否属于我们通常理解的"异化"的范畴。③ 就王先生的定义及所举的例证而言，有一个概念是含混不清的，那就是王先生所说的"语义单位"指的是什么？如果理解作词，那么请问例⑤、⑥、⑦中哪一例是两个词彼此影响产生了新的意义了呢？事实上，无论哪两个词如何"彼此影响"都产生不出例⑤等所表达的超出字面意义的全新意义，很显然，王先生所说的"语义单位"不该是词。那是否是词组呢？例⑤中的"天高"是词组，"地厚"也是词组，它们的"彼此影响"又能产生什么新意呢？例⑥中的"好话""坏话"，例⑦中的"好也罢""歹也罢"也都如此。而只有当它们与其他词或词组构成句子时，才能表达出新意来。可见王先生所说的"语义单位"也不是指一般的词组，而是指构成句子的那两个部分，如例⑤中的"不知道"和"天高地厚"，只有它俩的有机组合，才能产生出"什么也不懂"这个超出字面意思的新意来，但是真要是这样，那么语义"异化"的定义就宽泛到了几乎儿戏的地步，它可以囊括一切义变现象，因为任何句子都可以随意地分为两个部分，从而将其看作"两个语义单位"的有机组合。其实，按照王先生的本意，"语义单位"当是指词。④ 他在"同化"说中即明确地使用了"词"这个概念，至于在"异化"说中使用了"语义单位"这个

---

① 王希杰：《汉语修辞学》，北京：北京出版社，1983 年，第 161 页。

② 王希杰：《汉语修辞学》，北京：北京出版社，1983 年，第 161 页。

③ 所谓"异化"，通常是指相似相同的事物逐渐变得不相同或不相似了。其中的主动者——异化者通常是稳定的，而被动者——被异化者则发生了变化。并不是双方都发生变化。

④ 见王希杰：《论语流义变和情景义变》，《南京大学学报》1982 年第 3 期。该文认为词义分为两类：①言语表达中的意义；②语言体系中的意义。而"语流义变"研究的是词的言语表达中的意义。

概念，那完全是因无法自圆其说才不得已而为之，殊不知这更造成了体系上的混乱和自相矛盾。

王先生还认为，"在对比格式中，语义的异化尤为明显"①，希图以此来充实、巩固他的"异化"说理论。被王先生视作"尤为明显"的异化现象，可以见如下几例：

⑧东市买骏马，西市买鞍鞯，南市买辔头，北市买长鞭。

⑨南征，北伐，东挡，西杀。哪儿有任务，就往哪儿进发。

⑩鱼戏莲叶东，鱼戏莲叶西，鱼戏莲叶南，鱼戏莲叶北。

此三例归属"异化"的理由，在王先生看来有两个：①各例中的"东""西""南""北"非实指而是虚指；②这四个词的组合都"赋予语言以新的意义"——强调"到处""任意"的意思。我们认为，将它们看作语流义变现象未尝不可，可硬要说它们是语义的"异化"，而且是典型的"异化"，未免欠妥。首先，若将它们视作"异化"，则与王先生所下的"异化"的定义不符。定义所述，"异化"应是在两个语义单位间发生，而以上三例的所谓"异化"则是在四个语义单位间进行。其次，作为典型的异化现象，应当有异化者和被异化者，正如王先生本人指出的那样。② 可是在以上三例中，要找出异化者和被异化者是极其困难的，也是徒劳的。再次，尽管"东""西""南""北"在以上三例中是虚指，是表"到处"的意义，但这些并非是由这四个方位词"异化"后产生的，而是它们借助语境，在和其他词的组合中获得的。离开一定的语境（作为背景、前提），单纯的"东""西""南""北"的组合又有什么新义可言呢？说它们是语义的"异化"，我们实在不敢苟同。

结语

正如王先生本人也承认的那样，"语流义变"现象极其复杂。概念上的混乱，界说上的矛盾，也必然给各种义变现象带来归类上的麻烦。例如王先生在《论语流义变和情景义变》③ 一文中把"政治神经""活雷锋"等归为"异化"现象，而在《汉语修辞学》中又把它们作为"同化"的例证。这当然不能怪王先生的疏忽。事实上，要像语音的同化、异化一样，对语义的"同化""异化"作个准确的界说，以便明确地把两者区分开来，是不可能的，也是徒劳的。

---

① 王希杰：《汉语修辞学》，北京：北京出版社，1983 年，第 162 页。

② 见王希杰：《论语流义变和情景义变》，《南京大学学报》1982 年第 3 期。

③ 见王希杰：《论语流义变和情景义变》，《南京大学学报》1982 年第 3 期。

"语流义变"中并不存在"同化""异化"现象。有些词对它邻近的某个词有一定的指别、提示作用，但根本无法构成同化和被同化、异化和被异化的关系。王先生所举的有关同化和异化的例证也没有典型的有别于一般"语流义变"现象的区别性特征，更何况还有大量的交叉现象存在。因此，我们认为，硬是把各种相似的"语流义变"现象人为地分作"同化"的、"异化"的，无益于我们更广泛、深入地研究"语流义变"现象，这种分类说是很值得商榷的。

（原载于《苏州师专学报》1988 年第 1 期）

附记

本文是一篇商榷文章，商榷的对象是南京大学大名鼎鼎的王希杰教授关于"语流义变"的观点。

我一直以为，王希杰教授在修辞学、词汇学、语法学上的贡献是长期被低估了的，尤其是在修辞学领域，将他看作 20 世纪 80 年代以来中国修辞学第一人并不为过。他前期写作的《汉语修辞学》就颇获好评，而后期写作的《修辞学新论》《修辞学通论》更是中国修辞学理论的不朽名著，却长期被中国学术界低估，甚为惋惜。

王希杰教授在学术上很是大度。虽然我写文章与他商榷，对他的"语流义变"之说提出质疑，但他一点也不生气。我有问题去南京他的府上请教，他也很是热情。二十世纪八九十年代，从苏州去南京坐火车要 4 个多小时，往往上午出发要到中午或下午才能到达南京，再赶到北阴阳营王希杰教授的寓所，已是大下午了，一讨论问题，就到晚上了，当天回苏州是不可能的，只能在南京过夜了。于是，我总是在王希杰教授家吃晚饭，吃完晚饭后再谈，一谈就谈到很晚，就只能留宿在他家了。他有两个儿子，一个姓他的姓，一个姓孟，是他太太的姓，我晚上就与他的儿子们同宿一舍，他们睡下铺，我睡上铺，倒也方便，还省掉了住宿费。那些年，去王希杰教授府上请教问题，就从来没有住过南京的旅社。

与王希杰教授接触过的人都会领略他的口才和酒量。我同他交谈，我的话量不到他的二分之一，基本总是他在讲，我在听。他的思维极敏捷，讲起来滔滔不绝，两边嘴角泛起白沫，有时还带一点点坏笑。他的不少想法，对我很有启发。我们交谈时，不管是下午还是晚上，我喝绿茶，他喝白酒，我一口茶，他一口酒，就这样谈着。从没见他喝醉过。

王希杰教授真是个奇人。

谈 "失之××" 之 "之"

"失之××"之"之"作何解，属于什么词性，目前尚无定论。有的同志以为"之"是动词，解作"在于"；① 有的同志则以为"之"应是代词，释为"那""它"。② 各执己见，莫衷一是。为避免混淆视听，我们觉得有必要在此澄清一下。

像"失之偏颇""失之公允"这类短语是古汉语的用法在现代汉语中的遗留，具有较强的文言色彩。因此，我们认为，"之"的意义和词性应放到古汉语中去考察，而不能凭今天的语法习惯或各自的理解去臆测。在古汉语中，"之"除用作代词"他（它）"之外，还常解作介词"于"，例如：

《大戴礼记·少间》："可用于生，又用之死。"
《墨子·修身》："谮慝之言，无入于耳；批扞之声，无出之口。"
《淮南子·主术训》："上告于天，下布之民。"

都是"之于"互文。"用之死"即"用于死"。"之"解作"于"，于义可通。同样，"无出之口"与"下布之民"之"之"除解作"于"之外，别无他意。我们认为"失之××"中的"之"既不是动词，也不是代词，而应是介词，用同"于"。"失之偏颇"即"失于偏颇"。

其实，类似的句式早在先秦就有。《韩非子·显学》中就有这样的句子："孔子曰：'以容取人乎，失之子羽；以言取人乎，失之宰予。'"意思是说：凭容貌取人，（结果）在子羽身上出了差错（表里不一）；凭言语取人，在宰予身上出了差错（言行不一）。"之"很显然当解作介词"于"。因此，东汉王充的《论衡·骨相》引作："以貌取人，失于子羽；以言取人，失于宰予也。""之"是介词"于"。又如：

《左传·昭公五年》："国家之败，失之道也，则祸乱兴。"

---

① 见张九阳：《滥用"有失××"和"失之××"四例》，《汉语学习》1985 年第 2 期。
② 见李涛：《"失之公允"应是正确的》，《汉语学习》1986 年第 1 期。

《韩非子·安危》："失之近而不亡于远者无有。"

以上两句"失之"的"之"都解作"于"。假如说以上所引诸例与今天我们所讲的"失之偏颇"等短语尚有一些区别的话，那下面这例："有传孔子相澹台子羽、唐举占蔡泽不验之文，此失之审。"其中的"失之不审"应属于同类的短语了。北京大学历史系编的《论衡注释》训"之"为"于"，当是正确的。"失之不审"即"失于不审"，意谓："由于不审察而出了差错。"若将"之"释为"那""它"则于义不通。

古汉语中，"之"确也可作动词，一般解作"去""到"，例如，《战国策·赵策》："齐闵王将之鲁。""之"就是动词，作"去"讲。可断无"之"作动词，释为"在于"之例。

至于"失之××"之"之"的具体释义，可以因文而异，切不可拘泥。硬要在现代汉语中找一个与之对等的词，我们以为，实在没这个必要，而且也是徒劳的。不过，归纳一下，"之"的释义不外乎下面两种情况：

（1）表原因的。"之"可译作"由于"，其后往往跟含贬义的词语。例如：失之偏颇、失之虚假、失之轻率、失之不审等。"失之偏颇"即谓："由于不公平而犯了过失。"

（2）表范围、方面的。"之"可释为"在……（这一点）上"，其后往往跟一些含褒义的或中性的词语。例如：失之公允、失之翔实、失之真实、失之慎重等。"失之公允"即谓："在公平恰当（这一点）上犯了过失。"

（原载于《语文》1988 年第 4 期）

附记

本文先投《汉语学习》，遭到该刊退稿。

尔后，再投《语文知识》，又遭退稿。

再投《中国语文天地》，依然遭退稿。

最后投给了《语文》，终于收到了录用通知单。

20 世纪 80 年代，大多数刊物，若不录用就退稿。所以，那时候，投出稿子以后，每天会留意信箱：如果收到薄薄的编辑部来信，就很高兴，因为那意味着来了用稿通知；如果看到厚厚的来函就失望，那里面往往装着所投的稿子及编辑部签发的退稿函，理由往往是"不适用于本刊"。

不知从什么时候起，国内的刊物就再也不退稿了。作者在遥遥无期的等待后，估摸着没有录用希望了，就另投他刊。我所投刊物中，只有日本和香港的学术刊物才会退稿。其中，日本的学术刊物做得最严谨：他们收到我的投稿后，会先来一封信，表示已经收到来稿，待审稿后再另行通知；尔后，过一个阶段，他们会再来一信，表示所投稿件已经录用，并标注将于何年何月发表；最后，文章发表以后，他们会寄给作者两本样刊。我酷爱集邮，也非常喜欢精美的日本邮票，所以这三次来函，等于给我送来了三份日本邮票。尤其是这最后一次，要寄两本杂志，一般都要用大面额的邮票，很多时候就是贴了小型张纪念邮票邮寄的，这就给了我双重惊喜：一是收到了两本刊发我论文的精美杂志，二是得到了至少一枚精美新出的小型张纪念邮票。如此这般，我已经收藏了不少寄自日本的贴有精美邮票的各类信封。这真是意外的收获。

浅论含 "喻解" 比喻的结构及其内层

引言

本文要讨论的是这样的一些比喻句：

①那群坦克活似受了惊的土鳖，乱动乱爬。
②做人要像点着的蜡烛，从头燃到脚，一生光明。
③那面条，真像银缕一样纤细、莹洁。

它们有一个共同点：除了本体、喻体、喻词之外，还有一个进一步说明解释的部分，我们按照谭德姿先生的说法①，称之为"喻解"②。它是比喻的有机组成部分。对含有"喻解"的比喻，我们称为"含'喻解'比喻"。

我们之所以不用"相似点"这个术语③，而称"喻解"，是因为"相似点"对于本体、喻体来说是一视同仁、不偏不倚的；而"喻解"则是可以有所侧重的——有时侧重于本体，有时侧重于喻体。用后者更切合语言实际。

对于"含'喻解'比喻"这种修辞现象，还没见到有人作专门、系统的研究。修辞学界甚至对"喻解"的真伪仍有分歧，有的认为它是本体的一部分④，有的认为它是喻体的一部分⑤，有的还认为它是独立于比喻之外的部分⑥。凡此种种，不一而是。我们觉得实在有必要对此作一番认真的探讨，以获得更为贴切、更为科学的认识。

---

① 谭德姿：《试谈比喻的喻解》，《山东师院学报》（哲学社会科学版）1980 年第 2 期。
② 即上面例句中加黑点的部分，下同。
③ 戴婉莹：《"相似点"的身份与隐现》，中国修辞学会编：《修辞学论文集》（第三集），福州：福建人民出版社，1985 年。
④ 吴士文：《修辞讲话》，兰州：甘肃人民出版社，1982 年；又见马挺生：《试谈比喻的结构与它的语法结构的关系》，中国修辞学会编：《修辞学论文集》（第一集），福州：福建人民出版社，1983 年。
⑤ 黄汉生主编：《现代汉语》，北京：书目文献出版社，1981 年。
⑥ 黄汉生：《修辞漫议》，北京：书目文献出版社，1983 年；又见程希岚：《修辞学新编》，长春：吉林人民出版社，1984 年。

一、含"喻解"比喻的结构分析

1. 喻解可能出现的位置

这里我们用 x 表示本体，用 y 表示喻体，用 w 表示喻词，用 h 表示喻解。如此，喻解 h 可能出现的位置可以表述如下：

Ⅰ. $x + w + y + h$，例如：

④他的苦水就像海水一样深。

Ⅱ. $x + h + w + y$，例如：

⑤他的腿硬得像木头一样。

Ⅲ. $x + w + h + y$，例如：

⑥那面条真像纤细、莹洁的银缕一样。

Ⅳ. $x + h_1 + w + y + h_2$，例如：

⑦她的眼睛，又大又明亮，就像两颗晶莹的大玻璃球，闪烁着异彩。

Ⅴ. $h + x + w + y$，例如：

⑧悦耳动听、滔滔不绝，她的发言就像雨后的山涧小溪。

其中，Ⅱ、Ⅲ都是Ⅰ式的变格，Ⅰ式未必都能转换为Ⅱ、Ⅲ式，而Ⅱ、Ⅲ式则必定能转换为Ⅰ式。

2. 喻解与其他成分位置的转换

在对喻解所可能出现的位置进行了概括的基础上，我们将进一步对其中三种基本格式各成分的关系进行分析、探讨，以求对这种比喻的结构特点有一定的了解。

（1）Ⅰ式：$x + w + y + h$。

比如：

A. 那面条，真像银缕一样纤细、莹洁。（《好一朵茉莉花》）
B. 我好像一只牛，吃的是草，挤出来的是牛奶、血。（《欣慰的纪念》）

例 A、B 虽同属Ⅰ式，却有所不同。例 B 中各成分的位置是相对稳定的，一般不能随便移动，例如不能说成"我吃的是草，挤出来的是牛奶和血，好像一只牛"。而例 A 中各成分的位置则比较灵活，我们可以作如下变动：

a_1. 那面条纤细、莹洁，真像银缕一样。

a_2. 那面条真像纤细、莹洁的银缕一样。

若用符号代替，则是：

a_1. x + h + w + y

a_2. x + w + h + y

这两式就是我们前面所说的 Ⅱ、Ⅲ式，它们都是 Ⅰ式的变格，因此，类以这样的格式都可以转换为 Ⅰ式。例如：

C. 炕沿上坐着的那个鬼子军官，两眼红红的，像刚吃过死人的野狗。（《小英雄雨来》）（Ⅱ式）

D. 我是蒸不烂、煮不熟、捶不扁、爆不破，响当当一粒铜豌豆。（《一枝花·不伏老》）（Ⅲ式）

它们可以转换为：

c. 炕沿上坐着的那个鬼子军官，像吃过死人的野狗，两眼红红的。（Ⅰ式）

d. 我是响当当的一粒铜豌豆，蒸不烂、煮不熟、捶不扁、爆不破。（Ⅰ式）

为何同属 Ⅰ式，例 B 没有（或基本没有）Ⅱ和Ⅲ式的变格，而例 A 却有呢？这就要从喻解和本体、喻体的关系上去考察。我们比较一下例 A 和例 B，就可发现，例 B 中的喻解"吃的是草，挤出来的是牛奶、血"，侧重于对喻体的进一步说明、解释，是回答喻解怎么样的。因此，它只与喻体构成意念上的主谓关系，而不与本体构成主谓关系。而例 A 就不同了，喻解"纤细、莹洁"既可以看作本体"面条"所具有的特性，又可以看作喻体"银缕"所具有的特性，它没有什么侧重。因此，它既可以与本体，又可以和喻体构成意念上的主谓关系。所以，例 A 喻解可以前后变动，而例 B 则相对比较稳定。

（2）Ⅳ式：$x + h_1 + w + y + h_2$。

Ⅳ式与 Ⅰ式不同。它的喻解分为前后两个部分，各有侧重，前面的侧重于对本体的说明，后面的则侧重于对喻体的解释。两者往往相互联系，又相互牵制，位置较为固定，一般很难变动。我们来看两个例子：

E. 对于某些动人的情节，我们的共鸣和感动，并不是一下子就涌现的，它们有点像烧开水似的，热度慢慢增加，终于，冒汽了，喧响了，沸腾了。（《艺海拾贝·巨日》）

F. 是的，是热。室中的空气昏昏蒙蒙的，仿佛到了着火点，谁要是擦一支火柴吸烟似乎都有引起大火来的神气。（《访问朝鲜》）

例 E 中，本体是"我们的共鸣和感动"，喻体是"烧开水"，喻解 h_1 "并不是一下子就涌现的"侧重于对本体的说明，说明共鸣和感动的产生是有一个过程的；喻解 h_2 "热度慢慢……沸腾了"则是侧重于对喻体的说明，解释

"烧开水"是怎么一回事，它在哪一点上与本体相似。它们一方面相互联系，都蕴含着"需要一个过程"这一意思；另一方面又相互牵制，不能随意移动位置。在意念上，h_1 与本体构成主谓关系，h_2 与喻体构成主谓关系。

（3）Ⅴ式：$h + x + w + y$。

属于这种类型的句子如例 G：

G. 死了一批，又上来一批，敌人就像一群打急了的疯狗。

它们各成分的位置比较灵活，一般都能换作Ⅰ和Ⅱ式。以例 G 为例，它可以换作：

g_1. 敌人就像一群打急了的疯狗，死了一批，又上来一批。

g_2. 敌人死了一批，又上来一批，就像一群打急了的疯狗。

g_1 即Ⅰ式，g_2 即Ⅱ式，也就是说Ⅴ式有两个变格：Ⅰ式和Ⅱ式。与所有能换位的格式一样，Ⅴ式中的喻解，如上例的"死了一批，又上来一批"既是"打急了的疯狗"的特征，也是"敌人"垂死挣扎的本性，它在意念上与本体、喻体都可以构成主谓关系。

在以上讨论的三种基本格式里，Ⅰ式较为常见，Ⅴ式次之，Ⅳ式更不多见，它们的表达作用也有不同。为了补充说明本体、喻体的相似之处，一般用Ⅰ式，有时，本体、喻体相差太远，给联想带来一定的障碍，需要分别对本体、喻体作解释说明，便用Ⅳ式。使用Ⅴ式是为了突出相似点，以便进一步揭示事物的本质。

二、喻解的内层

这里所谓喻解的内层，是指喻解内部对一些修辞格的使用情况，即是说，这种喻解本身又是由一些辞格构成的。对这种情况的喻解，有各种不同的看法，或者把它看作喻体，或者把它看作另外的辞格。而我们认为，这些辞格的运用是在喻解内部进行的，喻解含有辞格，依然是整个比喻的一个有机组成部分。含这种喻解的比喻句往往收到多重的修辞效果，语言分外富有表现力。例如：

⑨红军像一个火炉，俘虏兵过来马上就熔化了。（《井冈山的斗争》）

此例，黄汉生在他主编的《现代汉语》中，认为"像"后面都是喻体，而在他的《修辞漫议》中却把"俘虏兵过来马上就熔化了"看成了比拟。我们姑且不谈黄先生前后二说的矛盾，就该例前后两个分句之间的意义关系来看，也不能赞同黄先生的意见。在我们看来，该例的后一分句，既不是喻体的一部分——我们实在不理解把"火炉"与后一分句一同看作喻体的理由是什么，也不是独立于比喻之外的另一个辞格，而是对前一分句进行补充说明的喻解。正是借助了它才揭示出了"红军"和"火炉"这两个本质不同的事物所具有的相似之处，从而点出这一比喻得以成立的前提，形象地说明了红军对俘虏兵改造的巨大作用，因此前后两个分句完全应该看成一个整体。至于说后一分句是比拟，我们也不否认，但是它是属于比喻内层的东西，这正是我们下面所要详细讨论的问题。

（1）喻解由比喻构成。例如：

⑩周挺杉兴奋地说："这三个构件连起来，可真像一只大老虎，无名地是头，龙虎滩是肚子，田家庄是尾巴。"（《创业》）

喻解是三个暗喻，对前面的明喻进行具体的说明，画出了一只老虎的全貌，给人以完整的形象，此例中的喻解实在不可或缺。

（2）喻解内夸张构成。例如：

⑪瞧，那漓水，碧绿碧绿的，绿得像最醇的青梅名酒，看一眼也叫人心醉。（《画山绣水》）

整个比喻极写漓水绿的程度，而且色香俱全，调动读者的各种感觉，令人回味无穷。喻解收到了锦上添花的修辞效果。

（3）喻解由比拟构成。例如：

⑫春天像小姑娘，花枝招展的，笑着，走着。（《春》）

作者巧妙地利用联想，把崭新的春天比作既漂亮又活泼的小姑娘，设喻新颖、别致，形象具体、生动，诗情画意，跃然纸上。让读者展开想象的翅膀，去尽情地感受春的美妙。喻解在句中起到了画龙点睛的作用。

（4）喻解由对比构成。例如：

⑬但是这一刹那间，听了白占魁这句明白求饶的话，他心里转了念头："这是一条狗，撩给他点吃的，他朝你摇尾巴；惹恼他，他破命咬你。"（《创业史》）

喻解通过对比的手法，以狗的摇尾取媚和破命咬人的两面性，为白占魁画了一幅"狗"像。对白占魁的讽刺、憎恶之情溢于言表。

（5）喻解对偶构成。例如：

⑭当夜幕降临的时候，长安街两旁的华灯突然一齐怒放了，像一串串、一簇簇璀璨而洁白的玉兰花，开得那么尽情，开得那么繁茂。（《长安街二

题·华灯》)

喻解由两个对称的动补词组联合而成，其中"开得那么尽情"又是拟人的写法，整个比喻既写出了晶莹绚丽的华灯之多，也显示了华灯旺盛的生命力，语言生动、形象，且形式整齐，节奏匀称。

（6）喻解由排比构成。例如：

⑮那火焰像一片火海，在舞蹈，在鸣啸，在奔腾，在跳跃。（《火光照红海洋》)

喻解由四个结构相同的词组排比而成，整个比喻描写周全，语义丰厚，感情强烈，节奏感强。

（原载于《临沂师专学报》1988 年第 1 期）

附记

本文是我与他人合作撰写的第一篇论文。

文章写于 1987 年 10 月至 11 月。

合作者是我所在的山东师大现代汉语助教进修班的同学、临沂师专中文系教师王耀辉。找王耀辉合作，一是这位老兄长得一脸憨厚，一看就是个实诚的山东汉子，感觉容易相处；二是那时发稿殊不容易，当时我已给本校的《苏州师专学报》一篇稿子了，就必须在校外寻求发稿的刊物，而《临沂师专学报》当时很友好地表示愿意接纳我们的研究成果。

本文的写作是受了当时给我们开设"现代汉语修辞研究"课程的谭德姿教授的启发，"喻解"的术语就是她发明的，她对喻解进行了初步的讨论，我们听了课之后，觉得还有进一步探讨的空间，就合作写了这篇文章。成文后，还得到了谭德姿教授的重要指导，我们表示万分感谢。

本文的写作，确乎是一场真正意义上的合作。写作前一起讨论切磋，写作时也是各人执笔写一个部分，尔后放在一起讨论修改，最后由王耀辉交给《临沂师专学报》发表。其时，《临沂师专学报》同《苏州师专学报》一样也是个内部刊物，封底有"证号：山东省报刊特许（鲁新出刊）字第 013 号"字样。

王耀辉目前是临沂师范学院文学院副院长，主抓教学，兴趣在教学研究上，先后主编了几部现代汉语教材及参考资料，关于汉语本体研究后来就较少关注了。

一类比喻句的真伪辨

我们先来看下面几个句子：

①薄薄的青雾浮起在荷塘里。叶子和花仿佛在牛乳中洗过一样。(《荷塘月色》)

②他那凹心脸上的表情复杂得像刚死了老子的人听旁人讲笑话。(报刊)

③这种挨斗的脸色……就像被屁熏过一样。(《蝴蝶》)

它们是不是比喻呢？目前说法不一。有人认为它们是比喻，但很特殊——本体、喻体相同，因此称之为"同体比喻"；也有人认为它们不是比喻，理由是：第一，比喻格要求本体、喻体应是极不相同的事物，而例①等本体、喻体雷同。第二，例①等不具备比喻格所应具有的修辞效果。[①] 鉴于这种句子具有极强的生命力，在当代的文学作品中比比皆是，笔者觉得有必要对此作一番探讨，辨一辨它们"身份"的真伪，以正视听。

一

无论是持"同体比喻"论者还是持"非比喻"论者，他们都有一个相同的观点：例①等中"像"类字所连的前后两个事物是相同的。试以例①为例，在他们看来，例①可以转换为：

薄薄的青雾浮起在荷塘里。叶子和花仿佛在牛乳中洗过的叶子和花一样。[②]

也就是说，"仿佛"所连的两个事物是相同的，都是"叶子和花"。于是

---

① 见张乃立：《比喻辞格的心理活跃点试寻——"同体比喻"小议》，《修辞学习》1987 年第 4 期。

② 见张乃立：《比喻辞格的心理活跃点试寻——"同体比喻"小议》，《修辞学习》1987 年第 4 期。

仁者见仁，智者见智：持"同体比喻"论者认为例①的喻体实际上省略了，"叶子和花"既是本体又是喻体；持"非比喻"论者则运用归谬法，论证了例①等本体和喻体相同的所谓"比喻"并非真正的比喻，而"充其量只能是属于给同类事物归类"①。其实这是一种误解。例①等实在应归属比喻格，它们的本体和喻体根本不相同。仍然以例①为例，我们认为，例①所要表现的是叶子和花在薄薄的青雾里所呈现出的那么一种朦朦胧胧、光洁润泽的情貌、状态。为了表现这种情状，作者是颇费了一番心思的：既要反映出青雾缭绕中花和叶子的依稀可见，还不能忘了月光朗照下的叶子和花上洁白如银的光泽。于是便用了"在牛乳中洗过"来作比，可谓新颖别致而又真切传神。因此，我们认为，例①的本体是叶子和花，而喻体则是"在牛乳中洗过"。"洗过"的后面可以带上"东西"或带上属于"东西"这个范畴的某些具体事物，如"叶子和花"。但这仅仅是一种虚设，不能理解为一种实实在在的东西。因为像例①等这类比喻句的重点是要反映一种特有的很难用某种明确的、具体的事物来作比的情貌、状态，而"仿佛在牛乳中洗过"的什么，或者"像刚死了老子的人听旁人讲笑话"的什么则是无足轻重的、次要的。假如说这一类比喻句有什么特殊之处的话，那就是它们的特征所在。试比较：

A. 他的腿（硬得）像铁一样。

B. 他的腿像铁打的一样。

C. 叶子和花仿佛在牛乳中洗过一样。

光看 A 和 B，它们都是比喻，这是没有争议的。因为 A 是典型的比喻句，而 B 基本同 A，无论是结构上还是语义上。我们不能因为 B"铁打的"后面可以补出"腿"来，而认为它是"同体比喻"，或者据此开除它的比喻"格籍"。要知道这时句子的重点在于描述腿坚硬的程度——"铁打的"正是表示了一种坚硬度，至于是"铁打的"什么，则是无关紧要的，可以是"腿"，也可以是"东西"，反正不是实指，所以不能把可以补出的东西看作喻体。更何况言语现实中大量存在的是没有补出部分的例子，"可以补出"云云只是一种理论上的假设。B 和 C 虽然不完全相同，但道理是一样的，肯定 B 也就无法否认 C。所以，作家王蒙在作品里也承认例③是一种"粗野的比喻"②。

二

比喻格的运用，可以使抽象的事物具体化、形象化，也可以使平淡普通

① 见张乃立：《比喻辞格的心理活跃点试寻——"同体比喻"小议》，《修辞学习》1987年第4期。

② 王蒙：《王蒙小说报告文学选》，北京：北京出版社，1981年。

的事物变得新颖奇特，从而加深读者对表现对象的感受，使他们得到从没有过的立体的审美体验。例①等是否也具备比喻的这种修辞效果呢？在回答这个问题之前，我们先分析一下例②。

例②所要表现的是一种难以形容的复杂的表情。由于"表情复杂"是个很抽象又很普通的概念，给准确的表达带来了一定的难度。然而作者妙笔一挥，将它写成"像刚死了老子的人听旁人讲笑话"，一下子便写活了，成为具体的、可感的东西了，它使人联想起"刚死了老子的人听旁人讲笑话"的那种似哭非哭、似笑非笑、似哀非哀、似乐非乐、哭丧着脸的苦笑，衬着哀意的忍俊不禁的滑稽、古怪的表情，真可谓形象之至、生动至极，具有幽默讽刺的意味。例②的基本意思可以表述为：

a. 他那凹心脸上的表情极为复杂。

也可以稍作修饰而改写为：

b. 他那凹心脸上的表情复杂得无法用语言来形容。

用 a 和 b 代替例②也未尝不可，但表达效果却很不相同：a 平淡无奇，b 则过于抽象，表情到底如何复杂，读者还是不得而知。这样的表述确实无法使读者获得新的审美感受。而例②便不同了，它把"表情复杂"与另一个凭借想象可以感知的新的对象作比，让读者在对新的对象——"刚死了老子的人听旁人讲笑话"的感知中去深刻理解作者所要表现的对象，从而获得审美享受。因此，说例②不具备比喻所应具有的修辞效果而将它以及它的同类拒之"比喻"的大门之外是缺乏事实和理论根据的。

还需要进一步说明的是，例①等与持"非比喻"论者所说的"属于给同类事物归类"的比较有本质的区别。我们可以来看几个比较的例子：

④上排牙齿如同下排牙齿。

⑤火车的汽笛如同轮船汽笛一般发响了。①

⑥（闰土）眼睛也像他父亲一样，周围都肿得通红。（《故乡》）

例④、⑤、⑥尽管也有"如同""像"等词（望道先生称之为"绾合词"②），却不是比喻，而是比较——它与比喻的区别就在于："比较是切实的，结论是明晰的。"③ 它完全是一种"实比"，因此，无法引起他人的联想，也就没有比喻所特有的那种动人的修辞魅力。

就拿例⑥来说，这句是将闰土的眼睛与他父亲的眼睛比，比较的结果是两人的眼睛"周围都肿得通红"。结论是具体的、实在的。尽管它与例①等一

---

① 见陈望道：《修辞学发凡》，上海：上海教育出版社，1979 年。

② 见陈望道：《修辞学发凡》，上海：上海教育出版社，1979 年。

③ 见郑远汉：《辞格辨异》，武汉：湖北人民出版社，1982 年。

样也有个"比"的过程，但是比而不喻，所以它不能给人以品赏、回味的余地，也无生动、形象可言。

三

像例①等这样的比喻句采用的是一种新型的比喻，它们的特征在前面已提到过，即喻体反映的是本体的一种情貌。如果要寻找这类比喻的始祖，就得首推钱锺书先生的《围城》一书，此书使用的修辞手法确实不同一般，尤其是比喻，堪称匠心独运又出类拔萃。其中有一类比喻句尤为新颖出奇，试举二例：

⑦夜仿佛纸浸了油，变成了半透明体。

⑧那记录的女生涨红脸停笔不写，仿佛听了鸿渐最后一句，处女的耳朵已经当众丧失贞操。

周振甫先生对此类比喻非常欣赏，认为它们比之于"芙蓉如面柳如眉"等传统的、典型的比喻句要"巧妙得多""贴切得多"。[①] 将例①等与《围城》中这类比喻句相比较，我们不难看出两者之间一脉相承的相似之处——喻体均表现本体的一种情状，尽管总体上有所不同。由于例①等具有不同于一般比喻的特殊表达功用，所以正日益受到人们尤其是小说家们的青睐。那么它们到底具有哪些特殊表达功用呢？

（1）这类比喻句的大量涌现，扩大了喻体的取材范围，为比喻这个古老辞格的不断更新和更多样化开辟了一个新天地，也使表达更加鲜明、生动，且耐人寻味。英国作家王尔德曾经说过这样的话：第一个把少女比作鲜花的是天才，第二个把少女与鲜花作比的是庸才，第三个再这样作比的是蠢材。这话虽然说得有些极端，但从中也可以看到比喻创新的重要性以及前人对这个问题的重视。而喻体取材灵活的例①等的出现可以使本体不变而又表达同一意思的比喻呈现出纷繁多姿的景象。例如比喻一个人极其高兴的神情，我们可以这样说：

⑨他脸上的神情就像喝了蜜糖似的。

⑩他脸上的神情就像刚中了头奖似的。

⑪他脸上的神情就像一个常遭斥责的小职员第一次得到了上司的赞赏。

……

---

① 周振甫：《谈谈修辞》，载北京市语言学会编：《现代汉语讲座》，北京：知识出版社，1983 年。

这些比喻句同中有异，异中有同，可以根据不同的语境选择运用，从而增强语言的表达效果。

（2）这类比喻句的本体和喻体之间有一种特殊的关系：喻体不但是拿来与本体作比的对象，同时也是对本体的一种直接描述，本体、喻体较之一般的比喻更为切近。因此在表达上也较之一般比喻句更为细腻、真切、传神。试比较：

A. 他提心吊胆，就像一只过街的老鼠。

B. 我提心吊胆——很像一个人睡觉时去揭开床毯可脑子里却担心那底下会有一条响尾蛇。

A 较之 B 就显得简单，"老鼠"和人之间毕竟有一定的距离；而 B 则不同了，喻体就像是在对本体作诠释，把"提心吊胆"给写神了，给人一种身临其境的感觉，容易引起读者的共鸣。

（3）这类比喻句往往更容易产生幽默讽刺的表达效果。本体、喻体间的特殊关系为这种幽默色彩的体现提供了优越的条件：如果本体、喻体是两个对等的事物，是很难体现幽默感的，幽默只能出现在对某事物机智、巧妙的陈述中。例如：

⑫他脸上严肃得像是去参加追悼会。

看了或听了让人忍俊不禁。类似这样的比喻句更多地出现在日常口语中。限于篇幅，不再铺开讨论。

综上所述，例①等这一类的句子既非同体比喻也非一般的比较，而是一种新型的比喻，它们除了具有比喻格所应具有的一切特征外，还具有一般比喻所没有的特殊表达功能。

（原载于《铁岭教育学院院刊》1988 年第 2 期）

附记

1987 年 9 月至 1988 年 7 月，我在山东师大现代汉语助教进修班学习。那时候，正值初涉学术研究的兴奋期，对什么都好奇，对什么东西都想问个为什么。整天听课、看书、琢磨问题，连近在咫尺的曲阜孔子故里、泰山等都没去，更不用说去稍远一点的青岛、北京等地了。看着听着那些远游归来的同学兴高采烈的述说，心里也为自己赢得了他人失去的时间而暗暗兴奋。那一年的时间，真的没有虚度，像海绵一样地汲取知识，像虎狼一样地紧盯问题，发现了不少问题，也写作并发表了好几篇小文章。本文就是其中的一篇。

本文的写作灵感来自于谭德姿教授讲授的"现代汉语修辞研究"课程。谭老师在讲授中将当时修辞学界关于比喻辞格的争论给我们细细地梳理了一遍，同时也摆出了自己的观点。但下课后，总觉得谭老师的观点较难说服我，于是就琢磨开了，琢磨了一段时间之后，就写了这篇小文章。当年怕投稿，主要是怕一遍又一遍地誊抄。放寒假时，班上同学、铁岭教育学院中文系的刘玉璋应允可以在《铁岭教育学院院刊》发表，就把文章交给他带回去了。

本文是本书论文收集过程中难度最大的一篇。

当年发表的刊物已经找不到了，只有一份目录在手里。我先让学生去北京国家图书馆查找，无果。于是，只好把目光转向铁岭。可怕的是铁岭教育学院已经不存在了。经过多方打探，才知道铁岭教育学院先是并入铁岭师专，而后又有一部分分离出去，独立成一个单位，名称似也叫铁岭教育学院。于是我先去电铁岭师专校办，他们回复我，因年代久远，这份刊物他们并没有收藏，建议我去找铁岭教育学院。我又去电铁岭教育学院院办，他们说他们只是一个教研单位，不招学生，也就没有必要保留刊物，所以建议去找铁岭师专。我便又去找铁岭师专，请求他们提供同期作者的联系方式，结果不是去世了，就是已在弥留之际，或者中风多年无法交流，好不容易才找到一个身体康健的作者，让该校离退休办一位负责人提供了联系电话，拨打了近半个月，却没有拨通。眼看交稿日期临近，真是心急如焚。这时，我突然想起一个人来，苏州大学汉语言文字学专业的博士毕业生王虎，他现如今在辽宁师范大学文学院任教。结果，还真是找对人了。他有个朋友在铁岭，他的这位朋友联系上了一位铁岭师专教师去该校图书馆查找，无果。他的这位朋友又联系上了一位当地政府机关的公务员，专门去了一趟市教育局，于是，有趣的一幕出现了：市教育局虽然也没有 1988 年的《铁岭教育学院院刊》了，却在尘封几十年的档案库里找到了我当年投稿的手稿——10 张 400 格一面的稿纸。他的这位朋友马上用手机拍下来，通过微信传给王虎教授，再由王虎教授传给我。过程甚是周折。

这里，我要衷心感谢辽宁师范大学文学院的王虎教授以及他的那位我从未谋面的友人，不但找到了当年写就的这篇小文章，还惊喜地看到了自己二十四五岁时写就的手稿。我看着这些一笔一画写就的方块汉字，当年伏案爬格子的艰苦写作情景蓦然浮现在眼前。

就在收到王虎教授传来的本文手稿之后，我先前一直无法拨通的手机终于有了回复。这位叫做周世烈的老先生是北京大学中文系 1957 级语言班的学生，北京大学中文系 1955 级、1957 级语言班编的《现代汉语虚词例释》扉页"编写人员"名单中其大名赫然在列，比我在北京大学访学时的导师陆俭明先生以及马真、鲁国尧、侯学超、孟琮、孙维张、陈庆延等先生（北京大学中文系 1955 级语言班学生）低了两届，是蒋绍愚、苏培成、孙锡信等先生的同

class同学①，目前已退休在家多年。他先是求人到铁岭教育学院去找了一下，没有找着；而后，又从当年在该期发表文章的其他作者那里复印了该文，并通过中国邮政特快专递寄到了我的手中。

通过当年手稿与当年正式发表稿的两相比较，我发现个别地方编辑们作了修改，现依照当年发表时的面貌呈现在这里。

① 看着北京大学中文系1955级、1957级语言班编的《现代汉语虚词例释》扉页的那份编写人员名单，不免感慨。1955级语言班共有18人，1957级语言班共有28人，两者相加共有46人。这些人，当年都是因为热爱语言学才报考这个专业的，都是因为对现代汉语虚词研究感兴趣才参与这部今天依然并不过时、并不落伍的虚词词典的编写工作的。可是，今天回过头去看，除了我文中列举的这10位先生外，其他人都已被历史的烟尘覆盖，已经不为人知或很少为人所知了。古人云：风流总被雨打风吹去。那也得是风流过呀。看这张名单中的绝大部分人恐怕连风流都不曾有过，也就不必叹息被雨打风吹去了。当然，个中的一些先生，如陆俭明先生、蒋绍愚先生、鲁国尧先生等至今依然风流着，在各自耕耘的领域为后学指点迷津，为未来设计路径、提出构想。真是造化弄人也。当初一起进的学堂，一起上的课，一起编的词典，能想到半个多世纪以后会是这样的结局吗？

王蒙意识流小说的修辞艺术

"生活有多么丰富，想象有多么丰富，小说就应该有多么丰富，小说的手法也就应该有多么丰富。"① 在这种创作思想的指导下，王蒙近年来创作了一批生气勃勃、风格独特的意识流小说，在新时期的小说群体中开出了一朵奇葩。尤其是他那刻意追求的明显打上了王氏标记的叙述语言，更给文坛吹进了一股和煦的春风，体现了较高的艺术修养，值得我们认真探讨与体味。

一、独语句式群·蒙太奇效果

王蒙曾经这样说过：那种诗一样的、"富有节奏感"的、"言外有言"的语言，"总是能让我一见钟情，久久不忘"。② 正是这种执着的追求和不懈的努力，使读者感受到王蒙语言所散发的时代的、社会的气息。大量的独语句式群便是缘之而生的艺术精品。

这里所谓的独语句式群，既包括由一连串独语分句组成的复句，又包括独语句式群。其中以名词性独语句式居多。这些独语句式看上去似乎互不相干，却巧妙地组合在一起，起到了类似电影蒙太奇手法的神奇的艺术效果，从而深深地吸引和打动读者。这种蒙太奇效果首先表现在由点的显示到线的组接，纵向勾画历史进程，产生激动人心的节奏感，例如：

（1）战争的严酷，行军的艰苦，转移、撤退、暂时的失利，牺牲，流血，负伤，饥馑，化装进城，宪兵的钢盔和闪亮的刺刀尖，碉堡的阴森森的眼睛，"剿匪总司令"的布告……（《蝴蝶》）

这是一个由 11 个独语分句组成的独语句式群。闪现在读者眼前的是一幅幅各不衔接的生动画面：有长征的片断，有抗日战争的速写，也有解放战争

---

① 王蒙：《漫话小说创作》，上海：上海文艺出版社，1983 年。
② 王蒙：《漫话小说创作》，上海：上海文艺出版社，1983 年。

的剪影，这些片断的组合活脱脱地勾画出了我党从井冈山走向天安门的这一段漫长而又艰难的历史进程。这些内容若细细说来，可以写上几十万字的回忆录或者几万字的梗概。而作者却将如此容量的历史硬塞进了那仅有 60 个字的独语句式群中，通过闪电般的变化镜头的组接，不断地跳跃，把几十年间的事情压缩、简化后一口气叙述下来，从而勾画出一条明晰的线索。具体叙述，有素描的简洁，也有油画的铺彩；有特写的丰腴，也有全景的概括。于是，给人的感觉是：既有自由诗的舒展，也有快板的轻捷，这种神奇的艺术效果绝不是四平八稳、主谓宾俱全的一般句式所能表达或替代得了的。

独语句式群的蒙太奇效果还表现在由点的铺陈到面的勾画，横向地展现整体的画面，通过一组极普通的事物来展示时代风貌，道出言外之言。这儿所说的言外之言，实际上是指在句子的组合中产生的一种句子本身所不具备的含义，正如电影艺术中的蒙太奇一样——两个画面的组合可以产生出画面本身并未表现的意义来。例如：

（2）自由市场。百货公司。香港电子石英表。豫剧片《卷席筒》。羊肉泡馍。醪糟蛋花。三接头皮鞋。三片瓦帽子。包产到组。收购大葱。中医治癌。差额选举。结婚筵席……（《春之声》）

这个独语句式群分别点述了 13 件事，表面看来，似乎是一群毫无联系的事物的杂乱堆砌，难怪有人说是一个"大杂烩"，因为这与传统的描写——那种有根有据、有条不紊、线索清晰、滴水不漏的叙述方式的确大相径庭。然而这正是作者的匠心所在。他要写出现代生活万花筒的五颜六色，写出现实世界的错综复杂，从而勾画出整个时代的风貌。比起"规规整整的蒸馏水"，作者更喜欢"可以闻见海的腥味"、有着"一切杂质"的海水。[①]"自由市场""香港电子石英表""差额选举"等都是当代人们熟悉的极为普通的事物，把它们单个罗列开来并无多大意义；一旦将它们组合在一起，就产生了神奇的魔力，出现在我们面前的不再是各自分离的孤立的事物，它所揭示的是在党中央对外开放、搞活经济的方针指导下百废俱兴、经济繁荣、百姓富足、生活安定的兴旺景象，从中可以领略到现代生活的节奏，可以把握住跳动着的时代的脉搏。这一切使人陶醉，催人奋进。这便是"言外之言"，是这些事物（单个的）本身所不具备的含义。作品的主人公岳之峰正是领会了其中的"言外之言"，才从中看到了希望，找到了现实生活的转机。

---

① 王蒙：《漫话小说创作》，上海：上海文艺出版社，1983 年。

二、繁复的思维·多角度多层次的结构

社会生活的日益发展，人们的思维也随之日趋繁复。这样，原来的单线条、定视角的叙述方式已适应不了这种变化，于是，作为嬗变中的思维方式在语言结构上的投影，便产生了王蒙意识流小说中极为常见的多角度、多层次的结构。

多角度、多层次的结构首先表现在叙述角度的不断变换，也就是人称的交替运用。传统的叙述方式，往往强调人称的一致性，尽管也有叙事角度的变化，但往往要作很多铺垫，以维护言语字面的严谨、连贯。而王蒙小说中的描写为了更符合心理的特点，往往是跳跃性的，叙事角度往往会猝然改变，使叙述形成一种立体型的结构。例如：

（3）我请求判我的罪。

你是无罪的。

不。那有轨电车的叮当声，便是海云的青春和生命的挽歌，从她找到我的办公室的那一天起，便注定了她的灭亡。

是她找的你。是她爱的你。你曾经给她带来幸福。

我更给她毁灭。……（《蝴蝶》）

很显然，这里有两个叙事角度：一个是张思远自己，另一个是假想中的张思远的对立面。就此，同一个人——张思远，一会儿用第一人称"我"，一会儿用第二人称"你"，通过叙事角的交叉、人称的交替，写出了人物心理的矛盾：一方面是深深的自责——害死海云的就是"我"张思远，"我"应该接受良心的审判；另一方面是推卸、开脱——海云的死不该由"你"张思远负责，"你"是无罪的。多线条多层次地写出了人物心理流势的交汇，把事情的前因后果通过思想的交锋、情感之波的腾抑跌宕加以补充交代，使人物形象更为丰满，也推动了情节的发展。

就思维特征来看，王蒙善于扫描式的联想。他一贯放纵自己思想的野马作漫无边际的驰骋，当然总牢牢地把握着缰绳。而散文式的框架结构便为他提供了纵横驰骋的良好天地。这也是多角度、多层次的结构在篇章段落上的具体体现。

所谓散文式的框架结构是指与传统小说的谋篇布局方式——故事的开端、发展、高潮、结尾迥然有别的一种篇章、段落的安排方法，它照顾的是人物心理流动的特点，多少带有一点随意性，但也绝不是流水账或谁也不明白的"鬼画符"，它始终保持着一条主线——不过是思想主线、心理主线而已。王

蒙的几部有代表性的意识流小说基本上都是采用了这种"形散而神不散"的结构。例如《布礼》，反映的是从 1957 年"反右"扩大化到 1977 年拨乱反正这整整 20 年中人们心灵上所受到的创伤和考验，是一部描写心理的作品。为此它打破了时间的先后顺序，以主人公钟亦成的内心活动为线索来谋篇布局，于是便形成了散文式的框架结构：可以从 1950 年一下子跳到 1966 年，又可以从 1966 年的事突然转写 1949 年的事，大幅度地跳跃，无伦次地往复，各段之间几乎毫无联系、无法衔接。而且就是在一段之中也不例外。例如《布礼》"年代不详"这一段，与其说是小说，还不如说是散文，是意象派的自由诗。它是人的错觉、感受、梦幻乃至灵魂的震颤，似乎没有明晰的段落大意，然而正是这样的结构安排，真实而又细致地写出了钟亦成几十年心理的交织、复合，错综交叉，千头万绪，写出了他灵魂的创伤乃至最终的觉醒，其中有激奋，有感伤，有被人误解甚至诬陷的痛楚，也有噩梦醒来后的空虚、惶惑。

三、精警的对比·王蒙式的排比

王蒙意识流小说中的对比警策、透辟，给人留下了深刻的印象。原因在于，被对比的双方本身很平常，但经过作者巧妙的撮合，便产生了极不协调、相互排斥的语感效果，从而引起人们深刻的思考。例如：

（4）三十年的教育，三十年的训练，唱了三十年的"社会主义好""年青人，火热的心"，甚至还唱了几年"老三篇不但战士要学，干部也要学"之后，一首"爱的寂寞"征服了全国！（《蝴蝶》）

（5）在二十世纪八十年代的第一个春节即将来临之时，正在梦寐以求地渴望实现四个现代化的人们，却还要坐瓦特和史蒂文森时代的闷罐子车！（《春之声》）

（6）回家呆了四天，却检讨了二十二年！而伟大的一句话，也够人们学习贯彻一百年。（《春之声》）

这些对比，透过生活的表层，向现实提出了一个个耐人深思的问题，例（4）对比双方形成了极大的落差，貌似强盛的几十年的"革命"教育，数不清的"革命歌曲"却轻轻地败倒在势力微弱的一首《爱的寂寞》的歌曲的脚下，它启示了怎样一条深刻的人生真谛？例（5）中，飞速向前的时代、走向未来的人们与远远落后于时代的 18 世纪的交通工具，这种鲜明的不协调是多么的奇特而又耐人寻味！例（6）的"四天"和"二十二年"，"一句话"和"一百年"的对比是何等的荒唐，又是何等的触目惊心，然而确是历史的真实，这种不可思议的真实怎能不引起人们对那个狂热而又可悲的年代的深刻反思？

与作家精深的思考和澎湃的激情相适应，王蒙颇具特色地运用了排比句式。那种与众不同的王蒙式的排比句的突出特点在于"常用相反词义的词排比"①。例如：

（7）宋明的分析使钟亦成瞠目结舌、毛骨耸然而又五体投地。（《布礼》）

（8）他才当真是又痛苦、又兴奋、又快乐地感到了："过去的过去了，新生活正在开始！"（《布礼》）

（9）人生竟然能够这样简单、这样短促、这样平常又这样幸福，这使我惭愧，使我满足，也使我惶惑。（《悠悠寸草心》）

如果说例（7）用相反词义的词语组成排比，揭示的是钟亦成心理流动的全过程：由呆滞—恐怖—佩服的话，那么例（8）所反映的则是奇妙地发生在同一时刻的复杂心理。这样既低沉又高亢、既苦又甜、既悲亦喜的多维感触揭示了主人公内心深处的隐私。与例（7）、例（8）有别，例（9）为两组平行而又相关的排比句，是一种立体式的结构。"简单、短促"等与其说是对现实的反映，不如说是心灵的折射。作者从人物心灵的表层勾画转而滑向心灵的深处，刻划出了平庸、安逸的情感背后的内心激荡、交锋。这使我们不得不叹服王蒙摹写人生、揭示心灵的非凡笔力。

（原载于《山东师大学报》1988 年"语言研究专辑"）

附记

1988 年上半年，经过大家的努力，山东师大校方同意拿出一笔经费出一期《山东师大学报》"语言研究专辑"，作为对这第一届现代汉语助教进修班学员学业的一次巡礼和一个总结。于是，班上就动员开了，每个学员确定一个题目，在与有关老师商讨之后开始写作。

那时，大家都很激动，因为不少人还从没发表过学术论文或者没在山东师大这一级别的学报上发表过论文。我则显得较为淡定，因为此前我已在《山东师大学报》上发表过一篇小文章。

由于此前我已发表过讨论词缀问题的文章，所以此番很想尝试做一次修辞研究。加上执教修辞学课程的谭德姿老师与我的大学老师李晋荃教授相熟，初入学时还揣着李晋荃教授的推荐信去谭老师府上拜访过，——就是那次，谭老师留请吃饭，席上还喝了山东本地的名酒琅琊台，结果我酩酊大醉，最

---

① 王蒙：《漫话小说创作》，上海：上海文艺出版社，1983 年。

后是谭老师的先生、山东师大历史系王守中教授把我半抱半扶送回宿舍，在床上躺了半天一夜才醒过来的。事后，谭老师的研究生于洪亮告诉我，谭老师酒量出奇地好，已经喝倒过无数的山东壮汉，惊叹我这样的不到一百斤的小体格怎么敢去同谭老师喝酒，这不无异于羊入狼群、狼入虎群吗？——因此，就确定了本文的题目和基本框架，向谭老师请教，并得到了谭老师的肯定。

近30位学员的论文交给老师们以后，经过老师们的认真筛选，最后上了22篇论文，这22篇论文分为两大块，一块是修辞研究论文，共有10篇，作者依次是：曹炜、宋业瑾、黄鹏、刘玉璋、骆宝臻、文可、郑燕萍、刘如正、王耀辉和陈晓明；另一块是语法研究论文，共有12篇，作者依次是：高航、郭新洁、穆拉提（哈萨克族）、彭英华、巴哈尔古力（哈萨克族）、吴润梓、秦存钢、单强、谢瑛、岳东生、于思湘和张青。

论文发表后，我把这份刊物寄给了当时的文化部长王蒙同志，请他对论文提出意见和建议，结果收到了王蒙同志办公室的回信，鼓励我继续深入研究王蒙小说的语言艺术。那时年轻，因为没有接到王蒙同志的亲笔回信，有点不悦，所以，此后就再也没有继续探讨王蒙同志小说的语言问题。却在若干年后，把目光投向了明代四大奇书之首的《金瓶梅词话》的文学语言，产生了一批成果，甚至因此而获得了国内修辞学最高奖——由复旦大学主持评审的陈望道修辞学奖，并得以每年应邀赴复旦大学担任修辞学专业博士学位论文答辩委员会委员，这是后话。

1989年，我所在学校举行首届本校教师科研成果评奖活动，评奖范围是1986年6月至1988年12月全体教职员工所出版的专著、教材及所发表的论文。校学术委员会先分设文科和理科评审组进行初评，然后再组织复评。结果共评出一等奖2项，二等奖9项，三等奖18项。本成果荣获三等奖。我也是获奖作者中唯一的一名30岁以下的青年教师。

2016年4月，我带领着10多位博士研究生、硕士研究生去山东师范大学、山东大学、曲阜师范大学、孔庙、孔府、孔林等地游学参访。在山东师范大学文学院教师陈长书、邵艳梅等的陪同下还专程去山东师范大学教师住宅区拜访了阔别近30年、业已退休多年的谭德姿教授和高更生教授，在谭老师那里还见到了王守中教授。这些先生，虽已八九十岁的高龄，却依然精神矍铄，谈起当年，记忆犹新，令人动容。

1989年

试论词的夸张义

在由修辞手段产生的词义——修辞义中，比喻义、借代义是备受重视的，经过不少同志比较深入、细致的研究，已在词义系统中初步确立了它们的地位。与此相反，夸张义的境遇则很不妙，颇受人冷落，各种各样研究词义的专著都对它只字不提，似乎它压根儿就不存在；即使有人偶尔想到，也只是罗列一下而已，从未有人愿对它的基本情况作一番认真的探讨。我们认为，词的夸张义是一种很重要的词义现象，对它的研究将有助于方兴未艾的汉语语义学研究的深入。基于这种认识，本文拟对词的夸张义作一番初步的探讨，以期通过对夸张义概貌的简单勾勒，使人们对它以及它在词义系统中的地位有一个大致的了解和基本的认识。文中所用的词条注释凡不注明出处的均选自中国社会科学院语言研究所词典编辑室编的《现代汉语词典》（1983 年 1 月第 2 版）。

一、什么是词的夸张义

（1）所谓夸张，就是为了表达上的需要而故意言过其实，例如："穷人要是遇到不爽快的事就哭鼻子，那真是要淹死在泪水里了。"（《暴风骤雨》）人是不会被泪水淹死的，这里这样说，显然是言过其实，却深刻形象地揭示出了旧社会劳动人民数不尽的苦难、道不完的辛酸。这是修辞学上的夸张。词的夸张义正是由修辞学中的这种夸张手法产生的词义，例如：

①倾倒：形容十分佩服和爱慕。佩服得人都要倒下了，这显然是夸张了。常言说"佩服得五体投地"（这本身也是个夸张义）就是这个意思。

②销魂：形容极度的悲伤、愁苦或欢乐。为了突出悲伤、欢乐之极，称之"销魂"，似乎灵魂离开了肉体。

③丧胆：极言非常恐惧。恐惧到连胆都丧失掉了，这也是一种夸张，医学史上尚没有提供因恐惧而丧失了胆的先例。

类似的还有"千里眼""飞毛腿""海量""雷霆"等，这些词的意义都是夸张义。比之词的比喻义和借代义，夸张义要相对少一些，但它的绝对数量也是很可观的。据我们粗略统计，《现代汉语词典》中含有夸张义的词条有130多条，加上《辞海》《辞源》中的共有200多条。这是个不小的数目，足以奠定它在词义系统中应有的地位。

（2）词的夸张义虽然是由修辞学中的夸张手法产生的，它们之间有着密切的联系，但是它们毕竟是有区别的。夸张只不过是夸张义产生的手段，而夸张义则是夸张手法所产生的修辞意义在词义中凝固定型的结果，因此词的夸张义是固定的；它已成为词的一个义项，可以在工具书中找到，如前面所举诸例；而修辞学上夸张手法的运用虽然也会使某些词语产生夸张的意义，如"谢惠敏的两撇眉毛险些飞出脑门，她瞪圆了双眼望着张老师"（《班主任》）中的"飞"也含有夸张的意义，它形象地写出了谢惠敏眉毛直竖的神态，揭示了她内心的惊异和震动，但这种夸张意义是临时的、不固定的，它是一种语境意义——离开了具体的语境便不存在了，因此它没法成为词的义项，在工具书中也根本找不到：也就是说，修辞学上的夸张所产生的临时的夸张意义得依赖于语境，它与语境是分不开的，而词的夸张义则不受具体语境的制约，它与词的比喻义、借代义一样是固定不变而独立于语境之外的。

二、夸张义的来源及形成途径

（1）词的夸张义有的属于派生义，有的则是它本来的意义，这主要取决于它们不同的来源。词的夸张义的来源不外乎两个：一个是由词义的派生演绎而产生的。如"倾倒"，其基本义是"由歪斜而倒下"，由此派生出"十分佩服和爱慕"的夸张义。又如"雷霆"的基本义是"暴雷、霹雳"，由此派生出它的夸张义"（人的）威力或怒气"，极言人的威力之大、怒气之盛。再如"一口气"，其基本义是"一口气息"，因为一口气是连贯的、没有停顿的，所以派生出"不间断地（做某事）"的夸张义。另一个是由修辞学造词法中的夸张式造词法产生的[①]。这种来源的夸张义往往只有夸张义这一个义项，没有其他的义项，例如前面所举的"千里眼""海量"等，类似的还有："万籁"，指各种声音；"万事通"，又叫"百事通"，指什么事情都知道的人；"飞舟"，指行驶极快的船等。因此这类夸张义是造词之初的本来的意义。而且由于这种来源的夸张义是建立在夸张式的词的基础上的，其中往往含有可以产生夸张义的词素如"万""千""百""飞""海""云"等，可以作为一种识别的标志。需要说明的是后一种来源的夸张义要多于前者。

---

① 见任学良：《汉语造词法》，北京：中国社会科学出版社，1981年，第224页。

（2）比起夸张义的来源，它的形成途径可要复杂得多，角度不同，标准不一，其分类也就必然不同。在这里向大家提供一种在我们看来较为可取的分类法，兹述如下：

①从数量上夸张。例如"千张"，指一种很薄的豆腐干片。为了揭示其薄、层数多的特点，须用"千张"来夸张，"千张"表示的是"数量"的概念。又如"万死"，指受严厉惩罚或冒生命危险。"万死"（死一万次）表示的也是"数量"的概念。再如"百衲衣"，指补丁很多的衣服。"衲"是"缝"的意思，"百衲"就是缝上一百次，也表数量。至于"万千""千万""万万""万一"等更是纯粹地用数量的组合、对比来进行夸张的。从数量上进行夸张而产生夸张义是词的夸张义形成的主要途径，由此产生的夸张义相对于其他途径来说在数量上占很大的优势。

②从形象上夸张。例如"发指"是形容人愤怒到极点。[1] 愤怒到连头发也根根竖起，可谓具体形象。这类夸张义往往经过强调、渲染而突出了事物、行为的本质。又如"一溜烟"，形容跑得快。快得能让人看见其后扬起的一溜尘土，极言其动作神速。又如"飞毛腿"，是指跑得特别快的腿或人，用"飞毛"来形容两腿飞快行走时的情状，十分形象。再如"倾盆"，形容雨很大，大得不再是呈线条状地落下，而是仿佛从盆子里倒下来，生动传神。

③从事物、行为的性质、特点上夸张。例如"天梯"指很高的梯子。在人们心目中，天是至高无上的，抓住天"高"的特点，以此来表现"梯子"之高，故称"天梯"。又如"作呕"，形容对某某事非常讨厌，讨厌到恶心已是进了一层，而作呕则是恶心到极点的表现，更是进了一层，这里抓住作呕这种行为所反映的性质特征来极言讨厌之甚。又如"牛劲"是形容人的力气大。牛的力气是很大的，抓住牛"力气大"的特点来极言人的力气之大，故称之"牛劲"。再如"飞贼"，是指手脚灵便能很快地登墙上房的贼。这是从"飞"的特征——轻便敏捷、不受地面障碍物的限制入手，来表现那些本领高强、动作麻利神速的贼的不同一般。属于这一类的还有"入魔""老掉牙""海碗""海量"等。

④从范围、程度上夸张。例如"绝域""天涯"都是指极其遥远的地方。事实上"绝域""天涯"都是不存在的，为了极言某地之遥远而言之，这是从范围上夸张。属于这类夸张义的更典型的是"无际""无垠""无疆"等词，它们都是强调地域范围的广阔，广阔到了没有边际，一看便知道是夸张。又如"绝顶""极端"，都是从程度上来形容事物、行为的独一无二、非同一般，"统""顶""极"等都极言程度之高。再如"冲天"，也是从程度上而言

---

① 见《辞海》编辑委员会编：《辞海·语词分册》，上海：上海辞书出版社，1977 年。

的，极言情绪的高涨而猛烈。类似的还有"彻骨"。

⑤从人的感觉、感受上夸张。例如"雷动"是指（声音）像打雷一样。"打雷"的声音是很响的，掌声等的音量远没打雷那么高，称"雷动"是极言声音之响，这是从听觉上来夸张。又如"扎手"形容事情难办。办事最多的是使用手，既然感到扎了手，事情自然就不好办了，这是从触觉上来夸张。从触觉上来夸张的还有"扎耳朵"（指声音或话听着令人不舒服）、"扎眼"（指看不顺眼）等。从感受上夸张的如"入骨"，这是指感受上达到极点，人没入骨无论是视觉还是听觉都无法得知，这是人心理上的一种感受，是一种很微妙的、很抽象的东西。又如"销魂"形容极度的哀愁、欢乐或惊恐，这也是一种心理体验，是对人的某种感受的言过其实。

三、夸张义和其他修辞义的关系

（1）修辞学中的夸张手法与比喻、借代等修辞手法有着密切的联系。张志公先生在他的《修辞概要》中说："一般说来，夸张总是通过比喻、借代或比较的形式来表示的。"说"总是"似乎欠妥，但时常融合在一起却是事实，试举两例：

①七百里驱十五日，赣水苍茫闽山碧，横扫千军如卷席。（《渔家傲·反第二次大"围剿"》）
②因为这一类不甚可靠的传闻，是谁都听得耳朵起茧了的。（《理水》）

例①中的"横扫千军如卷席"是比喻与夸张的融合：一方面它是比喻，"如"是喻词，"横扫千军""卷席"分别是本体和喻体——典型的明喻；另一方面它又是夸张，"卷席"是不用费吹灰之力的，把歼灭敌人的千军万马看得如同卷席子一样轻而易举。例②中"耳朵起茧"则是借代与夸张的融合：用"耳朵起茧"来代替"听得多了"，具体代抽象；而这个借代本身又是夸张，听得多了以至于耳朵里都生出了老茧，这显然是言过其实了。同修辞学中的夸张一样，词的夸张义也与词的比喻义、借代义关系密切，有时还被融合在一个义项里。例如前面所举的"发指"，既有借代的成分——用头发直竖来指代"愤怒"，也有夸张的成分——形容极度的愤怒，以至于头发也根根竖起。又如"海碗"既有比喻的成分——以"海"来比喻碗的容量，也有夸张的成分——极言碗的容量之大。

（2）但是正如夸张与比喻、借代有着本质的区别一样，词的夸张义毕竟与比喻义、借代义不同，主要表现在：第一，在一些夸张义和比喻义、借代义融合的义项中，词的夸张义和其他修辞义是各有侧重的：比喻义侧重于事物的相似之处，借代义侧重于事物的相关之处，而词的夸张义则侧重于言过其实。例如"弹丸"是指很小的地方，① 这里融合了比喻义和夸张义。就比喻义而言，它侧重的是弹丸和小地方的相似之处——占有的空间很小；就夸张义而言，它对客观的事物尽力作缩小的描述——地方小得只有弹丸那么大，这显然言过其实了，现实中是找不到这么小的一个（拥有居民和一些基本设施的）地方的。又如"倾国"是指容貌绝美的女子，② 这里也融合了夸张义和借代义。就借代义而言，它侧重于"貌美"和"倾国"的相关——以结果代原因；而它的夸张义则侧重于表述女子的外貌非同一般的美，以至于全国的人都为之倾倒，从而揭示了女子貌美的程度。第二，更有为数众多的夸张义，与比喻义、借代义无关。如前面所举的"丧胆""飞毛腿""天梯"等都是纯粹的夸张义，又如"万恶"是指"极端恶毒、罪恶多端"，"百感"是指"种种感触"，"无比"是指"独一无二"等。这里没有比喻义，也不包含借代义，而只属于夸张义。由此看来，词的夸张义是不依附于比喻义、借代义而独立存在的，它与比喻义、借代义是并列的、地位平等的，都属于词的修辞义的下位分支，这是毋庸置疑的。

（原载于《苏州师专学报》1989 年第 1 期）

附记

本文是我的第一篇词义研究论文。

本文虽然略显稚嫩，但对我来说却具有里程碑式的意义。因为本文标志着我研究兴趣的重要开拓，即在修辞研究之外，又多了一个研究领域——词义研究。在本文发表以后的数年中，我发表了一系列比较重要的词义研究论文，其中的一些在今天看来，依然没有过时。直至 21 世纪以来，词义学成为我最为重要的研究领域，今天依然是我招收博士研究生的主要招生方向。这是后话。

选择了词义研究这条路，其实是选了一条异常艰辛的学术之路。主要是因为词义这个东西太空灵，过于抽象，很多时候难以把握，可意会，无法言传，都是些形而上的东西。有时候，坐在书桌前，冥思苦想一整天，也不会有什么结果。即使有了一些思考的结果，往往也是些仁者见仁智者见智的想法，自己如获至宝，欣喜若狂，别人却不一定当回事。形成文字，拿去发表，人家还看作痴人说梦，不予理睬。痛苦正在于此。

从这第一篇词义学论文发表至今，已有 27 个年头了。回顾这近 30 年的

---

① 见《辞海》编辑委员会编：《辞海·语词分册》，上海：上海辞书出版社，1977 年。

② 见《辞海》编辑委员会编：《辞海·语词分册》，上海：上海辞书出版社，1977 年。

词义研究历程，有烦恼、痛苦、疲惫、折磨，但更有惊喜、欢愉、释放、满足。

就在这篇论文发表 12 年之后，作为国内第一部全面系统研究现代汉语词义现象的著作——我撰写的《现代汉语词义学》终于面世了，首印 4 000 册，半年内便售罄，以至于学林出版社总编雷群明先生专门来函告知：得重印 2 000 册。可见该著作流传之广。暨南大学出版社副总编李战编审曾亲口告诉我，她的先生在香港某大学攻读博士学位，案头上便有这本书。这本 2001 年 6 月出版、2002 年 1 月重印的小书，可将其看作我十多年词义研究的一个小结。面世之后所获得的苏州大学、苏州市人民政府、江苏省教育厅、江苏省人民政府给予的各级、各类奖励，可看作对我这 12 年词义研究工作的一种勉励和肯定。

我的词义研究工作没有就此打住，虽然因有一些别的研究项目的插入而几度中断，如独立完成江苏省"十五"规划项目——"《金瓶梅词话》语法研究"，主持完成教育部人文社科基金项目——"明代早中晚期三部白话小说虚词计量研究"，组织完成"商务语言研究"系列丛书等。自 2004 年始至 2009 年终，我开始了对《现代汉语词义学》一书的修订增补工作。待暨南大学出版社出版该书修订本之时，篇幅已增加了近一倍，由初版的 20 万字扩充到修订本的近 40 万字，个中包含了我在初版面世之后对现代汉语词义现象的所有新的思考，其中很多是对各种词义现象研究的学术史的梳理。该书出版后再次荣获教育部第六届高校人文社科优秀成果奖，是当年苏州大学唯一获此奖项的文科类著作，也是江苏省唯一获此奖项的语言学类著作。

可以肯定的是，词义研究将伴随我走完余生。

"ABB" 式中的叠音后缀

  无论是张寿康先生的《构词法和构形法》，还是吕叔湘先生主编的《现代汉语八百词》，都把"静悄悄、冷冰冰、白皑皑、热乎乎"等统统看作带叠音后缀的词（可称为"ABB"式）。① "ABB"中的"BB"是否都是后缀，恐不能笼统地一刀切，应该区别对待，因为事实上它们之间存在着很大的差异。

  我们试以《现代汉语八百词》"附录二"所列的 328 个"A + 后缀"的"ABB"式为考察对象，根据"BB"的不同性质和特点，将它们分为以下五类：第一类，"BB"可以单独使用的，如"白皑皑、静悄悄、恶狠狠、光亮亮、白茫茫"等；第二类，"BB"可以拆开，构成"AB"的，如"悲惨惨、甜蜜蜜、空旷旷、懒散散、冷清清"等；第三类，"BB"可以单独使用，又可以拆开构成"AB"的，如"蓬松松、平稳稳、明亮亮、弯曲曲"等；第四类，"BB"可以前置，构成"BBA"式的，如"冷冰冰、香喷喷、响当当、笑眯眯"等；第五类，"BB"不能单独使用，在意义上已经完全虚化的，如"傻乎乎、乐滋滋、粉扑扑、眼巴巴"等。这五类词的情况是各不相同的。

  我们先来看第一类"ABB"式。这一类"ABB"式中的"BB"可以脱离"A"而单独用来造句，且在语义上也没有什么变化。例如：

（1）皑皑的白雪笼罩了整个山坡。
（2）毒蛇狠狠地咬了农夫一口。
（3）枪被战士们擦得亮亮的。

  我们知道，后缀首先必须是虚语素：一是不表实在的词汇意义，二是只能作构词成分，无法单独成立。而这一类"ABB"式中的"BB"不仅表示实在的词汇意义，而且能单独使用，它们都是实语素（单独使用时是词），不应该看作后缀。《现代汉语词典》把"皑皑""悄悄""茫茫"等列为词条，是

① 参见张寿康：《构词法和构形法》，武汉：湖北人民出版社，1981 年；吕叔湘主编：《现代汉语八百词》，北京：商务印书馆，1980 年。

可取的。第二类中的"BB"虽不能单独使用，但可以拆开来，构成"AB"而单独使用。例如：

（4）这个人很懒散。

（5）他们过着甜蜜的日子。

（6）家里很冷清。

"AB"和"ABB"不同的是，"AB"前均可加"很"来修饰，而"ABB"前则不能加；"很 AB"在语义上、程度上与"ABB"相同，试比较：

A1 很悲惨的命运　A2 很悲惨惨的命运　A3 悲惨惨的命运

B1 很甜蜜的生活　B2 很甜蜜蜜的生活　B3 甜蜜蜜的生活

A1、A3、B1、B3 都可以说，而 A2、B2 则不成话；A1、B1 在语义程度上分别与 A3、B3 相同。如果把例（4）、（5）、（6）中的"AB"看作两个实语素的组合（这一点是无可争议的），则语义程度要比"AB"深的"ABB"式就该看作三个实语素的组合。因此，这一类中的"BB"也绝不可能是后缀；第三类"ABB"式则融合了第一、二类的特点，其中的"BB"既可如第一类那样单独使用，又可如第二类那样拆成"AB"。例如"平稳稳"，既可以把"稳稳"提出来单用，又可以把"平稳"提出来单用。又如"弯曲曲"既可说"弯曲"，又可说"曲曲"，"蓬松松"既可说"蓬松"又可说"松松"等。其中的"稳稳""曲曲""松松"，自然也就不是后缀了。第四类中的"BB"位置不固定，它可以置于"A"前，构成"BBA"式，例如：

冷冰冰—冰冰冷

香喷喷—喷喷香

响当当—当当响

笑眯眯—眯眯笑

作为后缀，它的位置应是固定的——总是在词的末尾，所以又叫它"词尾"。而第四类中"BB"却可灵活地跑到"A"的前头而于义无损。因此这类"ABB"式中的"BB"也不能看作"后缀"。

我们再来看第五类"ABB"式。与前四类迥然不同的是，这一类中的"BB"意义已经虚化，像"傻乎乎"中的"乎乎"、"乐滋滋"中的"滋滋"等已没有实在的词汇意义，它们仅仅是表示一种程度或描摹一种情态，而且都不能单独使用，如"巴巴""乎乎""扑扑"等都只是一个构词成分，没法单独成立。它们的位置也很固定，总是处于词的末尾。还有一点需要指出的是这一类中的"BB"绝大多数都具有一定的构词能力，有的构词能力还很强，如"乎乎""巴巴"等。因此把这一类中的"BB"看作后缀应该是无可非议的。据我们统计，在《现代汉语八百词》所有的"ABB"式中，这类词共有 188 个（可能个别的有出入）占总数的 57.3%。也就是说，在该书所列的"A＋后缀"的"ABB"式中有将近一半的"BB"并不是叠音后缀。

综上所述，我们认为"ABB"式中的"BB"的情况是比较复杂的，其中有一些是叠音后缀，有一些则根本不是，若把它们不加区分地看作一类，是不符合语言事实的。

（原载于《中国语文天地》1989 年第 5 期）

附记

本文是我的第一篇讨论词义之外的其他词汇现象的研究论文。

本文的发表真是幸运，一投即中，这是当年我的写稿、投稿生涯中比较罕见的运气好的小文章。

接到《中国语文天地》编辑部寄来的"稿件录用通知单"时我欢喜不已，惊讶于自己稿子的一投即中。发表后拿到刊物，更是欣喜若狂，因为我发现我与语言学界泰斗吕叔湘先生同期发表了论文。当时的《中国语文天地》篇幅很小，连封三算在里面总共才 33 页，以发表短小精悍的文章为主。该期《中国语文天地》共发表文章 24 篇，作者依次为：吕叔湘、陈红玉、王雪樵、张正石、谭汝为、荆贵生、戎椿年、王发平、王洪源、吴言明、李开、张振安与王家新、曹炜、张觉、饶星、于学滨、郭㳠亮、李有爱、李思明、李名隽、李延瑞、余新松、陶振民、殷志平 25 人，不少都是我敬仰的长辈学者。平均每篇文章仅 1.375 页篇幅。

需要说明的是，除本文之外，我集中讨论词义之外的其他词汇问题的文字均形成于 2001 年《现代汉语词义学》一书面世之后。诚如在我的《现代汉语词汇研究》前言中所述的："我们在讨论现代汉语词义现象的时候发现有些问题无法放在词义学的框架中来讨论。"在完成了《现代汉语词义学》一书的写作之后，我便开始集中精力讨论现代汉语中的各种词汇类聚以及不属于词义问题的词汇现象。自 2001 年始至 2003 年中，我完成了《现代汉语词汇研究》一书的写作，由北京大学出版社出版发行。2001 年适值我在北京大学中文系跟随陆俭明教授做高级访问学者，其间结识了北京大学出版社语言编辑部主任郭力女士和文史编辑部主任乔征胜先生，他俩均表示愿意在不提供出版补偿的情况下出版我的这本小书，最后考虑到操作的便利，便交由郭力所在的语言编辑部出版此书。出版之前，我请自己的访学导师陆俭明教授和授课教师徐通锵教授分别为这本小书作序。陆俭明教授极为爽快地答应了我的请求，徐通锵教授则有些勉强，他一方面表示很少给他人著作作序，另一方面又表示等看了我的书稿之后再做定夺。结果是，徐通锵教授在接到书稿一个月之后便写就了序言，陆俭明教授由于事务繁忙，用他序中的话说"经常带着他的书稿在不同的飞机上阅读"，反而晚于徐通锵教授写就序言。两人的序虽然写法不同，但有一点却是相同的，他们在给我写的序里面都极力推崇符淮青教授的词汇研究成果。在给 A 作的序中推崇 B，一般人大概不会这样做，只有北京大学的教授们才会这样做。

这本《现代汉语词汇研究》，于 2003 年出版后首先获得的是苏州大学哲学社会科学优秀成果二等奖（一等奖空缺），之所以不评一等奖，后来听说是因为评委们怕评了一等奖而在省内获不了奖，那无疑就降低了苏州大学哲学社会科学成果评奖的公信力。后来发生的事情充分证明了评委们的先见之明和准确预见：这本书在获得了苏州市人民政府颁发的哲学社会科学优秀成果二等奖之后，在江苏省哲学社会科学评奖过程中遭遇了滑铁卢。当然，不论得奖与否，都无法消退我对词汇研究的热情。

对于汉语词缀问题的关注一直是我的兴奋点。囿于时间和精力，一直没有将词缀问题的研究付诸实施，便将这个任务托付给了我的硕士研究生和博士研究生，于是便有了高军的《〈金瓶梅词话〉词缀计量研究》（苏州大学 2009 届汉语言文字学专业硕士学位论文）、洪琰《〈儿女英雄传〉词缀计量研究》（苏州大学 2010 届汉语言文字学专业硕士学位论文）、王丹《元明清汉语词缀发展演变史研究》（苏州大学 2015 届汉语言文字学专业博士学位论文）等。其中高军的论文在当初颇受好评，而王丹的论文更是受到五位外省专家和五位博士学位论文答辩委员会委员（不含本人）的一致好评。

古今汉语词缀的此消彼长，确乎是一个饶有趣味的问题，我还会继续关注的。

曹禺戏剧中的 "非语言交际" 初探

一代戏剧大师曹禺在他的名作《雷雨》《日出》《北京人》中为我们塑造了一个个个性鲜明、气质独特的人物形象。这些艺术形象之所以栩栩如生，呼之欲出，除了得力于作者驾驭戏剧语言的卓越超群的功力外，大量的非语言交际手段的成功运用也不能不说是一个极为重要的因素。

一

戏剧是一种舞台艺术，演员与观众仅咫尺之遥，台上人物的一颦一笑、一举一动都处在台下几千双眼睛的"严密监视"之下，都可以引起观众情感上的共鸣。因此，在对白中适当地穿插一些"体态语"——一种无声的非语言交际手段，不仅可以避免对白的单调，而且还能加强语言表达，使表达简练、含蓄、生动、传神，从而起到有声语言所无法起到的作用。

（一）含蓄、传神的"眼睛语"①

所谓"眼睛语"也就是平时所讲的"递眼色"等，它是通过眼睛的神色来传递各种信息的一种"体态语"。"眼睛是灵魂的窗口"这几乎成了常识。史载唐朝袁天罡给武则天看相时就只看了武则天的眼睛，这当然是民间传说，但眼睛"会说话"，可以传递各种信息却是事实。正是基于这一点，曹禺在他的剧作中运用了许多"眼睛语"，既刻划了人物性格，又起到了"此时无声胜有声"的表达效果。

曹禺戏剧中的"眼睛语"不外乎以下两种：一种是信息传递者有意为之的，例如：

（1）方达生：（望着这三个人，叹气）对不起，我想在外边走走。
张乔治：不过，方先生，你——
方达生：我不陪了。

---

① 见陈原：《社会语言学》，上海：学林出版社，1983 年。

〔达由中门下。三人望他下场，三个人互递眼色。

胡四：这个家伙怎么一脑门子的官司？

顾八奶奶：白露大概是玩腻了，所以不知在哪儿叫来这么一个小疯子来开开心。

张乔治：奇怪，这个人我又好像不大认识似的。

（《日出》第二章）

例（1）中"三个人互递眼色"是迫于方达生在场，不便说什么。其中所蕴含的信息是很多的，也是很复杂的。结合语境来看，表示了他们的一种默契——他们一致地对方达生表示不满、疑惑和歧视。他们用眼神一致通过将方达生开除出了他们的那个社交圈子。这不，方达生一离开，他们就议论开了。这些迟到的有声语言并不能作为"互递眼色"的注解，因为它们不是"互递眼色"的全部含义，而只是一种补充，一切尽在不言中了。

另一种是信息传递者无意中表示出来的，例如：

（2）曾思懿：（眼一翻）真是怪可惜的。（自叹）我呀，我一直就想着也有愫妹妹这双巧手，针线好，字画好。说句笑话（不自然地笑起来）有时想着想着，我真恨不得拿起一把菜刀，（微笑的眼光里突然闪出可怕的恶毒）把你的两只巧手砍下来给我接上。

愫方：（惊恐）啊！（不觉缩进去那双苍白的手腕）

（《北京人》第一幕）

例（2）中对曾思懿眼神的描写，则刻划了这个自小便在士大夫家庭里熏陶出来的女人虚伪、自私、狠毒的本性。你看她，言语表面上是多么的谦和、仁爱，还带有一点诙谐，而作为心灵的真实流露的"眼睛语"却毫无隐瞒地宣泄出了她骨子里的仇视、狠毒。这也就难怪作为信息的接收者——愫方会情不自禁地叫出一声"啊"，并惊恐地把手缩了回去。在这里，"眼睛语"显然胜过了"有声语言"，使"有声语言"的信息传递功能"失灵"。

（二）简练、生动的"身势语"①

"身势语"是指用身体动作来传递信息的一种"体态语"。据前人研究，"身势语"达 1 000 种以上，其中有静态的，也有动态的，曹禺剧作中的"身势语"多半是动态的。这些动态的"身势语"，有的伴随着有声语言起表情达意作用，有的则直接替代有声语言参加交际，从而使表达简练、生动，试举两例：

（3）鲁贵：哦，太太下来了！太太，您病完全好啦？（繁漪点一点头）

---

① 见陈原：《社会语言学》，上海：学林出版社，1983 年。

鲁贵直惦记着。

周蘩漪：好，你下去吧。

〔鲁贵鞠躬由中门下。

（《雷雨》第二幕）

（4）曾文清：（微笑）我倒是给你找着一个大蜈蚣。

袁圆：（跳起来）在哪儿？（伸手）给我！

曾文清：（不得已）蜈蚣叫耗子咬了。

……

袁圆：（顿足）你看你！（眼里要挂小灯笼）

曾文清：（安慰）别哭别哭，还有一个。

……

曾霆：（几乎是跳跃地）我拿去。

曾思懿：（吼住他）霆儿，跳什么？

〔曾霆又压抑自己的欢欣，大人似的走向书斋。

（《北京人》第一幕）

例（3）中有两处"身势语"的描写：蘩漪对鲁贵的问候不作声，只点了点头，一方面，固然因为鲁贵是佣人，主人对佣人根本不用正式答话，以显示身份；另一方面，更重要的是蘩漪其实根本没有病，可她又不想跟鲁贵这样的人解释，所以用点头含糊地作答。在这里，点头固然比任何有声语言诸如"是的""好了"等更切合此时此地的蘩漪。尽管鲁贵在背后竭力地贬低、蔑视他的女主人，但当着她的面却又装得异乎寻常地"尊敬"，即使在女主人冷淡地对他的情形下，也不忘了鞠躬，这一举动非常细致地揭示了他这个"很懂礼节"的小人物卑琐、虚伪、世故的一面。例（4）中的"身势语"则更多。袁圆生长在一个民主、和谐的家庭，父亲的开明、钟爱，使她的假小子气十足，一天到晚翻天覆地，没有一丝儿安闲，所以作者赋予她的"身势语"是"跳起来"——表示兴奋，"顿足"——表示难过、不满，这是很符合她的个性的。可曾霆就不同了，他是个有妻室的人了，家庭的约束、长辈的训导，使他过早地结束了孩童时代的生活。可他毕竟只有十七岁，在自己心悦的欢快淘气的女孩儿面前也受感染地流露出了孩子气，于是他也"几乎是跳跃"了，然而等待他的是母亲的呵斥，于是他立刻又恢复到应该扮演的角色，"大人似的走向书斋"了。这一连串"身势语"的描写，生动形象地刻划了两个年龄相仿、家教不同的少年性格的相似和差异，揭示了人物不同的命运。

除了"眼睛语""身势语"外，曹禺的剧作中还有不少"手势语"和

075

"表情语"①，这些丰富的"体态语"的运用为曹禺的戏剧增添了不少声色。

<h1 style="text-align:center">二</h1>

戏剧不仅是一种视觉艺术，同时又是一种听觉艺术，戏剧中"类语言"的使用正是建筑在这个基础上的。所谓"类语言"，是一种"有声而无固定语义"的非语言交际形式，如各种笑声、哭声、叹息声等。与前面的"眼睛语"等不同的是，它与有声语言一样通过作用于人的听觉来传递某种信息，只不过它是不分音节的，带有一定的模糊性。"类语言"的巧妙运用往往能起到简洁、含蓄、深刻的表达效果。善于捕捉人物的"类语言"也是曹禺戏剧的一个特色。例如：

（5）鲁四凤：我，我总是瞒着您，对您（乞怜地望着侍萍）也不能讲。

鲁侍萍：什么，孩子。

鲁四凤：（抽咽）我，——我跟他已经……（大哭。）

鲁侍萍：怎么，你说你……（讲不下去。）

周萍：（拉起鲁四凤的手）四凤，真的，你……

鲁四凤：（哭）嗯。

（《雷雨》第四幕）

（6）曾霆：（抬头）愫，愫姨的话是真的？

〔瑞贞望着他，深深一声叹气。

（《北京人》第二幕）

例（5）中，"抽咽""大哭""哭"都是"类语言"，它们都传递了鲁四凤难以启齿又悔恨莫及的信息——她已怀孕了。对于一个尚未婚嫁的年轻姑娘来说，碰到这种事除了"哭"之外，还能说什么呢？尽管上下文里没有一个字讲到怀孕，但借助语境，这些"类语言"所表示的信息，还是准确无误地被鲁侍萍、周萍接受并领会了，这里作者用"类语言"直接参加交际，既含蓄，又很符合人物身份。例（6）中的叹息也是传达怀孕的信息，与例（5）不同的是，瑞贞并非羞于启口，因为问话的是她的丈夫，而且这也不是什么见不得人的事，但她还是不愿意讲。这一声叹气饱含着旧时代的女性不被人理解、不被人怜爱却又无可奈何的痛苦、辛酸，而对着一个根本不关心她的陌生的小丈夫，她实在不想说什么，唯有叹气而已。这里若用语言符号表示或许可以换作："是真的又怎么样呢？""是的，但……"可两相对比，我们不难看到，作为"类语言"的叹息，显然包含着更深广、更丰富的内容，

---

① 见陈原：《社会语言学》，上海：学林出版社，1983 年。

真可谓意味深长，一言难尽。而且更有"戏的味道"。

曹禺的戏剧中类似这样的"类语言"不胜枚举。就拿"笑"来说，仅《雷雨》第一幕的开头鲁贵和鲁四凤的一段对白中，就有五处描写鲁贵各种各样的笑：有"贪婪地笑""假笑"等，多方面、多角度地展现了鲁贵的不良品行，使人物形象鲜明突出。

三

以上就曹禺戏剧中的非语言交际手段的运用作了一些简要的介绍和粗浅的分析，从中可以看出非语言交际在深化言语表达、刻划人物性格、塑造人物形象等方面的确有着不可低估的作用。需要进一步指出的是，在曹禺的剧作中，非语言交际手段的运用也是很有特色的。

（一）各种非语言交际手段的相互渗透、交错运用

各种"体态语"和"类语言"的相互渗透、交错运用是曹禺剧作中非语言交际的特点之一。在他的任何一部戏剧作品中，纯净齐一的"眼睛语""身势语"等是不多见的，更常见的是相互掺合在一起，你中有我，我中有你。我们来看两个例子：

（7）鲁四凤：（难过）妈，不……

周萍：（使眼色，低声）她现在难过，——过后，就好了。

鲁四凤：嗯，好，——妈，那我们走吧。（跪下，向鲁侍萍叩头，落泪）

〔鲁侍萍竭力忍着。

鲁侍萍：（挥手）走吧！

（《雷雨》第四幕）

（8）曾皓：（惊吓）这是什么？（几乎要起来，仿佛神经受不住这刺激）这是什么？什么？什么？

愫方：（在鞭炮响声里，用力喊出）不要紧，这是放鞭！

曾皓：（掩盖自己的耳朵，紧张地）关上门，关上门！

……

曾文彩：（爆竹声中倒吸一口长气）谁家放这么长的爆竹？

江泰：（冷笑）哼！就是那暴发户的杜家放的。

曾皓：（摇头）看着这暴发户！过一回八月节都要闹得像嫁女儿——

〔陈奶妈由通大客厅的门上。

陈奶妈：（拍手笑）愫小妞，这一家子可有趣！……

（《北京人》第一幕）

例（7）中有"表情语"——难过，也有"眼睛语"——使眼色，也有"身势语"——跪下、叩头，还有"手势语"——挥手。例（8）除了上述几种外，还有"类语言"——冷笑，并且还有两种形式相互融合的"混合语言"（或称合成语言）："身势语""表情语"的混合——掩盖耳朵、紧张；"手势语""类语言"的合成——拍手、笑。这些非语言交际成为曹禺作品性格化戏剧语言不可或缺的有机组成部分。

（二）量多面广，贯穿于剧作的始末

曹禺剧作中非语言交际手段的分布是无重点可言的，它们并非集中于某一部分而是散见于每一幕、每一个回合甚至于每一段对白中。试以《雷雨》为例，第一幕分布着 126 处非语言交际。第一幕共有八个回合（或叫场面），第一个回合是鲁四凤和鲁贵的登场，有 34 处非语言交际；第二个回合是鲁四凤、鲁大海和鲁贵登场，有 15 处；第三个回合是周冲登场（极短），有 7 处；第四个回合是鲁四凤和鲁贵登场，有 24 处；第五个回合是鲁四凤和周繁漪登场，有 12 处；第六个回合是周冲、周繁漪登场，有 25 处；第七个回合是周冲、周萍、周繁漪登场（较短），有 6 处；第八个回合是周朴园、周冲、周萍、周繁漪、鲁贵、鲁四凤登场（较长），有 3 处非语言交际。不但分布面广，而且数量多。据我们粗略统计，《北京人》（三幕剧）中有 400 多处非语言交际，《雷雨》（四幕剧）也有 500 多处非语言交际，这两部戏剧在结构上都属于"锁闭式"结构①，人物少，场景少，戏也不怎么热闹，所以人物的"非语言交际"相对来说还算少的；属于典型的"人像展览式"②结构类型的《日出》（四幕剧）为了实现通过人物群像的描绘显示出社会的面貌和本质的创作目的，为人们展现了各种各样的、形形色色的人物，勾勒他们不同的生活态度和性格特点，所以人物的非语言交际较前两部还要略多一些。总之，非语言交际在曹禺的剧作中的数量是颇为可观的。这些非语言交际手段贯穿剧作的始末。它们或设置悬念，如《雷雨》第四幕中幕后传来的四凤、周冲先后触电时的惨叫（类语言），或起衔接、过渡作用，如前面所举例（1）中的"眼睛语"，这方面的例子则更多，它们成了推动剧情发展的一种手段。这方面的功能我们将另文探讨。

（原载于《苏州师专学报》1989 年第 4 期）

---

① 见顾仲彝：《编剧理论与技巧》，北京：中国戏剧出版社，1981 年。

② 见顾仲彝：《编剧理论与技巧》，北京：中国戏剧出版社，1981 年。

附记

我在一个偶然的场合，接触到了"非语言交际"这个术语。其实在那个时候"非语言交际"还是个新名词，主要是在外语教学研究界受到青睐，研究者关注的是"非语言交际"在外语教学中的使用问题，尚未有人关注其在中国文学作品中的应用情况。而在各种类型的文学作品中，戏剧无疑是"非语言交际"最适宜施展的环境。之所以选择曹禺的戏剧，那是因为曹禺戏剧中"非语言交际"的编排和安插是最为成功的。现在看来，本文是比较浅显的。它之所以能发表还是因为角度新、着眼点新。

这种文章其实属于消极修辞研究类文章，修辞研究往往是许多青年学者早期热衷的研究领域。就大类而言，是与前面的比喻"喻解"的研究、比喻句本身的研究等属于同一个领域；就小类而言，是与前面的关于王蒙意识流小说修辞艺术的研究属于同类文章。修辞类文章比较容易上手，角度新、材料新，往往已经成功了一半。至于论证的深度、讨论的程度，一般都不高，这是这类文章致命的弱点，这类文章往往凭激情写就，更接近于文学批评。

这样的文章在外面的刊物上估计很难发表，这要感谢《苏州师专学报》，当初对我等青年教师的科研还是百般呵护的，在《苏州师专学报》那里我从来没遭遇过退稿，基本上是写出来的就可以发表，学报的主编及编辑对我的科研工作还是很信任的。

1990_年

"非语言交际" 在文学作品中的
表现特征和辅助功能

　　"非语言交际"问题是社会语言学研究的一个重要课题，所谓"非语言交际"，是指人们用来或者能够传递信息、表情达意的手势、眼色、身势、表情（体态语）以及各种无固定语义的笑声、哭声、叹息、呻吟等（类语言），近年来它正日益得到学术界的关注，但据笔者所知，还未曾有专家学者结合文学作品来对它加以研究。笔者曾对此作了一些初步的探索——探讨了"非语言交际"在曹禺戏剧中的种种表现及分布特征，[①] 其中也涉及功能问题，可惜语焉不详，有必要作进一步的全面深入的探讨。本文结合考察"非语言交际"在古今中外文学作品中的具体运用，拟解决两个问题：① "非语言交际"在文学作品中的表现特征有哪些；② "非语言交际"在文学作品中又有哪些辅助功能。

一

　　"非语言交际"在我们的日常生活中比比皆是，这是毋庸赘言的；作为形象地反映社会生活的一种社会意识形态——文学作品中非语言交际自然也不少见。问题是后者——经过提炼、加工、艺术化了的非语言交际与前者——随意的、粗糙的、未经艺术加工的非语言交际相比有哪些区别，也就是说，文学作品中的非语言交际究竟有哪些明显的特征，这便是我们首先需要研讨的。

　　通过对大量的文学作品进行考察、归纳，我们觉得文学作品中的非语言交际最显著的特征是具有鲜明的个性化，这一点在戏剧作品中表现得尤为突出。美国著名戏剧理论家乔治·贝克曾在他的《戏剧技巧》一书中指出："一部戏的永久价值在于人物的性格刻划。"能否揭示人物的性格特征，这固然与

---

　　① 详见曹炜：《曹禺戏剧中的"非语言交际"初探》，载《苏州师专学报》1989 年第 4 期。

人物个性化的语言分不开，同时也同人物个性化的非语言交际密切相关，因为不同人物的身份、地位、性格等的不同，使得他们不但在语言表达上有所差异，用来表情达意的非语言交际也必然有所不同。老舍先生在谈到这个问题的时候曾作过这样形象化的表述："即以吸烟而论，我准知洋车夫、中学生、中年妇女与浪漫的老诗人各有各的方法与样子；若一概以跳舞厅中的阔少——颇似洋人——为标准则谬矣。"① 古往今来优秀的戏剧家莫不深谙个中奥秘，从而使他们作品中的非语言交际打上了鲜明的个性化标记。试以著名剧作家夏衍先生的《上海屋檐下》为例，施小宝是剧中的一个着墨不多的角色，只出现了三四次，且时间也很短，但给广大的读者（观众）留下了很深的印象，这不能不归功于体现在她身上的个性化的非语言交际：作为一个沦落风尘的女子，她或多或少地沾染上了风月场中的一些不良习气，如与男人相处时的"做一个媚眼"或"做一个媚态"、轻佻地笑、表示亲昵时用手指触人家的下巴等，都很符合她作为下层卖笑女的身份，不要说杨彩玉（剧中的良家妇女）们，就是陈白露们也不会如此；但施小宝毕竟不是自甘堕落，而是为生活所迫，所以面对恶少的欺凌，也敢于"竖起眉毛"，"虎虎"相向以示反抗，受辱后的"痛哭""啜泣"也都体现了她的反抗意识，这又是陈白露们所不能比及的。谈到施小宝又不能不捎带提一下那个流氓恶少"小天津"，作者在这个只有两次短暂的出场机会的人物身上使用了丰富的非语言交际手段：面对施小宝的反抗，他只是一声不响地望着她，"尽吹口哨"，而后"用下巴招她"过去，把一根栏杆木一折两段以相威胁、恫吓。这些非语言交际体现在"小天津"这个人物身上是何等的真切，这也就难怪评论家会发出"从旧社会来的人不能不对这些人物感到熟悉"的感慨。②

　　美国的韦恩·布斯在他的《小说修辞学》一书的扉页上引用了华尔特·司各特的一段话："小说家不仅必须讲述人物实际在说什么，这项任务与剧作家相同，而且必须描绘人物说话时的语气、表情，以及姿势——在戏剧中，这些描绘则由演员表达出来。"③ 可见，优秀的小说家及小说评论家也同样关注小说中的非语言交际问题。事实上，在古今中外的许多长、短篇名著中，我们也不难找到极富个性化的非语言交际，与戏剧不同的是，它们往往淹没在或散见于作品的一般叙述语言④中，而不像戏剧中来得集中、醒目，相对独立，便于识别。就拿《红楼梦》来说吧，一部《红楼梦》，人物的非语言交

　　① 见王行之编：《老舍论剧》，北京：中国戏剧出版社，1981年。
　　② 见王行之编：《老舍论剧》，北京：中国戏剧出版社，1981年。
　　③ 见韦恩·布斯著，付礼军译：《小说修辞学》，南宁：广西人民出版社，1987年。
　　④ 小说中的非语言交际都是用书面语记录下来的，也没有戏剧中如"加括号""换字体"等特殊标记，为了区别于记录非语言交际的叙述语言，我们称其他叙述语言为"一般叙述语言"。

际的描写是不乏其例的，各种角色都有其独特的一套"态汇"，① 例如第四十七回写薛蟠"调戏"柳湘莲时，作者就用了大量的非语言交际来刻划薛蟠的丑态：初见柳时的"趔趄着上来一把拉住"，聊天时的"乜斜着眼，笑"，"难熬，只拿眼看湘莲"，弄得柳湘莲很是难堪；还有约会时的"张着嘴""瞪着眼"与下跪发誓等，这一系列的个性化的非语言交际活脱脱地勾画出了一个庸俗、昏聩又无耻霸道的无赖形象。同样在契诃夫的小说中，这种个性化的非语言交际也是随处可见的。无论是那位一看见漂亮女人眼睛便"直勾勾的"，脸上便"显出甜蜜的笑容"，"同时像在咀嚼甚么东西似的舔着自己的嘴唇"的大人；还是那位在太太面前"现出那种巴结的、谄笑的、农奴样的低声下气神情"的小官吏；抑或是那位爱慕虚荣、爱出风头，喜欢"卖弄风情地眯细眼睛"，并"做出妩媚的姿势"与风流男士打交道的安娜，② 总之，不同人物身上的非语言交际都具有与其身份、地位、个性相切合的特性。

除了个性化特征之外，凝练、含蓄也是文学作品中非语言交际的极为重要的特征。真正成功的非语言交际不仅能使人们直观地感受到它的表层意义，还应调动人们的想象、联想，使其有所"创造"，从而感受到它隐含的深层意义，即"弦外之音"，最终起到正如老舍先生所说的"一声哀叹或胜于滔滔不绝，吞吐一语或沉吟半响，也许强于一泻无余"③ 的表达效果。这方面最典型的恐怕要数曹禺的剧作。我们试以《北京人》第一幕中的两处非语言交际为例，瑞贞在院子里与曾霆相遇，瑞贞很想与他说几句话，可曾霆却一心想快快离去，正巧被愫方看见，当即叫住曾霆，劝导他作为丈夫要多多关心瑞贞，可曾霆还是满不在乎，一听到前院少女袁圆的呼叫便匆匆离去了。瑞贞再也憋不住了，叫了声"愫姨"，便"扑在愫方的怀里"，"哭泣起来"，这时的瑞贞也许是想讲"愫姨您别劝了，我就是这个命""我的命好苦""这日子叫我怎么过"等哀怨悲绝的话，可作者却没让她滔滔不绝、声泪俱下，而是由一个身势、几声哭泣代替了这一切，既切合人物的实际，又凝练含蓄。当愫方得知瑞贞怀孕后，亲手做了不少小儿绒线衣服，瑞贞不明白素来拮据的愫姨为何要花这么多钱，愫方深情地告诉她："为着我爱你，瑞贞，……我们都是无父无母，看人家眼色过日子的人。"听到这里，瑞贞"紧紧地握住了愫方的手"，"泪泫然流下来"。如果前面一处的非语言交际主要传达的是瑞贞一个人的悲哀的话，那么这里的"握手""流泪"则表达了一种感激、信任、理解、同病相怜的复杂感情，其中也有悲哀——不仅仅为自己，也为愫姨、为其他寄人篱下的人，但更多的是激动、兴奋——为找到了知音，为世上还有愫姨

---

① 见王行之编：《老舍论剧》，北京：中国戏剧出版社，1981 年。

② 见汝龙译：《契诃夫小说选》，北京：人民文学出版社，1979 年。

③ 见王行之编：《老舍论剧》，北京：中国戏剧出版社，1981 年。

这样关心自己的人。这比"您对我太好了""知我者莫若您"等言语表达要含蓄、凝练得多。同戏剧中的一样，在屠格涅夫的小说作品中非语言交际的这个特征也得到了充分的显示。例如在他的代表作《父与子》中我们常常可以看见类似下面这一段的具有凝练含蓄特征的非语言交际：旧贵族巴威尔对他的弟媳费涅奇卡一向严肃、冷淡，当他无意中看到巴扎罗夫与费涅奇卡接吻后便提出与巴决斗，结果受伤住院。当费涅奇卡进病房为他送茶时，巴威尔先是"紧紧地握住"她的手，脸色苍白，眼睛发亮，泪水也流了下来，把费涅奇卡弄呆了。继而他把费涅奇卡的手放到唇边，头也埋在她手里，嘴里发出"痉挛的叹息"，使费惊讶万分。这里的一连串非语言交际，凝练含蓄地表达了巴威尔对费涅奇卡的真实情感。读者至此方才明白巴威尔不惜生命与巴扎罗夫决斗的真正原因。

另外，生动性、形象化也是文学作品中非语言交际的一个不容忽视的重要特征。我们不否认日常生活中的非语言交际也具有生动、形象的特征——这与非语言交际本身的直观性有关，但与文学作品中的非语言交际相比，其生动性、形象化则大大逊色，因为后者经过了作家反复的艺术加工，有时还会被夸张化，从而产生的生动性、形象化尤为显著，戏剧作品中生动、形象的非语言交际固然不少，现当代的姑且不谈，读者从我们前面所列举的一些例子中自然会有所领略，我们来看元代的杂剧，例如关汉卿的《救风尘》中当"正旦"问"小闲"她的那身衣着打扮怎么样，能否打动周舍时，"小闲"没有回答，而是用一个幽默、生动的身势来表示——"小闲做倒科"——以表示"正旦"的打扮光彩迷人以致自己不能自持而为其倾倒。类似的又如白朴的《墙头马上》中因偷情而被嬷嬷抓获后的"裴舍同旦作跪科"——请老人家放走他俩，嬷嬷放他俩走时的"正旦同裴谢科"——感谢老人家的宽容。王实甫的《西厢记》中也有莺莺怀春不遇的"长吁科"，张生思春心切的"跪哭科"、得逞后的"大笑科"等，避免了一味说白的单调，而显得生动、有趣，增添了喜剧气氛。但是这类具有生动性、形象化特征的非语言交际更多的是体现在小说作品中。即以我国新时期的小说而言，例如张弦的《被爱情遗忘的角落》从头至尾分布着许多生动、形象的非语言交际：当"爱情"这个词第一次从团委书记口中说出时，台下青年们的反应是——小伙子们"调皮地相互挤挤眼""呵呵呵放声大笑起来"，姑娘们则"垂下头""吃吃地笑着""偷偷地交换个羞涩的眼光"，这些非语言交际形象生动地展现了 20 世纪 70 年代末我国某些边远山村落后的文化生活。更为精彩的还是小豹子对存妮讲述外国电影中男女接吻镜头的那一段，各种非语言交际手段的综合运用把一个长期处于封闭环境中的农村青年形象刻划得活灵活现：小豹子兴奋地向存妮谈起外国电影有好看的东西，他一边"啧着嘴"一边又"嗤的一声笑出来了"，存妮见他"那副有滋有味的模样"，自然很想知道个究竟，可他却"红着脸""独自笑个不停"，存妮被他撩拨得一再催促，他想说却又"格格地笑""笑得弯了腰"，至此他不说，存妮已明白了八九分，所以做好了惩治小豹子的准备。这里小豹子的一连串吊足存妮胃口的非语言交际使我们有如临其境、如闻其声、如见其人之感。

二

如前所述，文学作品中的非语言交际的主要特征是鲜明的个性化，凝练、含蓄和生动性、形象化，具有如此特征的非语言交际在文学作品中又有什么辅助功能，这便是我们接下去要讨论的一个问题。

之所以在功能前面冠以"辅助"一词，是因为我们认为不论文学作品中的非语言交际具有 A 功能也好，B 功能也罢，它们都是辅助性的，都得建立在语言的基础之上；无论哪种功能的显示都要依赖具体的语境（曹炜案：此处专指上下文），都是以语境为存在前提的。也就是说，对语言表达的辅助性功能是文学作品中非语言交际的总体性功能，而我们下面所要论析的 A 功能、B 功能、C 功能等都是被统摄在这个总功能之下的。

人的心理活动在日常生活中通常是难以了解的，常言说"人心隔肚皮""知人知面不知心"就是这个意思，但是在作家的笔下，人的心理活动就变成了可以感知的东西，而且往往会被披露得精细入微、淋漓尽致。内心独白及其思维活动过程的描述分别是戏剧和小说通常采用的手法，前者典型的如西方莎士比亚的戏剧、我国元明清三代的戏曲（唱词），后者典型的如中西方意识流小说的心理描写。除此之外，恐怕谁也不能否认，非语言交际也同样具有刻划人物心理的功能——有人称之为"无声的独白"。具体表现在：①揭示人物在特定情景中的心理变化，尤其是灵魂的震撼。例如美国作家玛格丽特·米切尔的《飘》在描写郝思嘉由耐心转为急切最终绝望的心理变化时采用的就是非语言交际：希礼来向郝思嘉话别，郝思嘉先是"屏住气""等了一刻儿"，暂时的无言表明了她的希冀；可希礼却无任何表示，于是她"发狂似的搜索着他的面孔"，希望希礼还有下文——那里面有她所渴望的"三个奇妙的字"，然而她绝望了——希礼的面部表情告诉她"他已经说完话了"，于是"她同小孩子一般喊了一声'哦'"，"便一顿身坐了下去"，"眼泪如泉水般涌了出来"。作者用一连串的非语言交际来揭示郝思嘉失恋前后的心理变化，真切而又妥帖。类似的情形也同样存在于戏剧作品中。如曹禺的《北京人》在揭示愫方心灵遭受的巨大打击时也是通过非语言交际来反映的：曾文清辜负了愫方的一片深情及唯一的希望，也背弃了他曾向愫方许下的"死也不再回来"的誓言，经受不住外面世界的风风雨雨，居然回家了；而此时此刻的愫方却沉浸在她自己所编织的美梦的欢乐之中，真诚地相信她的牺牲是值得的——她所爱的人绝不会再回来，却不料看见了回家来的曾文清，她禁不住"啊"了一声，随后便"呆呆地愣在那里了"。人在深深地绝望之时往往会讲不出话来，从这里的类语言和身势语中我们不难感受到愫方心中的痛苦、绝望，曾文清的去而复返无疑使她的灵魂受到了极大的震撼，从而促使她彻底清醒。事实上，她的走向新生便也是从这里开始的。②抒发人物内心的情感，从而具有浓郁的抒情性，即以《上海屋檐下》第三幕为例：杨彩玉原本的丈夫匡复的突然出现使得林志成陷入了极其尴尬的境地，经过再三考虑，他决计离开目前的这个家；可与他同居了八年的杨彩玉却坚决不许他走。面对彩玉的挽留，林志成再也控制不住自己，"爆发似的"喊了一声"彩玉"便紧紧地"抱住了她"，而杨彩玉则在林的怀中"啜泣"。这一抱一泣，表露了他俩的真实情感，他们毕竟是有感情基础的——而不是像前面杨彩玉对匡复说的仅仅是为了生计。这里的抒情意味是很浓的，这种由非语言交际产生的抒情意味是无论什么优美的词句均无法比拟的。在王润滋的小说《鲁班的子孙》中也有这样一个场面：养子的出走把老木匠给气病了，而这时被他一直怨恨着的那个"坏女人"——养子的生母却来了；老木匠以为她是为领儿子而来，可不料她是专程来探望这位病中的恩人——报恩报德来的。她没有说什么，而是长长地跪在了老木匠的跟前。这个出乎意料却又合乎情理的举动表达了老妇人强烈的感激及深深的歉疚之情，这无疑具有超过言语表达的较强的感染力，也就难怪老木匠"心颤抖了"，"眼睛也湿润了"——他被深深地感动了，读者看到这里也同样会产生感情上的共鸣。

替代或者强化语言表达是文学作品中非语言交际的另一个重要功能。在日常生活中常有这种情况：张三在开会，李四去找他，为了不影响会议的进行，李四并不招呼，而只是用手招招，或者点点头。在这里，非语言交际作为语言的替代物显然比使用有声语言更合适、更有分寸。我们也会常常注意到不少人在讲话时往往会伴随着各种手势、身势等，久而久之，有的还成了某些人物的一个特征，如毛泽东、周恩来等的手势、身势便是。在这里，非语言交际仅仅起一种强化语言表达的作用。文学作品中的非语言交际也具有类似上述的功能，只是较前者更为精练、典型而已。这方面的例子在前面所引的例证中也有涉及，只是没有加以说明，且侧重点也各有不同。为了说明问题，我们不妨再引数例。例如电影文学剧本《林则徐》中写到林则徐受命去广州禁烟，一下船便受到老友邓廷桢（两广总督）和关天培（水师提督）的热烈相迎，邓感慨万分之余问林："你笑我老了吗?"林无言，而"以自己的胡须相示"，于是三人哈哈大笑起来。又如，"叹一口气""擦起眼睛来"

在这时也许不算一回事，但在韩少功的《西望茅草地》中，刚从医院探望重病的小雨回来的队长用这样的举止来回答小雨从前的恋人"我"的询问，无疑给"我"带来了一极为不幸的消息——小雨死了。这两例中的非语言交际都是用来直接回答对方的询问的，应该说，它们替代语言表达的功能是极其突出、极为典型的。前者是林则徐讳提"老"字，他是老了，可又不服老，还要干一番事业，同时也显得幽默、风趣；后者是队长不愿提"死"字，对于小雨这么一个纯朴、善良的姑娘，诸如"死、去世"之类的字眼人们是不忍心从口里说出来的。至于强化语言表达的例子更是屡见不鲜，以郭沫若的戏剧作品为例，如张仪口中谦让时的伴随动作——"拱手"、婵娟感叹南后毒辣时的"切齿扼腕"[1]、左贤王感谢董祀时的伴随动作——"行半跪礼"、蔡文姬听了董祀的劝慰感慨万分时的"捶胸而泣"[2] 等，它们与其所伴随的语言表达的是同一个意思，因此即使省略了也不影响意思的表达；但有与没有却不一样——它们的参与无疑加重了语言表达的分量，也使语义强度得到了加强。

文学作品中的非语言交际还有一个重要功能便是设置悬念，从而推动故事情节的发展，国外有位评论家曾说过这样的话：悬念是文学作品尤其是戏剧中抓住观众（读者）的最大魔力。一部戏、一篇小说无非是个悬念的设置与消除的过程，而非语言交际则是设置悬念的重要手段之一。例如在李斌奎的小说《天山深处的"大兵"》中，一上来作者就用余海洲妻子的表情语——"脸上挂满了泪珠""两眼红肿"，为我们设置了一个大大的悬念——它同样也撩拨得刚在山脚部队留守处住下的李倩坐立不安，不等未婚夫来接就急于搭车进山了：山里发生了什么事？她是何人？为何如此悲伤？……故事情节便随着这些疑团的消除而伸展开去。这种情形在戏剧中更为典型。我们发现在李斌奎、唐栋根据小说改编的五幕话剧《天山深处》中，几乎每一幕的结尾都是用人物的非语言交际为人们设置了一个又一个悬念，正如李渔在《闲情偶寄》中所说的，往往是"山穷水尽之处"偏又"突起波澜"，从而把剧情一步一步推向高潮。试拿第一幕的结尾来说吧，当准备延长一个月假期操办婚事的天山深处某部副营长郑志桐突然接到部队电报要他火速归队时，他的未婚妻李倩先是"啊"了一声，而后便"身子一软坐在了石鼓上"，至此幕闭。这里的类语言和身势语给广大观众（读者）留下了悬念：郑志桐肯定是要归队的，而本来就嫌弃郑的工作的李倩会如何呢？她能理解郑志桐并最终与他缔结良缘吗？

---

① 见郭沫若《屈原》《蔡文姬》。

② 见郭沫若《屈原》《蔡文姬》。

有时，非语言交际并不设置悬念，而只是起承前启后、转移话题的作用。我们试以老舍先生的名剧《茶馆》为例，该剧开头松二爷、常四爷到茶馆喝茶，两人找了一张桌子，坐定等茶沏好，相互客套：

松二爷：
常四爷：您喝这个！（然后，往后院看了看）

松二爷：好像又有事儿?

常四爷：反正打不起来！要真打的话，早到城外头去啦，到茶馆来干吗?

后院是打群架的双方会面讲和之处，这天正好有一伙打群架的要在此会面，听候调解，因此不时有人进进出出。喝茶自然要聊天，今儿个聊什么呢?松、常二位虽都没开口，但他们的体态语却表达了他俩对后院发生的事情的关心，于是便有了松二爷的问话；若没有这个体态语作前提，松二爷的问话便毫无来由，常四爷也可能不知所云——哪儿"好像又有事儿"呢? 在这里非语言交际无疑起到了承前启后，引出话题，从而客观上推动剧情发展的功用——常四爷的话恰巧被一打手听见，于是引出了一场闹剧及各种角色的不同表演。

老舍先生早在 20 世纪 30 年代末就向大家提出过这样一个问题："我们为什么不下些功夫，研究揣摩，把原有的姿态与表情作成'态汇'，从而一一的淘炼，使之配合剧情，强调所要引起的效果呢?"① 这儿的"态汇"其实指的就是非语言交际的总汇，就像我们言语表达所需的词的总汇——词汇一样，先生的意思很清楚，要我们多花些时间研究探讨非语言交际问题，使之为戏剧创作，推而广之也即为文学创作服务。今天，非语言交际的研究正日益得到学术界的重视，人们从各个角度，如交际的、教学的、修辞学的、语义学的角度开始对它加以研究，这实在令人欣喜，先生若有闻也必定会含笑于九泉吧!

[原载于《吴中学刊》（社会科学版）1990 年第 2 期]

附记

本文与前一篇《曹禺戏剧中的"非语言交际"初探》是姊妹篇，但在讨论的深度上显然要超越前者。如果说此前发表的是对曹禺戏剧中"非语言交际"的使用进行初步的收集、整理、归纳、分类的话，那么本篇论文则是基于前面的初步讨论而对曹禺戏剧中"非语言交际"手段使用情况的进一步深

---

① 见王行之编：《老舍论剧》，北京：中国戏剧出版社，1981 年。

入探讨。本文较之前一篇显然在深度上有所提高，因此当华东化工学院美育研究中心林立等成立中国文学语言研究会并召开"中国文学语言研究会首届学术研讨会"的时候，我便将本篇论文作为参会论文提交给大会会务组，还在大会上做了交流，会后此文被收入会议论文集①之中。

其时《苏州师专学报》已更名为《吴中学刊》，《吴中学刊》编辑部在接到本篇论文的投稿之后立即给予付梓。那个时期三十岁以前的青年教师做科研的人较少，所以受到学报扶持奖掖青年教师科研活动政策的庇护，发文章就显得特别容易，基本上写出来就能发。因此我1989年在《苏州师专学报》先后发表了两篇论文，1990年依然在《吴中学刊》先后发表了两篇论文，这在今天看来是不可思议的。

---

① 中国文学语言研究会编：《文学语言研究论文集》，上海：华东化工学院出版社，1991年。

论语用学原则在对白编撰中的指导作用

　　科学的飞速发展、新学科的不断建立，使得当今世界上不同学术领域的许多问题需要用新的观念、新的理论、新的思维来重新审视、探讨、解释。我们这里试图用一个新的立足点——语用学的角度来重新探讨影视剧中对白编撰这个"老"问题，语用学是语言学的一个新领域，它研究的是特定情景中的特定话语，尤其是人们在不同的语言交际环境中如何理解和运用语言的问题。[①] 经过观察、分析，我们认为：语用学理论中的一些基本原理（如"合作原则""礼貌原则"）对于我们更具体、细致地了解一些影视剧人物对白的得失原因，对于我们更好地掌握对白编撰的一些技巧、原则有着不可低估的指导作用。

一、合作原则·潜台词·语义的多维指向

　　"合作原则"是指对话的双方（或各方）为了使他们的交谈不至于成为一系列互不连贯的话语群，为了使他们的话语能符合各方共同的目的、需要，从而准确有效地进行交际而共同遵守的一个原则。[②]"合作原则"包含下列四条准则：①量的准则：尽量提供对方以所需的信息，但不要提供超过所需的信息；②质的准则：不说自知虚假和证据不足的话；③关系准则：所说的话应该和正在进行的会话有关；④方式准则：话语应明确清楚，避免含混不清、颠三倒四以及歧义。[③]

　　人们为了进行正常的言语交际，都会采取最合作的态度，所以"合作原则"是使交谈顺利进行下去的首要前提。在接触了大量的中外电影、电视、

---

　　① LEVINSON S. Pragmatics. Cambridge：Cambridge University Press，1983：pp. 1 - 34.

　　② GRICE H P. Logic and coversation. COLE P，MORGAN J. Syntax and semantics 3：speech acts. New York：Academic Press，1975：pp. 41 - 58.

　　③ GRICE H P. Logic and coversation. COLE P，MORGAN J. Syntax and semantics 3：speech acts. New York：Academic Press，1975：pp. 41 - 58.

戏剧作品的对白之后，我们发现，优秀的对白与"合作原则"有着千丝万缕的联系，前者可以从后者中找到理论依据。

（一）合作原则与潜台词

一部影视剧佳作离不开精美的对白，国内有些影视剧之所以受人冷落，粗劣的对白不能说不是一个重要因素，而精美的对白又离不开"潜台词"，丰富的潜台词总与精美的对白有缘。所谓"潜台词"是指角色台词的内在实质，包括说话的目的、言外之意和未尽之言等。① 以往我们对"潜台词"研究得不可谓不少，但始终没有明确它是如何发生的——这一点很重要，如果明确了"潜台词"产生的途径和原因，就可以帮助对白创作者在设计潜台词时从自发走向自觉，从偶然走向必然，从朦胧走向明了。而语用学理论中的"合作原则"正是可以作为从理论上帮助我们解开其中奥秘的钥匙之一。

前面我们已经说过，人们为了正常的言语交际，都得遵循"合作原则"，但在实际生活中，人们并不是严格地、机械地去恪守这些准则，而往往为了达到某种表达效果或交际目的，在总的合作前提之下，有意地去违反某些准则，由此产生出"言外之意"——格赖斯所说的"会话含义"② ——一方面受话者感觉到发话者没有遵循某一准则，另一方面受话者又没有理由认为发话者故意违反"合作原则"的某一准则。为了解决这一对矛盾，受话者就只好根据各种条件去揣摩，寻找隐藏于发话者字面意义之外的含义。③ 这个"含义"在影视剧对白中即表现为"潜台词"，所以，不少潜台词实际上是遵守与违反"合作原则"的对立统一的产物。具体来讲，它们的产生主要有下列途径：

1. 违反量的准则所产生的潜台词

例①：故事片《李冰》中的一个片断：华阳侯来到江边树下，揭开"江神"面具，见是自己的儿子华阳烈龙：

华阳侯气得发抖：小畜牲！——你，你，你亵渎神灵！回顾左右，命令地：家丁，与侯爷带回府去，重责八十！

李冰：不必责打，公子既然亵渎神灵，就让他向江神赔罪罢了！

华阳侯一想：嗯，理该赔罪，理该赔罪。

……

李冰：来呀，送烈龙公子去见江神！

---

① 见夏征农主编：《辞海·艺术分册》，上海：上海辞书出版社，1988 年，第 82 页。

② GRICE H P. Presupposition and conversational implicature. COLE P. Radical pragmatics. New York：Academic Press，1981：pp. 183 − 189.

③ GRICE H P. Presupposition and conversational implicature. COLE P. Radical pragmatics. New York：Academic Press，1981：pp. 183 − 189.

这里发话者李冰"向江神赔罪"一语违反了量的准则——没有给华阳侯以所需的足够信息，其潜台词是"将烈龙投入江中"，这一点作为间接受话者的观众是清楚的，而直接受话者华阳侯则没有领会。

例②：曹禺创作的话剧《雷雨》中的一个片断：周朴园让鲁侍萍告诉四凤去取箱中的旧衬衣。

鲁侍萍：老爷那种绸衬衣不是一共有五件？您要哪一件？

周朴园：要哪一件？

鲁侍萍：不是有一件，在右袖襟上有个烧破的窟窿，后来用丝绒绣成一朵梅花补上的？还有一件，——

周朴园：（惊愕）梅花？

鲁侍萍：……旁边还绣着一个萍字。还有一件，——

周朴园：（徐徐起立）哦，你，你，你是——

例②与例①相反，发话者鲁妈给周朴园提供了远超所需信息的冗余信息，其产生的潜台词是很明确的："我就是三十年前被你抛弃的梅侍萍。"

2. 违反质的准则所产生的潜台词

例③：美国故事片《乱世佳人》结尾的一个片断：白瑞德要跟郝思嘉离婚，而郝思嘉则表白：

郝思嘉：我已经爱你多年了，但我太蠢了，自己一点也没有意识到，请你相信我。

白瑞德：我相信你，但是你对希礼又怎样呢？

郝思嘉：我从来就没有真正地爱过他。

白瑞德：你的戏已经表演得够充分的了。

郝思嘉不是演员，而白瑞德称她戏演得很充分，与事实不相符合，显然违背了质的准则。然而潜台词则由此产生了——郝思嘉的所作所为具有演戏的特性：虚假、做作、不可信。

例④：《雷雨》中另一片断：

周萍：我认为你用的这些字眼，简直可怕。这种字句不是在父亲这样——这样体面的家庭里说的。

周蘩漪：（气极）父亲，父亲，你撇开你的父亲吧！体面？你也说体面？……

周蘩漪的话显然不是肯定周家的体面，恰好相反，它的真正含义是指周家根本说不上体面。例③是比喻，例④是反问句，它们都是违反质的准则的典型手段。①

3. 违反关系准则所产生的潜台词

例⑤：英国电视连续剧《三个侦探》第十集"三人游戏"中的一个片断：甘比特、波迪（均为侦探）驱车外出就餐，甘比特还在考虑着案子，而波迪却一心想吃饭。

甘比特：那本书，我以为——
波迪：前面有食品店吗？
甘比特：现在斯蒂特是一个人——
波迪：牛肉馅饼外加一杯牛奶，味道好极了。
甘比特：斯蒂特一个人在屋子里——外面会不会有人监视？
波迪：若再有法国面包，那就更好了。

很显然，波迪答非所问，但如果甘比特认为她遵守了"合作原则"，就会理解波迪的潜台词："我现在对案子不感兴趣，我只想用餐。"

例⑥：曹禺的《日出》中一个片断：李石清抓住了潘月亭的短处后：

潘月亭：我现在正想旁的方法。这一次公债只要买得顺当，目前我们就可以平平安安地渡过去。这关渡过去，你这点功劳我要充分酬报的。
李石清：我总是为经理服务的。呃，呃，最近我听说襄理张先生要调到旁的地方去？
潘月亭：（沉吟）是，襄理，——是啊，只要你不嫌地位小，那件事我总可以帮忙。
李石清：谢谢，谢谢，经理，您放心，我总是尽我的全力为您做事。

李与潘商谈银行事务时突然话题一转，打听襄理的调动问题，其潜台词是不言而喻的："现在襄理是个空缺，我可否任此职？"潘也很精明，当即明白了李的意思，满口应允帮忙。

4. 违反方式准则所产生的潜台词

例⑦：《雷雨》中又一片断：周蘩漪找鲁侍萍谈有关鲁四凤的事。

鲁侍萍：（忍不住）太太，是不是我这小孩平时的举动有点叫人说闲话？
周蘩漪：（笑着，故为很肯定地说）不，不是。
……
周蘩漪：（向鲁妈）我先把家里的情形说一说，第一我家里的女人很少。

① 参见陈融：《格赖斯的会话含义学说》，《外国语（上海外国语大学学报）》1985 年第 3 期，第 64－65 页。

鲁侍萍：是，太太。

周繁漪：四凤的年纪很轻，哦，她才十九岁，是不是？

鲁侍萍：不，十八。

周繁漪：那就对了，我记得好像她比我的孩子是大一岁的样子。这样年轻的孩子，在外边做事，又生得很秀气的。

鲁侍萍：太太，如果四凤有不检点的地方，请您千万不要瞒我。

周繁漪故意不简明扼要地讲明自己的意见，让鲁侍萍领四凤辞工回家，而啰啰唆唆绕着圈子谈"家里的女人很少"，谈四凤"年轻"，夸四凤"秀气"，其蕴含的潜台词是，四凤在周家当佣人很是不妥，不宜再干下去。难怪鲁侍萍要急切地追问四凤有何不检点的地方。

以上我们讨论了"合作原则"与"潜台词"的关系。"合作原则"的破背与遵循衍生出潜台词，当然，并非所有的潜台词均系违反"合作原则"而产生的。显然还有其他途径，但恐怕谁也无法否认对"合作原则"的遵循与背离是产生潜台词的重要途径。

（二）合作原则和对白语义的多维指向

编撰精美的对白，除精心设计意蕴跌宕的潜台词、精当凝练的话语群之外，还须合理地把握对白语义的多维指向。

语义的多维指向是言语交际活动中的常见现象，也是一种有效的交际手段。多维指向是指，一语多指，与通常意义上的"一语双关""一语多关"相近。[①] 日常言语交际过程中，交际的参与者往往不止交际者双方，有第三者、第四者甚至更多的交际者参与交际活动，但交际的话语交替[②]只能在会话者双方之间进行，因此，发话者为了达到某种交际目的，采用一语多指这一手段，同多方进行交际。

例⑧：妻子 A 对久坐不起的客人 C 产生了厌烦情绪，对丈夫 B 说："咳，你两点半还要去开会呢！"A 的话语指向 B，提醒 B 两点半有一个会议，也指向 C，是一个有礼貌的逐客令。

例⑧的交际形式有两个层次：第一层在妻子与丈夫之间 A←——→B，是直接交际；第二层在妻子与客人之间 A←…→C，是间接交际。[③]"合作原则"作用于 A←——→B，后者受前者支配，因为 A 与 C 没有任何直接的话语关系，A←…→C不受或不完全受"合作原则"支配。间接的 A←…→C 蕴含在直接

① 参见周光亚：《"一语多用"初探》，《现代外语》1990 年第 2 期，第 8 - 14 页。

② LEVINSON S. Pragmatics. Cambridge：Cambridge University Press，1983：p. 296.

③ SEARLE R. Expression and meaning：studies in the theory of speech acts. Cambridge，London，New York，Melbourne：Cambridge University Press，1979：pp. 30 - 57.

A←——→B之中，这是语义多维指向的关键。

影视剧这一交际方式，本质上具有多维关系。作者通过人物向观众传递信息。观众主要从荧屏上通过人物之间的交际获取信息，人物与人物之间形成直接的多维关系，人物与观众形成间接的多维关系。由于影视剧与观众的时空距离以及其他一些因素，观众不可能像例⑧中的客人那样直接参与交际，因此，观众同人物的交际关系显得更间接。设计精美的人物对白，把握好"间接"与"直接"这一因素是十分重要的。正确处理好交际者直接与间接关系，就可以保证设计得当自然的多维指向对白，得当自然的多维指向对白能使人物语言精美生动、趣味横生，同时使每一个字、每一句话所运载的信息充足、饱满。但是，如果混淆了直接与间接交际的关系，一味追求人物语言的多维指向，特别是过分强调对观众这一维的指向，往往就会产生相反的效果，使人物语言变得牵强生硬，给人一种啰唆、重复的感觉，听之索然无味。请读下列二例。

例⑨：美国影片《金童海豚》接近尾声的一个片断：美国文物收藏家吉米博士唯恐一件沉入海底、两千年前的希腊珍贵文物落入唯利是图的商人之手，去找希腊警方帮助，以拦截商船。一位警察同秘密跟踪商人多时的希腊侦探在一露天酒吧下棋，吉米赶到。

吉米：对不起，快，我有一件急事要告诉你。
警察：噢……
侦探：（对警察）别急，这是我们最后一个回合。

侦探这一话语第一指向警察：要求警察下完棋再走（A←——→B）；第二指向吉米：这一次是我们（侦探与吉米）同他（商人）的最后较量（A←…→C）；同时还指向观众：点示高潮、结局即将来临（A←…→D）。侦探这一话语，在遵循合作原则的前提之下，自然地蕴含了A←…→C和A←…→D，堪称绕梁妙语，回味无穷。

例⑩：电视连续剧《商界》第五集中有一个片断：公司经理廖祖泉想利用妻子与商界巨富汤经理的关系，挽回公司的败局，决定与妻子一起于端午节前往拜访汤经理，下面是他们商量拜访一事过程中的一段对白：

廖祖泉：后天是什么日子？
妻：是端午节。
廖祖泉：还有呢？
妻：……
廖祖泉：是我们结婚二十年纪念日，那时房门上还贴着红卫兵的封条呢。
妻：那时候我们很穷也很苦。

这里最后两段话语显得牵强附会，听起来很不自然。原因恐怕是作者忽视了交际的直接与间接关系，过分地强调了对白对观众的指向。"二十年"对直接交际者廖及其妻来说是冗余信息，是无须提及的。根据剧情，廖与其妻感情并不和睦，"红卫兵的封条"可以理解为廖与其妻联络感情的信号，但是妻不可能，也没有必要马上进入角色以"很穷很苦"来联络丈夫的感情。因此这不能不使我们觉得作者想借廖及其妻之口直接向观众传递否定"文革"的说教。

这种没有正确处理好交际者之间直接、间接关系的情形在影视剧中并不少见。一般的影视剧作家的作品如此，名家的作品中也存在。如在郭沫若的著名历史剧《蔡文姬》中，当左贤王受人诬告（第二幕）、董祀遭人陷害（第四幕）时，先后让左贤王、文姬将前面观众看到的真实情形重新向单于、曹操口述一遍，以澄清事实，从而给作品带来了沉闷的气氛、拖沓的效果。这刚好走了例⑩相反的一个极端，作者过分地强调了剧中人物的关系，或者说过多地考虑了对剧中人这一指向（A←—→B），而忽视了作为间接交际者的观众这一指向（A←…→C）。过分强调观众这一指向，使对白传递在人物看来是毫无道理的冗余信息；过多考虑剧中人物这一指向，使对白传递在观众看来是啰唆拖沓的冗余信息，这两者均不可能不产生影视剧对白编撰的败笔，因为两者都违背了合作原则这一言语交际的大前提，不过角度不同罢了。

二、礼貌原则·个性化·语言的社会性

"礼貌原则"是指人们在进行言语交际时，为了保护彼此脸面，顺利地进行交际而每每共同遵守的一种原则。① 它包括六条次则：①策略次则：尽力减少对自己的益处，尽力扩大对他人的益处；②慷慨次则：尽力减少对自己的益处，尽力扩大自己付出的代价；③赞扬次则：尽力缩小对他人的批评，尽力夸张对他人的表扬；④谦虚次则：尽力缩小对自己的表扬，尽力夸张对自己的批评；⑤赞同次则：尽力缩小与他人的不同意见，尽力夸张与他人的相同意见；⑥同情次则：尽力缩小对他人的厌恶，尽力扩大对他人的同情。②

这六条次则基本上是以尽量使他人受益、尽量使自己受损为中心内容的，与人们的"脸面"休戚相关。社会学家 E. Goffman 指出人们在日常交往中无时无刻不涉及"脸面工作"③，不努力保护面子的人被视作"厚脸皮"，不努

① LEECH G. Principles of pragmatics. London：Longman，1983：p. 82.

② LEECH G. Principles of pragmatics. London：Longman，1983：p. 132.

③ GOFFMAN E. Interaction ritual：essays on face－to－face behaviour. New York：Garden City，1970.

力保护他人面子的人被认为"狠心肠"。① 影视剧作品来源于对社会生活的提炼、概括,人物的对白设计也就不能不考虑"礼貌原则"。

(一) 礼貌原则和对白个性化

也许有人认为:人物的个性化语言与遵守"礼貌原则"无关。人物的个性一般在激烈的冲突中得以充分展现;矛盾冲突时,人们的言语较少遵循礼貌原则,所以,反映人物鲜明个性的对白往往违背"礼貌原则"。应该说,这种看法是不无道理的,有一部分个性化对白确实违背了"礼貌原则"。例如《雷雨》中一个片断:

> 周朴园:(不高兴地)不。你最好现在喝了它吧。
>
> 周蘩漪:(忽然)四凤,你把它拿走。
>
> 周朴园:(忽然严厉地)喝了药,不要任性,当着这么大的孩子。
>
> 周蘩漪:(声颤)我不想喝。
>
> 周朴园:冲儿,你把药端到母亲面前去。
>
> 周冲:(反抗地)爸!
>
> 周朴园:(怒视)去!
>
> 〔周冲只好把药端到蘩漪面前。
>
> 周朴园:说,母亲喝。

一方面是周朴园逼着周蘩漪喝药,另一方面是周蘩漪一再拒绝喝药,矛盾冲突产生了。周朴园生气之后违反"礼貌原则"的话语,正可以展现这个封建家长慈善外表下的专横、暴戾的个性特征。

然而我们同时也应该指出以上这种看法失之偏颇,事实上,只要我们稍稍留意便会发现,在当代众多成功的影视剧中,人物的个性化对白更多地存在于充分体现"礼貌原则"的言语交际中。国外及港台一些优秀影视剧,如《三十九级台阶》《蝴蝶梦》《远山的呼唤》《坎坷》《女奴》《大饭店》等,暂且不说——其中不同人物的个性化对白更多地贯穿着礼貌原则,而且其个性、语境、交际目的与对象的差异,使得对白中所体现的礼貌程度、级别也有所不同。② 我们还是来谈谈国内大家都很熟悉的影视剧。例如,获奖影片《高山下的花环》塑造了一批对越自卫反击战中的解放军下级军官群像,其中的梁三喜、靳开来,由于其地位、修养的不同,尤其是个性的差异,使得他

---

① 见刘润清:《关于 Leech 的"礼貌原则"》,《外语教学与研究・外国语文双月刊》1987 年第 2 期,第 42 页。

② SCHERER K R. Personality markers in speech. In SCHERER K R and GILES H. Social markers in speech. Cambridge:Cambridge University Press,1979:pp. 147 – 201;WARDHAUGH R. An introduction to sociolinguistics. Wiley:Wiley-Blackwell,1986:pp. 114,137,153,203.

们各自的对白在遵循（或违背）"礼貌原则"的程度上有很大的差异，无论是对同一个人，如赵蒙生，还是对同一件事，如赵蒙生让通讯员洗衣袜，态度不同，语言各异，从而把沉稳、忠厚、刚毅、有长者气质的梁三喜与粗爽豪直、敢说敢为的靳开来的个性鲜明地推到了观众的眼前。还有如《密探》，这部反映我党地下工作者斗争生活的电视连续剧，应该说在国内同类题材影视片中是略胜一筹的，因而吸引了广大的电视观众，并获得大家的好评，若要探究它成功的奥秘，我们认为，一个重要的因素是剧作者在为不同人物设计对白时，较多地考虑了人物的"礼貌原则"①，从而突出了人物的独特个性。如敌方的那位张处长与我党地下工作者——公开身份是沈高参委派的查办军火一案的特派员潘非之间的激烈较量都是在"礼貌""融洽"的情况下进行的，即使张处长已经察觉了潘非有"共党嫌疑"的蛛丝马迹，并对潘的活动注意监视，即使潘非唯一的亲人——妹妹刘枫被张处长等严刑拷打直至献出生命，他俩之间的言语交际仍然表现得十分和谐，一丝不苟地遵循着"礼貌原则"。就在这种不动声色的较量中，一个沉着冷静、足智多谋的我党地下工作者形象及一个阴险毒辣、精明狡诈的特务头子形象便树立了起来，他们鲜明的个性化对白铸就了其鲜明的个性。

国内的好些影视剧作家，在编撰对白时，应该说，也是极为重视人物个性特征的，总想方设法力求使人物对白个性毕显，"闻其声"则"知其人"②，然而其效果往往适得其反，关键恐怕就在于没有考虑到人物在场合所必然遵循的"礼貌原则"。我们承认，像军统特务与青年学生，他们的对白在遵循"礼貌原则"的程度上应该有所区别，但这并不意味着在为军统特务设计对白时不需要考虑"礼貌原则"，不然，由此产生的所谓"个性化"其实只不过是一类人的"个性"——是"类型化"，因而也就谈不上什么个性。这里实际上还牵涉到一个人物语言社会性的问题。我们下面将详细讨论这一点。

（二）礼貌原则和人物语言的社会性

我们知道，人具有两重性：个性和社会性。两者是对立的统一体。人处在社会中，每时每刻接受社会文化的熏陶，社会学家称之为人的"社会化"③。经过社会化的人是"社会人"，反之就是"野人"，印度"狼孩"便是一例。因此精确一点说，人是"社会人"。④ 而社会化的具体体现是其语言

---

① "礼貌原则"作为一种理论并非凭空产生，它来源于语言实际，是从人们无数的言语交际活动中归纳出来的基本规律。当编剧者在为人物设计对白时忠实于现实生活，便会编撰出符合"礼貌原则"的对白来。这显然是一种"暗合"。

② 见王行之编：《老舍论剧》，北京：中国戏剧出版社，1981 年，第 16 页。

③ HUDSON R A. Socio‐linguistics. Cambridge：Cambridge University Press，1980：pp. 99 - 105.

④ HUDSON R A. Socio‐linguistics. Cambridge：Cambridge University Press，1980：pp. 99 - 105.

的社会性、行为举止及道德标准等的社会化，其中语言的社会性是极其重要的因素。语言的社会性的具体内涵，除开语法规则，就是众多约定俗成的语用原则。这些语用原则连同语法规则帮助、支配、制约人们的言语交际活动。

"礼貌原则"是非常重要的语用原则之一。它有多方面的功能：一是"社会人"以及社会化程度的标记；二是可以帮助人们实现交际的社会目的，也就是说，维持正常的、现有的社会关系或缔结一种新的社会关系；① 三是可以帮助人们顺利实现类似"请求"那样的交际的直接目的。由于这些功能，人们一般总要遵守"礼貌原则"，以便在维持原有社会关系的基础上顺利地进行言语交际。人总不希望被他人描述为"厚脸皮""狠心肠"，只有在迫不得已的情况下才会撕破"脸皮"，大干一场。无耻粗暴的谈吐往往会使对方无法忍受而中断谈话，强硬无礼的要求最容易被拒绝，这是生活中的一般常识。

在影视剧编写过程中，把握好人物对白语言的社会性，是使人物形象真实可信的关键。片面地追求人物语言的个性化，让人物肆无忌惮地破背语用原则，就会导致人物形象的真实可信度大大降低，结果是拉大了影视剧与观众之间的距离，失去了应有的艺术感染力，以往有一些影视剧中的人物形象，特别是反面人物塑造得并不理想，主要原因恐怕在于作者没有把握好对白的社会性这一因素。作者笔下的敌军军官、特务头子、土匪司令都是一些肆意践踏"礼貌原则"的能手，不是自吹自擂、目中无人，就是粗暴无礼、动辄训人。似乎反面角色对白里不应该体现礼貌原则；似乎只有这样才能显现敌人的残暴和凶狠。实际上这是非常浅薄和粗糙的。这样的作品不可能有什么艺术感染力，更不可能有什么艺术价值。这些作者忽视了日常生活中言语交际的语用规律，忽视了类似"礼貌原则"这样的语用原则对言语交际的制约。同时在观念上，将礼貌的言语与礼貌的人格混为一谈。众所周知，遵循"礼貌原则"并不一定说明其人真有礼貌。反面角色在彬彬有礼的外表之下，也可以干出凶狠毒辣的勾当。"彬彬有礼"是体现反面角色是"社会人"这一基本事实，有时是直接为实现其"凶狠恶毒的勾当"这一交际目的服务的，是人物语言社会性的具体体现。这样安排人物对白，体现了语言的社会性符合言语交际的客观规律，人物形象便更加生动逼真，揭露便更加深刻有力。

观察中外影视剧中人物形象，比较成功的无不是那些在言语交际中遵循语用原则的人物。他们一般不轻易违背语用原则，而是巧用这些准则，维持关系，实现目的。香港电视连续剧《秦始皇》中的秦始皇并不是常常暴跳如雷，口出狂言，但这位君王的残暴以及雄心分别得到淋漓尽致的揭露和恰如其分的刻划。一些再现"二战"的英美影视剧中，残酷无情的法西斯军官并

---

① HALLIDAY M. Language structure and language function. LYONS J. New horizons in linguistics. Harmondsworth：Penguin Books，1970：p. 143.

非个个都凶神恶煞，出言不逊。审问拷打盟军特工人员时彬彬有礼地请求合作的话语更显得他们阴险毒辣。最能说明这一问题的例子恐怕要数根据曹雪芹原著《红楼梦》所拍摄的电视连续剧《红楼梦》中的人物语言了，贾政的说白总是那么礼貌，贾母的言语听起来和蔼可亲，可是，林黛玉还是在"风刀霜剑严相逼"的境地里生活；贾府一霸王熙凤更以巧言善辩著称，然而封建阶级的代表人物的狰狞面目却得到了最深刻的揭露。这些人物已成了中国文学宝库中不朽的形象。

以上我们分别从潜台词、语义的多维指向、人物语言的个性化、社会性四个方面研讨了语用学理论中的"合作原则"和"礼貌原则"在影视剧对白编撰中的指导作用。当然，问题远不止这么简单，语用学原则与对白的优化的关系也不仅仅局限于这四个方面，还有其他的因素，比如，精美的对白也常与"简洁凝练"形影相随，而"简洁凝练"又同"合作原则"密切相关，如此等等。但是，应该承认，我们讨论的这四个方面确乎是对白优化的关键所在，也是目前影视剧对白编撰中常常把握不好的问题。但愿我们的探索能给广大影视剧作家及评论家一些启迪。

（原载于《吴中学刊》1990 年第 4 期）

附记

这是我与蔡永良教授合作的第一篇论文。

蔡永良教授时任苏州师专外语系主任，而且刚从国外进修回来，对西方的语言学理论比较了解。

其时，国内汉语学界关于修辞学的研究也进入了瓶颈阶段，陈旧的理论和方法使修辞研究举步维艰。大家都渴望在理论方法上有所突破。

一次偶然的机会，我与蔡永良教授有了一次交流，畅谈之下，相见恨晚，我们认为一方面汉语学界缺乏新的理论方法引导，另一方面外语教学研究界谙熟西方的语言理论却无用武之地。

那个时候语用学的相关成果刚引进国内不久，属于新鲜事物，用语用学的原理来研究汉语的语言文字应用现象是一件很时髦的事情。

此前因为讨论过曹禺戏剧中"非语言交际"的话题，我对戏剧对白比较熟悉。如今接触到了语用学中的"合作原则""礼貌原则"等语用学原理，马上就联系了戏剧对白，这个点是抓得比较准的，让我反映了当年的学术敏感度：接触到一种新的理论，脑海中就有与之匹配的语言现象。

从这篇文章开始，我与蔡永良教授开展了数年的合作研究，双方有了想法就相约在一起切磋讨论。在当年物质相对贫乏的岁月里，这种讨论倒也愉悦身心，让我度过了一段又一段美好幸福的时光。

1991 年

现代汉语词义的基本类型新探

关于词义的基本类型，正如张永言先生所言，"目前还没有一个统一的划分法"①；至于现代汉语词义的基本类型，分歧则更大：分类角度的不同自不用说，对词的意义结构本身的认识存在分歧也是其中一个极为重要的因素。本文试图在前人及时贤研究的基础上，从历时和共时、语义学和语用学的角度对现代汉语词义的基本类型作一番探讨。

一、本义和派生义——历时的分类之一

从语义学的角度对词义进行历时的分类：本义和派生义，这已不是什么新鲜的东西了；问题是，这种历时的分类法是否适合相对于整个汉语发展史只是一个横断面的现代汉语的词义系统，在目前的词汇学界还存在着似是而非的看法。任何一部讲词汇或词义的专著，凡涉及词的本义和派生义这个问题，几乎无一例外地将它放在从先秦到现代的整个汉语发展的历史长河中加以考察、论证：作为词源义的本义往往是词在上古或中古时代的意义，本义之外的其他意义便是派生义。② 这就给人一种感觉：现代汉语的词义系统中是没有"本义"这个概念的。这种感觉，前不久由严戎庚先生在他的《共时历时学说与现代汉语词汇研究》一文中直率而又清楚地表达了出来：现代汉语属于共时系统，词的本义和派生义则是历时的问题，若在讲现代汉语词义时大谈词的本义和派生义，则会超出共时的内容：即使要提本义、派生义，"也应该只是为了防止混淆，不必大作文章，以免同古代汉语重复"③。这种看法

---

① 见张永言：《词汇学简论》，武汉：华中工学院出版社，1982 年，第 49 页。
② 见张永言：《词汇学简论》，武汉：华中工学院出版社，1982 年；朱星：《汉语词义简析》，武汉：湖北人民出版社，1981 年；符淮青：《现代汉语词汇》，北京：北京大学出版社，1985 年；张斌主编：《现代汉语精解》，上海：上海文艺出版社，1989 年。
③ 见严戎庚：《共时历时学说与现代汉语词汇研究》，《新疆大学学报》（哲学社会科学版）1990年第 2 期。

在目前的学术界是带有某种普遍性的。

要解决这个问题必须得澄清以下两点：①现代汉语词义这个共时的系统中存不存在历时的问题；②词的本义是否只存在于古代汉语的词义系统中。从理论上讲，现代汉语词义系统作为一个整体，相对于整个汉语词义发展的历史长河而言，只是其中的一个横断面，当然应属于共时的内容；但是，作为一个充满生命力的复杂多变的事物，它本身也无时无刻不在发展着，从白话文运动到今天，它毕竟也走过了 2/3 个世纪，这期间，经历了许多重大的社会动荡和历史变革，几乎每一次均在它身上留下了痕迹，尤其是近十年来的改革开放、搞活经济，使词义的发展极为迅速。所以，撇开汉语的发展历史，就现代汉语词义系统这一发展、变化着的事物本身来说，它也存在历时的问题。从现代汉语词汇系统实际来看，它不是古代汉语词汇系统的翻版，其中有大量的只属于现代汉语的新词，主要是双音节词，这些新词产生之初的意义，从历时角度看，无疑应该是词的本义。例如，"老化"最初的意义是指"橡胶、塑料等高分子化合物，在光、热、空气等的作用下变得黏软或硬脆"，由此派生出《补编》收入的"老年人比重增长"和"知识等变得陈旧过时"这两个新义；又如"梯队"的初始义是"军队战斗或行军时按任务和行动顺序划分的部分"，由此派生出《补编》收入的"依次接替上一拨人任务的干部、运动员等"这个新义；再如"手臂"是《补编》收入的一个词，初始义是"胳膊"，派生义是"比喻助手"。这些词的初始义从历时角度看不是本义又是什么呢？翻开《现代汉语词典》及其《补编》，这样的例子举不胜举。

当然，我们不否认现代汉语中有一部分词，以单音节为主，如大家常引以为例的"兵""贼""关"等，它们的本义要追溯到先秦，显然不属于现代汉语词义系统的范围；何况作本义"兵器""伤害""门闩"解释的"兵""贼""关"在古代汉语中是词，到了现代汉语中则已转为语素，它们的本义也只是作为语素义存在于"兵戈""戕贼""关键"等合成词中。所以，在处理这部分词的本义时确实会碰到如何把握分寸、适度的问题。但若据此而把"本义和派生义"问题从现代汉语词义系统中清除出去，则未免以偏概全了：在现代汉语词汇系统中，相对于大量的以双音节词为主的现代汉语新造词，那些本义可上溯到中古乃至上古的词的数量是相当有限的，也就是说，绝大部分词均可在现代汉语词义这个共时的系统中找到它们的本义。因此，"本义和派生义"也无疑应该是现代汉语词义的基本类型之一。

二、历史义和现存义——历时的分类之二

我们这里所说的"历史义"和"现存义"同古代汉语词汇所讲的"古

义"和"今义"有本质的区别。后者是放在古今汉语这个大系统——历时的系统中给予界说的:古义是指词在古代汉语中的意义,今义是指词在现代汉语中的意义;在时间上,古义必早于今义;在源流关系上,今义是古义的派生义或假借义。而前者局限在现代汉语这个共时的系统中——也属共时系统中存在的历时问题,同前面的本义和派生义一样。历史义,是指词的多项意义中个别一般交际时不用,只是在叙述历史事物或现象时才使用的意义,现存义则是指词的多项意义中历史义以外的意义;在时间上,历史义未必早于现存义;在源流关系上,历史义也完全可能是现存义的派生意义。从其所反映的客观事物或现象是否还存在来看,历史义可以分为两类:一类是其所反映的客观事物或现象在本民族的现实生活中已经消失了,例如:

(1)正房:①正面的房屋;②大老婆。

(2)丫头:①女孩子;②婢女。

(3)出身:①个人早期的经历或个人的身份;②旧时做官的最初资历。

以上三例中的第二个义项均为历史义,其所反映的客观事物或现象随着旧制度的灭亡、中华人民共和国的成立已成为历史陈迹。

另一类是,历史义所反映的客观事物或现象虽未消失,但已隶属他词,例如:

(4)出首:①检举别人的犯罪行为;②自首。

(5)小生:①戏曲中生角的一种;②青年读书人的自称。

(6)先生:①老师;②对知识分子的称呼;③旧时称别人的丈夫或对人称自己的丈夫;④医生;⑤旧时称管账的人。

例(4)中的②为历史义,在现在一般的言语交际中,这个意义已隶属"自首"这个词;例(5)中的历史义②现已改称"学生"或"我";例(6)中的历史义③、⑤,现已改称"丈夫、爱人、男人"和"会计"。

词的历史义和社会现实生活的关系极为密切,所以经常处于变动之中:一些词的历史义经过一个阶段后可能会沉渣泛起,又成为现存义。例如,在对外开放,吸收引进国外的一些先进技术的同时,西方资本主义社会一些腐朽没落的东西也随之潜入。受其影响,一些在我国早已绝迹了的丑恶的事物和现象,如卖淫、绑票等,又死灰复燃了,于是反映这些事物、现象的历史义便再度成为现存义,如"拉客":①(饭店等)招揽顾客;②(三轮车等)载运乘客;③旧时指妓女招引嫖客。其中的③一度成为历史义,现又成为现存义。又如"出水":①露出水面;②冒出水来;③妓女摆脱卖淫生活。其中的③也由历史义转为现存义。再如"肉票":①旧时指被盗匪掳去的人,盗匪借以向他的家属勒索钱财；②一些市县下发居民的猪肉优惠供应券。其中成为历史义的①也再度成为现存义。

三、基本义和一般义——共时：语义学的分类

我们这里所讲的这种"基本义和一般义（大家常用的术语是'次要义'和'转义'，为了体现与目前现代汉语词汇共时分类——两大块划分的一致性，这里用'一般义'这个术语）"的分类是在现代汉语这个共时的平面上着眼于词义使用频率的一种分类：基本义是指词的多项意义中最常用的那个意义，基本义之外的其他意义便是一般义。这与大家通常所说的"基本义"和"转义"有些不同。关于基本义，学术界较为一致的看法是指"最常用的、基本的意义"①，最常用固然是指使用频率最高，最基本如何理解呢？不久前出版的《现代汉语精解》说得可谓明确：基本义"有两个特点：一是最常用，二是其他意义都由此转化、发展出来"②，可见，大家所说的基本义乃是指词的"使用频率最高而且最原始的意义"。对现代汉语词的基本义作这样的界说，我们以为不妥。首先，这种说法从理论上解释，未免扞格不通：人们要问，它着眼的是什么呢？常用不常用，着眼的是共时的平面；原始不原始，着眼的是历时的发展。若是把基本义作为共时的问题，就应排除"最原始"的说法；若是把基本义作为历时的问题，就应排除"最常用"的说法——不过这样的话，就与前面所讲的"本义"毫无二致了，显然没有意义。若两者并举，将共时、历时问题混为一谈，未免让人难于理解也无所适从。其次，更为重要的是，在现代汉语的一部分词身上，"最常用义"与"最原始义"往往相互抵触：常用义并不是原始义，原始义也并不是常用义。例如：

（1）工读：①用本人劳动的收入来供自己读书；②专指有违法行为的青少年边劳动改造，边学习文化。

（2）新星：①在短时期内亮度突然增大数千倍或数万倍，后来又逐渐回降到原来亮度的恒星；②指新出现的出类拔萃的人。

（3）家访：①（因工作需要）到人家庭里访问；②专指教师到学生的家庭里访问。

① 见孙良明：《词义和释义》，武汉：湖北人民出版社，1985 年；符淮青：《现代汉语词汇》，北京：北京大学出版社，1985 年；张斌主编：《现代汉语精解》，上海：上海文艺出版社，1989 年；黄伯荣、廖序东主编：《现代汉语》（修订本），兰州：甘肃人民出版社，1985 年；胡裕树主编：《现代汉语》（增订本），上海：上海教育出版社，1981 年。

② 张斌主编：《现代汉语精解》，上海：上海文艺出版社，1989 年。

从历时的角度看，以上三例中的②均由①派生而来，①是它们最原始的意义；从共时角度看，这三例中②的使用频率大大高于①，②应是它们最常用的意义。若依"最常用的、基本的意义"的说法，是①作为基本义，还是②作为基本义呢？恐怕永远也确定不了。而按照我们的分类，立足于历时的发展，则①为本义，②为派生义；立足于共时的层面，则②为基本义，①为一般义。

当然，事实上在现代汉语中，词的最常用的意义——基本义不少也是词的最原始的意义——本义，这种交叉重合的现象不独在词义系统中，在语言学的其他领域中也存在。但部分的交叉重合不等于完全一致，无限夸大这种重合，只会走向片面、走向笼统。

四、贮存义和使用义——共时：语用学的分类

这是在共时平面上从语用学角度对词义所作的分类，着眼于词义静态、动态情况下的联系和差异。贮存义是指《现代汉语词典》所收集的词义，是静态的词义，比较固定；使用义是指出现在一定的语言环境中的词义，是动态的词义，比较灵活。贮存义和使用义关系十分密切，一方面，贮存义是产生使用义的基础，任何一个词的使用义均是对该词某贮存义的一些义素的取舍、延伸或发展。例如"休息"是指"暂时停止工作、学习或活动"，这是"休息"的贮存义，而在"这里叫教条主义休息，有些同志却叫它起床"中"休息"产生了"废止"的使用义，很显然，这是对"休息"的贮存义中"停止"这个义素的延伸。另一方面，一部分使用义又可以充实贮存义，有些使用义由于经常反复运用，久而久之为大家所普遍接受，于是便固定下来成为词的新的贮存义，例如大家熟悉的"包袱"的一个贮存义——"比喻影响思想或行动的负担"，便是从使用义转化来的。这两方面的相互运动，推动了词义的不断发展。

但是，贮存义和使用义毕竟有着种种差异，具体表现为：

（一）贮存义和使用义大体对应，但个别义素发生变化

一种情形是，贮存义的个别义素比较抽象、概括，而与之对应的使用义的个别义素则显得比较具体、专一。例如：

（1）甘凤池不愧为武林高手。
（2）双方拔出匕首，互不相让，一场大规模的械斗就要拉开战幕。

试比较：
（1）高手：

           贮存义：技能特别高明的人。

           使用义：武艺特别高明的人。

（2）械斗：

           贮存义：用武器打群架。

           使用义：用匕首打群架。

    例（1）、（2）中"高手""械斗"的使用义同相应的贮存义大体一致，但个别义素作了调整，相比较之下，使用义中的"武艺""匕首"要来得具体、专一——它们分别是"技能""武器"中的一种。

    另一种情形是，使用义对贮存义的个别义素进行一定的取舍，例如：

（3）半年多来的野外写生，使小五初步掌握了创作风景画的一些技巧。

（4）那键盘上跳跃着的欢快的音乐便是她此时心情的最好写照。

试比较：

（3）写生：

           贮存义：对着实物或风景绘画。

           使用义：对着风景绘画。

（4）键盘：

           贮存义：钢（风）琴、打字机等上面安着许多键的部分。

           使用义：钢（风）琴上面安着许多键的部分。

    通过比较可以看出，例（3）、（4）中"写生""键盘"的使用义舍弃了其贮存义中的"实物""钢（风）琴、打字机等"等义素，而保留了贮存义中的其他义素。

（二）贮存义与使用义基本一致，但感情色彩发生变化

    一种情形是贮存义与使用义的感情色彩正好相反——贮存义中的褒（贬）义色彩到了使用义中则成了贬（褒）义色彩。例如：

（5）总之，活人替代了古董，我敢说，也可以算得显出一点进步了。（《拿来主义》）

（6）王火冲李怀仁诡谲地眨眨眼睛，说："哝，有人等着你哩，去吧。"（《北方文学》）

    例（5）中的"进步"实际上是一种辛辣的讽刺，应是贬义，可它的贮存义却是褒义的；例（6）中的"诡谲"形象地表现了游击队小队长王火的机敏、幽默，应是褒义，而它的贮存义却是贬义的。

    另一种情形是，贮存义本没有感情色彩，而相应的使用义却产生了感情色彩。试比较：

（7）梅雨潭闪闪的绿色招引着我们。（《绿》）

（8）她猜想这讲究的穿着不免成为一些人攻击的口实：还不是为了招引男人。（《当代》）

"招引"的贮存义本无所谓褒贬，可它的使用义却或褒或贬：在例（7）中，"招引"因倾注着作者深深的喜爱之情而产生褒义色彩；在例（8）中，作为女主人公猜想中的街坊长舌妇们的一种攻击之词，"招引"的贬义色彩也是十分明显的。

（三）使用义与贮存义相去甚远

假如说前两种情况，使用义基本上在贮存义所概括的范围之内的话，那么下面这种情况的使用义则超出了贮存义所概括的范围，它是在贮存义的基础上，借助超常的语义组合关系而产生的一个新的临时意义。例如：

（9）我们的原则是党指挥枪。

（10）老汉常对人说，人人的心里都有一杆秤。

例（9）中的"指挥"要求与人组合，例（10）中的"有"后面也应该是属于思想、感知范畴的概念，可"枪"不是人，是一种武器，"秤"也不是属于思想、感知范畴的概念，而是"一种测定重量的器具"，显然这是一种超常的语义组合。为了适应（或者说维持）这种超常的语义组合，"枪"便由"表示一种武器"的贮存义产生出"军队"的使用义，"秤"也由"一种测定重量的器具"的贮存义产生出"标准、尺度"的使用义。

以上，我们就现代汉语词义的基本类型作了粗浅的探讨。其中，有的在此之前似乎尚未见有人谈过；有的前人及时贤虽有所涉及或作过研究，但多多少少还存在一些有待澄清的问题。但愿我们的探索能对现代汉语词义基本类型的科学划分有所裨益。

［原载于《河池师专学报》（文科版）1991 年第 2 期］

附记

本文是我的第二篇词义学论文，也是我的词义学系列文章中比较满意的一篇，文章的观点至今依然没有过时。

本文的写作源自于我的"现代汉语"课程词汇单元的教学，当时上课使用的教材是黄伯荣、廖序东主编的《现代汉语》，教材在讨论词义类型的时候没有准确厘清"历时"和"共时"这两个不同层面的概念，在概念的设计、使用和界定中存在着一定程度的矛盾与混乱，给教授者与学习者均带来了较大的困惑。本文是对教学过程中遇到的困惑较长时间思考的结果，真正体现了高校教学为教师科研提供研究素材和问题，而高校科研又为教学工作提供帮助、强化深度的基本特色。现在看来，此篇文章写得还是较为缜密的，所以 10 年后成为《现代汉语词义学》一书写作的基石之一——本论文成为该书第二章第二节的基本内容。

无论是当初的《苏州师专学报》还是《吴中学刊》，均为江苏省新闻出版局审批的内刊。《苏州师专学报》的刊号是"JS（内）字 00002 号"，《吴中学刊》的刊号依然是"JS（内）刊字 00002 号"，均无国内统一刊号（CN）。本文写作完成后自己觉得比较满意，便不想在本校的内刊上发表，而希望在"CN"打头的国内公开发行的刊物上发表。当时国内各高校的学报以发表本校教师的科研成果为主，很多高校学报除了少量录用名人的稿件之外一般不录用外稿，尤其不会录用外校名不见经传的青年教师的稿子。正在烦愁之际，突然听到来自同仁丁晓原老师的一个好消息：广西《河池师专学报》是一本以"CN"打头的国内公开发行的刊物，而且大量录用外稿，不少是名不见经传的小人物的稿子，丁晓原老师此前便在该刊物上发表过自己的论文。于是我抱着试试看的心态将本文投给了《河池师专学报》，没承想很快就有了回音——收到了该刊编辑部寄来的稿件录用通知单。本文也成了我在《河池师专学报》发表的第一篇论文。当年，这份刊物带给我的惊喜今天回想起来，依然令人心动。

语言的和言语的感情色彩义浅论

现代汉语的词汇研究一向注重静态的（语言的）研究而忽视甚至排斥动态的（言语的）研究①。20 世纪 80 年代以来，一些学者成功地把动态研究引入现代汉语语法研究中，取得了一系列的成果。而词汇学界对此的反应殊为冷漠，依然是静态研究一统天下的局面，能注意把静态研究同动态研究有机地结合起来，去分析解决词汇学中有关问题的人和科研成果还是很少，这无疑阻碍着现代汉语词汇研究的深入发展。本文所要探讨的语言的感情色彩义和言语的感情色彩义问题是从静态及动态的角度分析考察词汇现象的一种尝试。

一、关于语言的感情色彩义

语言的感情色彩义是指词义在静态情况下所具有的一种色彩意义，它是不借助任何语境而独立地、固定地存在于词义中的。目前一般所讲的感情色彩便是指这种色彩意义，如"团结"为褒义，"勾结"为贬义等，但这种语言的感情色彩义究竟是怎么产生的呢？这个问题似乎尚未有个明确的说法。

世界上任何事物均非凭空产生，语言的感情色彩义也不例外，据我们考察，它的形成主要有以下一些情况：

（一）词的构成成分——语素的意义带有感情色彩，从而使词义具有感情色彩

1. 构成词的每个语素的意义均有感情色彩

例如：

（1）草率：草，不细致，含贬义；率，不慎重，含贬义。

因此，"草率"也含贬义。

---

① 详见刘叔新：《词汇学和词典学问题研究》，天津：天津人民出版社，1984 年，第 33 页。

（2）娟秀：娟，美丽，含褒义；秀，秀丽，含褒义。

因此，"娟秀"也含褒义。

2. 构成词的个别语素的意义有感情色彩

例如：

（3）花点子：花，用来迷惑人的，不诚实的，含贬义。

因此，"花点子"也含贬义，虽然"点子"并不带有贬义色彩。

（4）耍笔杆：耍，施展，表现出来，含贬义。

因此，"耍笔杆"也含贬义，虽然"笔杆"不带有贬义色彩。

（5）贼眼：贼，不正派，含贬义。

因此"贼眼"也含贬义。

一般来说，凡是含有"慧、丰、伟、赞、喜、秀"等语素的词，多为褒义；而凡是含有"蛮、丑、秽、淫、窃、劫"等语素的词，多为贬义，虽然与它们搭档的另一个语素往往并不具有感情色彩。

（二）词的本义并不具有感情色彩，由本义派生出来的比喻义却带有强烈的感情色彩

由此可知，同一个词，作为本义解时并无色彩，而作比喻义解时却具有褒贬色彩。例如：

（6）草鸡：①母鸡；②比喻懦弱畏缩。
（7）皮囊：①皮袋；②比喻人的身体。
（8）草包：①用稻草等编成的袋子；②比喻没有才干的人。
（9）结晶：①物质从液态或气态形成晶体；②比喻珍贵的成果。
（10）园丁：①从事园艺的工人；②比喻教师。①

以上诸例中，本义①均无感情色彩，比喻义②均有感情色彩：例（6）、（7）、（8）为贬义，例（9）、（10）为褒义。所以，我们不能轻率地认定"草包"等是贬义词，"园丁"等为褒义词，而要根据不同的情况将它们区别对待。

---

① 文中所有语素及词的释义均出自中国社会科学院语言研究所词典编辑室编：《现代汉语词典》，北京：商务印书馆，1983 年。

（三）有些词的词义之所以具有感情色彩，几乎没什么理据，而完全是词义系统的内部分工，同时也是一种约定俗成

例如：

（11）果断（褒）—决断（中）—武断（贬）

（12）成果（褒）—结果（中）—后果（贬）

（13）十足（贬）—实足（中）

（14）手段（贬）—手法（中）

（15）把持（贬）—控制（中）①

例（11）中"果断"的褒义是相对于"决断""武断"而言的，若没有贬义的"武断"、中性的"决断"，"果断"也就无褒义可言。例如（13）中的"十足"之所以含有贬义，同语素"十"和"足"无关，同"十足"的派生义也无关，它的贬义，既是相对于"实足"而言的，同时也是一种约定俗成——人们习惯于把"十足"用于表否定的事物。例（12）、（14）、（15）也同此。由于这一种情形的无理据，所以有一些词的感情色彩义并非像（一）、（二）中的"草率""花点子"等那样稳定确凿，而多少带有一种灵活性、可变性。例如"鼓动"，"多用于褒义，少用于贬义"，而与之对应的"煽动"则"多用于贬义，有时用于褒义"。②

一般来说，词义的感情色彩同词义关系密切，"词义为肯定的，感情色彩为褒，词义为否定的，感情色彩为贬"③。但也不尽然，有些词的词义为否定的，而其感情色彩却是褒义的。例如，"后进"的词义同"落后"一样是否定的，"落后"是个贬义词，而仿"先进"造的同"落后"基本同义的"后进"，相对于"落后"而言是个褒义词。

二、关于言语的感情色彩义

我们这里谈的言语的感情色彩义是指出现在特定的语境中的词所具有的一种色彩意义，是词在动态情况下所具有的一种临时的色彩意义。例如：

（1）别看他相貌凶恶，却有着一副菩萨心肠。

（2）不怕红脸关公，就怕抿嘴菩萨。

---

① 文中语素及词的感情色彩的确定均依据中国社会科学院语言研究所词典编辑室编：《现代汉语词典》，北京：商务印书馆，1983 年；张志毅编著：《简明同义词典》，上海：上海辞书出版社，1981 年。

② 见张志毅编著：《简明同义词典》，上海：上海辞书出版社，1981 年，第 95 页。

③ 详见符淮青：《现代汉语词汇》，北京：北京大学出版社，1985 年，第 30 页。

"菩萨"在例（1）中含褒义，在例（2）中含贬义，前者指善良的、仁慈的人，后者指笑里藏刀、外善内恶的人。这便是言语的感情色彩义。它与语言的感情色彩义有联系，也有差异。联系表现在：不少言语的感情色彩义和语言的感情色彩义是一致的，例（1）中的"菩萨"的言语的感情色彩义同语言的感情色彩义是一致的，均为褒义。[①] 又如：

（3）英勇的志愿军战士打退了敌人一次又一次的疯狂进攻。

"英勇"的语言的感情色彩义为褒义，"疯狂"则为贬义，它们在例（3）中的言语的感情色彩义也分别为褒义和贬义。

但更多的情形是，言语的感情色彩义和语言的感情色彩义并不一致。具体表现为：

（一）褒词贬用，即语言的感情色彩义为褒义，而言语的感情色彩义却为贬义

例如：

（4）穆可言收回了他的礼物，为我留下了一句温文的赠言："看来我们也许真的要较量一回呢！"（《人民文学》）

（5）此时许医生又哼起鼻音对我说："全区才选派两名医生，就选上了你，真光荣。"（《人民文学》）

例（4）中的"温文"本是个褒义词，但这里用在"我"所鄙视的一个暂时得势的小人身上，则表示了一种极为明显的讥讽，含贬义。例（5）中的许医生因一次诊断失误对"我"耿耿于怀，所以当"我"由于穆可言的"神通广大"被调去郊区参加救灾工作时，便用"光荣"来嘲讽"我"，这里的"光荣"无疑含贬义。

（二）贬词不贬，即语言的感情色彩义为贬义，而言语的感情色彩义不是贬义

1. 贬词褒用

例如：

（6）几个女人有点失望，也有些伤心，各人在心里骂着自己的狠心贼。（《荷花淀》）

（7）我们全党全民要把这个雄心壮志牢固地树立起来，扭着不放，"顽固"一点，毫不动摇。（《目前的形势和任务》）

---

① 这里的"菩萨"并非泛指佛和某些神，而是比喻心肠慈善的人，有些同志认为这里的"菩萨心肠"是比喻，则把"菩萨"解作前者，乃误。

例（6）中的"狠心贼"就语言的感情色彩义来说是贬义的，但在这里却是指自己日夜牵挂、今日又憋不住冒着危险出来寻找的丈夫，实为褒义。例（7）中的"顽固"也同样，作为邓小平同志的一种倡导，它实际表示的是"坚定、执着"的意思，应为褒义，即使它的语言色彩义为贬义。

2. 贬词无贬义

例如：

（8）岂料一个心眼儿护着连长、指导员的兵们并不买她的账，只狡黠地对她笑笑：你不懂。（《人民文学》）

（9）我从大师的眼里，看到一种十分古怪而复杂的神情。（《人民文学》）

"狡黠"的语言的感情色彩义为贬义，可在例（8）中用在康藏线上人民解放军的筑路官兵身上，显然已无贬义。同样，"古怪"是个贬义词①，可在例（9）中描述我素来敬重、爱戴的"大师"的神情，显然也不表贬义。

（三）有些词本无所谓褒贬，即语言的感情色彩义处于零状态，而言语的感情色彩义则相当鲜明突出

从其不同的产生途径来看，主要有以下三类：

1. 借助某些修辞格产生的言语的感情色彩义

这种情形的感情色彩义多半比较强烈、鲜明。例如：

（10）有缺点的战士终究是战士，完美的苍蝇也终竟不过是苍蝇。（《战士和苍蝇》）

（11）前一些日子，有一口白母猪，一胎下了12个猪娃，像一团白绒球，好看极了，谁见了都喜欢。（《韩梅梅》）

（12）至于香港的电影和电视，他们讥之为不是"拳头"，就是"枕头"，并不着迷。（报刊）

（13）梅雨潭闪闪的绿色招引着我们；我们开始追捉她那离合的神光了。（《绿》）

（14）刘闯：秋菊，快走！洪湖就要天亮了。（《洪湖赤卫队》）

例（10）的"苍蝇"本无所谓褒贬，但在这里借喻作"反动政府所豢养的奴才们"，所以含有较强的贬义色彩；例（11）把刚生的猪娃比喻为"白绒球"，透露出作者强烈的喜爱之情，为褒义；例（12）包含了一个借代格，"拳头"借代"武打"，"枕头"借代"色情、性爱"，其间蕴含的鄙视、讥讽是不言而喻的，为贬义；例（13）是个比拟格，把静态的"绿"动态化了，

---

① 见张志毅编著：《简明同义词典》，上海：上海辞书出版社，1981年，第94页。

写出了梅雨潭"绿色"的娇美、可爱，为褒义；例（14）中的"天亮"一语双关：字面上指的是自然界中的"太阳露出地平线前夕天空发出的光亮"，而真正的深层含义是指"洪湖人民的翻身解放"，为褒义。

2. 借助词形变化产生的言语的感情色彩义

这里讲的词形变化主要是指单音节形容词的重叠，如"红红""高高""长长"等。目前有些书在形容词重叠问题上总认为单音节形容词重叠"带有喜爱的感情色彩"[①]，其实不然。经过考察比较，我们认为，在进入特定的语境之前，单音节形容词重叠后同不重叠一样，并不具有什么感情色彩；而进入语境后，它们往往带有感情色彩，但并不只是带有喜爱的感情色彩，也可带有憎恶、讨厌的感情色彩，两者的机会是均等的。例如：

（15）他比我高，比我结实，比我勇敢，红红的脸膛，特别明亮的眼睛。（《人民文学》）

（16）那个鬼子军官，两眼红红的，像刚吃过死人的野狗。（《小英雄雨来》）

（17）他一边摸一边说："高高的前额，怪不得这么聪明，眉毛又弯又长，眼睛很大。"（《明姑娘》）

（18）屋里走出来一个三十多岁的女人，高高的颧骨，薄薄的嘴唇，两个小眼珠骨碌碌地来回扫视着站在门口的三个过路客。（《坟地》）

（19）一只小小的螨虫扇动着透明的翼翅，驻足在他宽宽的额上。（《人民文学》）

例（15）中的"红红"、例（17）中的"高高"、例（19）中的"宽宽"分别用来描写"我"一直思念着的小哥哥、他（赵灿）的恋人"明姑娘"及"我"的恋人"秦森"，因而带有喜爱的感情色彩；而例（16）中的"红红"、例（18）中的"高高""薄薄"则分别用来描写可憎的鬼子军官及势利的女店主，因而带有憎恶、讨厌的感情色彩。而一旦把它们从例句中提取出来，单单的"红红""高高""宽宽"等是没有什么感情色彩的，就如同单音节形容词"红""高""宽"等没有什么感情色彩一样。

3. 纯粹是借助于上下文产生的言语的感情色彩义

例如：

（20）我发现我的大声喧哗已惊动了邻座的人们，他们向我们投来异样的

---

① 详见刘月华、潘文娱、故韡：《实用现代汉语语法》，北京：外语教学与研究出版社，1983 年，第 126 页；黄伯荣、廖序东主编：《现代汉语》（修订本），兰州：甘肃人民出版社，1985 年，第 341 页。

目光。(《人民文学》)

(21) 她从没见过大(即爸爸)奇怪的眼神,异样的哀戚和温柔,嘴里喃喃着一个人的名字。(《守旺筱面馆》)

(22) 当儿子第一次把妈妈煮给他的鸡蛋又送回到她的嘴边时,她激动了,满足了。(《北方文学》)

(23) 喜旺激动地想着,觉得背包轻了许多。(《北方文学》)

例(20)中"我"在西餐馆用餐时的大声喧哗影响了他人的正常用餐,这里的"异样"显然包含着责难、不满,是贬义的;例(21)中柳叶子半夜醒来,听见她爸爸在呼唤她妈妈的名字,这里的"异样"包含着"格外的、加倍的"意思,是褒义的;例(22)中儿子的这一举动是这个含辛茹苦拉扯遗腹子长大的少妇自丈夫死后所得到的第一次抚慰、关怀、体贴,这里的"激动"无疑是一种欣喜、快慰,是褒义的;例(23)中的"激动"是一种不健康的心理,喜旺同福娃、秋生是同时入伍的老乡,都想在这次长途奔袭中成为火线党员,可途中福娃不慎掉崖退出拉练,作为文书的喜旺受命起草一份事故报告,他便想着如何借报告显示自己的水平,同时把事故的原因与秋生联系起来。这里的"激动"带有一点讽刺的意味,是贬义的。

总之,语言的感情色彩义同言语的感情色彩义是两码事,前者是静态分析的结果,后者是动态考察的结果。它们之间有联系,也有区别;有一致的地方,但更多的是差异。因此,对任何一方的偏重或排斥,均不是实事求是的科学态度。

[原载于《镇江师专学报》(社会科学版)1991 年第 3 期]

附记

这是我的第三篇词义学论文。

本文的写作依然是来源于我的"现代汉语"课程词汇单元的教学,教材在讨论"词的感情色彩义"的时候,只有寥寥数言,并且语焉不详,讲到这个部分的时候便觉得很不过瘾,而且疑点重重,于是细细思考,便有了这篇文章。其时所在单位与镇江师专中文系有一次交集,结识了镇江师专中文系的蒋文野先生,我们相谈甚欢,互换了联系方式,待本文完成后便寄给了蒋文野先生,征求他的批评意见。他没有提出修改意见,倒是把文章推荐给了《镇江师专学报》。而该学报的语言文字学责任编辑是我大学时代的学妹——芮月英女士,于是本文得以顺利地在《镇江师专学报》上发表了。需要说明的是,《镇江师专学报》也是一本国内公开发行的标注有"CN"字样的刊物。

10 年后本文成为《现代汉语词义学》一书第三章的基本内容。

1992年

现代汉语词义的派生方式新论

　　现代汉语词义的派生方式问题是现代汉语词义学中一个尚未解决好的问题。目前各种现代汉语教材采用的是"引申、比喻"说①，即认为词义的派生方式一为引申，二为比喻。应该说，引申和比喻是词义派生的两种最重要的方式，但还无法包罗所有的词义派生现象，这一点在下文便会得到证实。除此之外，葛本仪先生在《汉语词汇研究》一书中提出了"引申、比喻、借代、特指"说②，孙良明先生在《词义和释义》一书中提出了"引申、比喻、形容"说③等，如果单个、独立地看待其中的任何一种方式，它们毫无疑问都是现代汉语词义的派生方式之一；但若放在一块儿，将其作为一个整体来对待，便不是那么一回事了：它们其实不在同一个层次上，因而虽表面上看来不同，实质上却存在交叉重叠的情况。比如"特指""形容"等，其实均不过是"引申"派生方式的若干下位分支中的两种特殊现象（详见下文）。到底该如何概括现代汉语词义的基本派生方式？带着这个问题，我们对《现代汉语词典》及其《补编》所收的多义词的情况作了详细的考察分析，发现派生义的产生途径其实不外乎以下两条：一是由母义④推演发展而来，二是由词的修辞用法产生的临时义固定后的形成。据此，我们认为，现代汉语词义的派生方式可以概括为两种：一为引申式派生，二为修辞式派生，下试详述之。

---

　　① 见胡裕树主编：《现代汉语》，上海：上海教育出版社，1981 年；徐青主编：《现代汉语》，上海：华东师范大学出版社，1990 年；张静主编：《新编现代汉语》（修订本），上海：上海教育出版社，1984 年；朱川等编：《现代汉语》，上海：华东师范大学出版社，1985 年；黄伯荣、廖序东主编：《现代汉语》（修订本），兰州：甘肃人民出版社，1985 年。

　　② 见葛本仪：《汉语词汇研究》，济南：山东教育出版社，1985 年，第 115 – 117 页。

　　③ 见孙良明：《词义和释义》，武汉：湖北人民出版社，1985 年，第 8 – 10 页。

　　④ 目前常见的说法是：引申义由"本义"推演发展而来。但考虑到有不少引申义并非直接从本义派生而来，而是由本义辗转派生而来，对这部分引申义来说，它们派生的直接起点义不是本义，为了表述上的科学性，我们这里用"母义"这个术语，来指称那些能派生其他意义的词义。"母义"很显然也包括本义。

一、引申式派生

所谓引申式派生是指在母义的基础上通过类比、推演而产生派生义的一种派生方式。从现代语义学的角度来看，引申式派生无不表现为对母义一个或几个义素的变换、延伸。符淮青先生认为词义可分析为两个方面的内容：一是表示对象特征的，二是表示适用对象的①，我们对此颇为赞同。在这里，我们把词义中表示适用对象的义素称作"范围义素"（简称"范"），而把词义中表示对象特征的义素称作"特征义素"（简称"特"）。这样，根据派生义同母义在"范围义素"和"特征义素"上的不同联系，可以将引申式派生分为以下三个分支：变"范"存"特"式、变"特"存"范"式、"范""特"均变式。

（一）变"范"存"特"式

这种情形的引申是指在保存母义的特征义素的前提下更换母义的范围义素，从而派生出新义。例如：

（1）浓厚：①范：烟雾、云层等，特：很浓；②范：色彩、气氛等，特：很浓。②

（2）岗哨：①范：处所，特：站岗、放哨；②范：人，特：站岗、放哨。

（3）开幕：①范：演出、节目等，特：开始；②范：会议、展览会等，特：开始。

以上三例中，②均是①的派生义，①和②的不同仅仅体现在范围义素的变更上，类似的还有如"淡薄"由"味道"的不浓引申为"感情、兴趣"的不浓，"肥硕"由"果实"的肥大引申为"肢体"的肥大，"环境"由周围的"地方"引申为周围的"情况和条件"等。

（二）变"特"存"范"式

这种情形的引申是指在保存母义的范围义素的前提下适当变换母义的特征义素，从而派生出新义。例如：

（4）信箱：①范：箱子，特：邮局设置的、供人投寄信件的；②范：箱子，特：邮局内设置的、供人租来收信用的、编有号码；③范：箱子，特：收信人设置的、在家门前的、用来收信的。

---

① 见符淮青：《现代汉语词汇》，北京：北京大学出版社，1985 年，第22 页。
② 本文所引例子凡未注明出处的均出自中国社会科学院语言研究所词典编辑室编的《现代汉语词典》及其《补编》。

（5）交椅：①范：椅子，特：腿交叉、能重叠；②范：椅子，特：有扶手。

（6）信奉：①范：人，特：信仰、崇奉；②范：人，特：相信、奉行。

例（4）中①、②、③的范围义素没变，而特征义素则有所变化，例（5）、（6）同此。类似的还有"粗犷"，由人的"粗野"引申为人的"豪放"，"大殿"由"封建王朝举行庆典、接见大臣或使臣"的殿宇引申为"寺庙中供奉神佛"的殿宇等。

属于这种情形的引申，还有一种特殊的情况，即引申义的特征义素实质上是包含在母义的特征义素范围内的，两者存在一种属种关系，这就是葛本仪先生所说的"特指法"，例如：

（7）喜事：①范：事情，特：值得祝贺、使人高兴的；②范：事情，特：婚嫁的。①

这是葛先生关于"特指法"所举的例子，为了便于分析，我们已将两个义项分别离析成义素。从例（7）可以看出，①和②的范围义素没变，而特征义素变化了，②的特征义素"婚嫁的"在①特征义素"值得祝贺、使人高兴的"的范围之内。把"特指"作为一种特殊的词义"引申"现象拿出来加以研究未尝不可，而将它单列出来，与"引申"等并列称为汉语词义派生的几种主要方式则未免欠妥。

（三）"范""特"均变式

这种情形的引申是指引申义对母义的范围义素、特征义素均有所改变。有的变化幅度小一些，例如：

（8）喜果：①范：干果，特：定（结）婚时分送亲友、招待宾客；②范：鸡蛋，特：染成红色的、定（结）婚时分送亲友、招待宾客。

例（8）中虽然②的范围义素、特征义素均起了变化，但②毕竟保存了①的一些特征义素，异中尚有同；有的变化幅度就大了，例如：

（9）漏洞：①范：缝隙，特：让东西漏过去的；②范：地方，特：说话、做事等不周密的。

例（9）中，虽然②同①关系密切——②的义素是由①的义素延伸发展而来的，但不可否认，②同①的范围义素、特征义素均不相同。需要指出的是，

---

① 见葛本仪：《汉语词汇研究》，济南：山东教育出版社，1985年，第115-117页。

词义引申后改变词性的情况，一般均属这种情况的引申，因为一旦改变词性，词义的范围义素、特征义素必然有所变化。例如：

（10）奖誉：①范：名誉，特：光荣的；②范：人，特：称赞、嘉奖。

（11）怒目：①范：人，特：发怒时瞪眼睛；②范：眼睛，特：发怒时瞪着的。

例（10）中①表事物，为名词义；②表行为，为动词义。例（11）中①表行为，为动词义；②表事物现象，为名词义。这两例引申后均改变了词性，在引申义的范围义素、特征义素上也均有所变化。

属于这种情形的引申，也有一种特殊情况，那就是孙良明先生所指的"形容"式派生，例如：

（12）苦涩：①又苦又涩的味道；②形容内心痛苦。

（13）失神：①疏忽，不注意；②形容人的精神萎靡或精神状态不正常。

（14）黑糊糊：①颜色发黑；②光线昏暗；③形容人或东西多，从远处看模糊不清。①

例（12）中的形容义②是由味道的苦涩类比内心的痛苦而产生的引申义；例（13）中的形容义②是由①逆推产生的，人精神萎靡或不正常时，往往注意力不集中，从而导致"疏忽"或该注意的而注意不到；例（14）中的形容义③也是由②"光线昏暗"去类比"从远处看模糊不清"这么一种状态而产生的引申义。可见例（12）、（13）、（14）中的形容义均属在母义的基础上通过类比、推演而产生的派生义，"形容"无疑当属引申式派生。而且，我们不难发现，派生义的范围、特征义素比之母义均有不同程度的变化。同前面提到的"特指法"一样，把"形容"作为一种具体的引申派生方式加以研究未尝不可，而若把它同"引申"等并列作为现代汉语词义派生的几种主要方式则实为不妥。

二、修辞式派生

上文已提到过，所谓修辞式派生是指由词的修辞用法产生的临时义（或叫语境义）固定下来后形成新义的一种派生方式。根据修辞手法的不同，修辞式派生可以分为以下几个分支：比喻式、借代式、象征式、夸张式等。

（一）比喻式

比喻式是诸种修辞式派生方式中最重要、最能产的一种。张永言先生曾

---

① 见孙良明：《词义和释义》，武汉：湖北人民出版社，1985 年，第 8 - 10 页。

经指出："给比喻性转移提供特别丰富的语言材料的是有关身体、天象、动物、服装等的名称。"① 这还是比较保守的一种看法，而实际上随着科技的发展、经济的腾飞，比喻式派生更能大显身手的倒是在一向作为单义词处理的科技术语和行业词语中。据我们考察，《现代汉语词典》及其《补编》中的科技术语、行业词语通过比喻式派生成为多义词的并不在少数，大有超过张永言先生所列的那几种名称的趋势。如："突击、尖兵"（军事）、"瘫痪"（医学）、"渗透"（化学）、"定盘星"（物理学）、"温床"（生物学）、"消化"（生理）、"定弦"（音乐）、"出笼"（商业）、"主流、支流"（水利）、"后台"（戏剧）、"交卷"（教育）等，原多为单义词，经过比喻式派生成为多义词。更有大量的科技术语、行业术语正处在由单义向多义发展的过程中——它们的专门意义之外的一般意义正日益被广泛地使用，大有固定下来的势头。如"战机、绿灯、歼灭战、滑坡、市场、主旋律、病源、处理品"等，而其中不少是由比喻式派生形成的。

比喻式派生可分强式、弱式两种情况。强式产生的比喻义，其地位逐渐超过母义，成为最常用的意义。这种情形的比喻义我们一般很难感觉到它们原先是一种比喻用法，如"刻板""酝酿""开小差"等的比喻义便是。而弱式产生的比喻义，其地位或同母义相当，或还不如母义，虽已固定为比喻义，但修辞色彩还是很浓，如"桥梁""交卷""浪花"等的比喻义便是。但这种情况会带来一个比喻义和比喻用法颇难确认的问题。我们来看下面这些被认为是典型的比喻格的例子：

（1）北京是中国的心脏。②

（2）那不是送回虎口吗？③

（3）我所以能有所进步、有所提高，离不开党的领导和辛勤的园丁对我的悉心教育。④

（4）是谁镇压无产阶级革命？是旧社会的豺狼、瘟猪和下贱的走狗们。⑤

以上诸例中的"心脏、虎口、园丁、豺狼、瘟猪、走狗"在《现代汉语词典》中均收有比喻义。这样就看说话者在运用这些词语时选用的是哪个意义了：若选用"心脏"等本义，便是比喻格；若选用的是它们的比喻义，便

① 见张永言：《词汇学简论》，武汉：华中工学院出版社，1982 年，第 61 页。

② 胡裕树主编：《现代汉语》，上海：上海教育出版社，1981 年，第 253 页；张静主编：《新编现代汉语》（修订本），上海：上海教育出版社，1984 年，第 559 页。

③ 徐青主编：《现代汉语》，上海：华东师范大学出版社，1990 年，第 473 页。

④ 朱川等编：《现代汉语》，上海：华东师范大学出版社，1985 年，第 313 页。

⑤ 陆稼样：《辞格的运用》，沈阳：辽宁人民出版社，1989 年，第 59 页。

不是比喻格。可我们还是认为，在两者均说得通的情况下，以确认为比喻义为妥，至少不能作为比喻格的典型例子。

（二）借代式

关于借代式派生，韩陈其先生早在 1981 年于《词的借代义》一文中就有所涉及，不过他讨论的是借代义这种词义现象，而且是放在古代汉语的词汇系统中加以讨论的。[①] 此后张永言先生在他的《词汇学简论》中也提及借代式派生问题，不过涉及的均为英语词义的派生现象。[②] 真正将"借代式"作为现代汉语词义派生方式的一种并加以讨论的是葛本仪先生，可是她所说的"借代法"有一半并不是同比喻相类似的修辞式派生范畴的"借代式"。我们来看她所引的两个例子：

（5）翻译：①把一种语言文字的意义用另一种语言文字表达出来；②做翻译工作的人。

（6）花：①种子植物的有性繁殖器官；②可供观赏的植物。[③]

例（5）被认为是"动作、行为"代"实施动作、行为的人"，类似的如"编辑""导演"等；例（6）被认为是"事物的部分'代'整体"，类似的如"青稞""香蕉""大豆""高粱"等。从某种意义上来说，它们是一种"借代"，但绝不是我们这里所讲的"借代"。因为这些词的派生义从没作为修辞方式的借代使用过，即它们没有这么一个过程：由借代用法产生的临时义固定下来成为派生义。符淮青先生将与"花"等类似的"白梨"的派生义"白梨树的果实"看作由其本义"白梨树"引申而来[④]，较为可取，它们确应归属引申式派生。我们所讲的借代式是这么一种情况：

（7）红领巾：①红色的领巾；②指少先队员。

（8）诸葛亮：①三国时蜀汉政权政治家，字孔明，辅佐刘备建立蜀汉；②指足智多谋的人。

（9）墨水：①墨汁；②代指学问。

例（7）、（8）、（9）中的②曾经都是借代用法，因经常使用，渐渐地固定下来成为借代义。

同比喻式一样，借代式派生也可分强式、弱式两种情况。强式形成的借代义逐渐取代了母义，成为词的常用义，母义反而少用或不用了，如"唇舌"

---

① 见韩陈其：《词的借代义》，《徐州师范学院学报》1981 年第 2 期。
② 见张永言：《词汇学简论》，武汉：华中工学院出版社，1982 年，第 62 页。
③ 见葛本仪：《汉语词汇研究》，济南：山东教育出版社，1985 年，第 115 – 117 页。
④ 符淮青：《现代汉语词汇》，北京：北京大学出版社，1985 年，第 60 页。

"笔墨"等。弱式形成的借代义往往与母义并存，且地位相当，如例（7）、（8）等。

可能由于相对地忽视了借代义，借代用法和借代义的混淆似乎更严重些。弱式可能一时难以分辨，而强式则不应被混淆。我们来看胡裕树先生主编的《现代汉语》在谈"借代格"时所举的例子①：

（10）节省笔墨。

（11）白费唇舌。

（12）肚里的墨水也不少。

（13）捉了个活舌头。

（14）射手倒了，班长也挂了花。

例（10）至例（14）在词典中均有相应的借代义，其中例（10）、（11）属强式，例（12）、（13）、（14）属弱式。这种误把借代义当作借代格的情况在其他教材及一些修辞学专著中都不同程度地存在着，比如有三本书均把"诸葛亮"当作借代的典型例子②。

（三）象征式

象征式是一种尚未有人论及的修辞式派生方式，由于其数量较少，一般不为人所注意，但确也是一种派生方式。例如：

（15）红色：①红的颜色；②象征革命或政治觉悟高。

（16）白色：①白的颜色；②象征反革命。

（17）黄色：①黄的颜色；②象征腐化堕落。

（18）红豆：①红豆树；②象征相思。

例（15）至例（18）中的②都曾经是象征用法，后来逐渐固定下来成为象征义。还有一些象征用法也经常使用，知名度很高，有成为象征义的趋势，如"青松"（象征坚贞不屈的革命者）、"乌云"（象征反动势力）、"火炬"（象征光明）等，只是目前还没有固定成为象征义。

（四）夸张式

例如：

（19）一口气：①一口气息；②形容不间断地做某事。

---

① 均引自胡裕树主编：《现代汉语》，上海：上海教育出版社，1981 年，第 443、444、446 页。

② 分别见黄伯荣、廖序东主编：《现代汉语》（修订本），兰州：甘肃人民出版社，1985 年，第 535 页；胡裕树主编：《现代汉语》，上海：上海教育出版社，1981 年，第 444 页；陆稼样：《辞格的运用》，沈阳：辽宁人民出版社，1989 年，第 84 页。

（20）倾倒：①由歪斜而倒下；②形容十分佩服和爱慕。

例（19）、（20）中的②都曾经是一种夸张说法，后来逐渐固定下来成为夸张义，关于夸张式派生，详见拙作《试论词的夸张义》①。

从以上的讨论中，我们可以发现，引申式派生的过程是类比、推演，而修辞式派生的过程是固定的——由词的修辞用法产生的临时义固定下来后形成新义。

至此，我们可以对现代汉语词义的派生方式有一个大致的也是初步的揭示，图示如下：

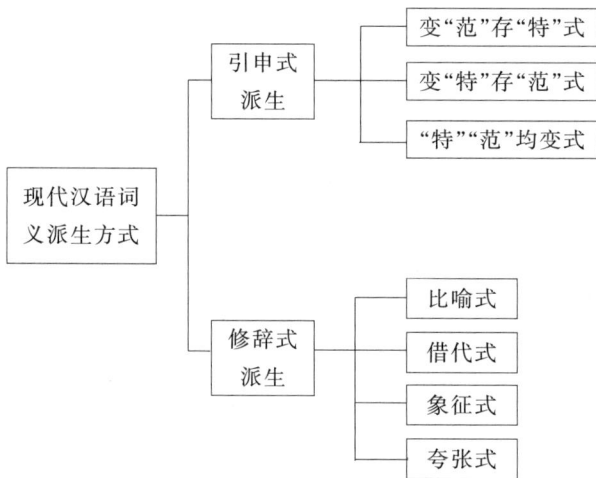

［原载于《河池师专学报》（文科版）1992 年第 2 期，中国人民大学报刊复印资料《语言文字学》1992 年第 8 期全文转载］

附记

这是我第一篇被中国人民大学报刊复印资料《语言文字学》全文转载的论文，也是我的词义学研究中的第四篇论文，亦是我的词义学论文中写得最为满意的一篇。

文章在批判性地继承前贤学术成果的基础上，完整地建构了汉语词义的派生体系。因文章所否定的前贤观点中有自己任课老师的观点，所以在发表时使用了笔名"曲烜"，颇类似于今天的隐身发表。文章发表在了《河池师专学报》上面，很快中国人民大学报刊复印资料《语言文字学》予以全文转载，

---

① 见曹炜：《试论词的夸张义》，《苏州师专学报》1989 年第 1 期。

从而扩大了文章在国内的影响。后来周荐教授等在《汉语词汇史纲要》一书中还有专门的段落介绍本文的观点，这是后话。

文章在讨论词义派生方式时首次运用了义素分析法，这在当时还是比较超前的。20 多年后，我指导的 2013 级博士研究生张颖炜副教授在《语言文字应用》上发表论文时还运用了这篇论文所使用的研究方法。①

本文的观点至今依然没有过时，是关于汉语词义派生方式研究的一家之言。本文也是十年后面世的《现代汉语词义学》写作的重要基石之一——为《现代汉语词义学》第九章的基本内容。

---

① 参见张颖炜：《网络语言语音词汇语法变异研究》，《语言文字应用》2014 年第 4 期。

现代汉语词义的组合方式和言语表达

随着语言科学的发展，语言研究的范围已从研究语言系统本身扩展到了研究这一系统的运用——言语交际的领域。句子是言语交际最基本的单位，而句子又是由一个一个的词组合而成的。词的组合，从深层次来讲，是词义的组合。所以言语交际中最基本的问题，实质上是词义的组合问题。这个问题的重要性是不言而喻的，但是传统的语言学除了在句法及修辞部分对词义的组合问题有所涉及之外，从没把它作为一个理论问题认真地研究、讨论过。词义的组合，一方面受词义本身的制约，如"暗杀青蛙"若不是在童话作品里，通常是一种不能成立的组合，之所以不能成立是受"暗杀"和"青蛙"这两个词意义本身的制约："青蛙"并不包含"暗杀"所要求必备的义素"人"；另一方面也受现实生活、情理、语境等的制约，有些就词义本身来看可以成立的组合却因有乖情理而实际上不能成立，如"去动物园看恐龙"中的"看恐龙"这个组合，就词义本身来看没什么问题，可作为一种爬行动物的恐龙早在远古中生代末期便已灭绝，除非去看它的标本模型，否则便乖违情理，因而不能成立；而有些就词义本身来看不能成立的组合但在具体的语境中却可以成立，如"吃皮鞋"一般来说是不能成立的，因为"皮鞋"并不具有"吃"要求必备的义素"食物"，但是当描述红军二万五千里长征的情形时，这个组合却是成立的。根据词义组合时词义间存在的不同联系，我们认为，现代汉语词义组合的方式主要有以下三种：一为交叉式组合，二为包孕式组合，三为跳跃式组合。这三种词义组合方式各有各的适用语域，在言语表达上也呈现出各自的作用和特色。

一、词义的交叉式组合和言语表达

所谓词义的交叉式组合是指两个组合中的词义 A 和 B，其中 A 包含 B 所具有同时也要求 A 必备的义素，从而使 A、B 在语义上构成一种交叉关系。词义的交叉式组合是最基本的一种词义组合方式。我们来看下面这个例子：

（1）王某邀请李某去餐厅喝酒。

例（1）包含六对交叉式词义组合：王某邀请、邀请李某、李某去、去餐厅、李某喝、喝酒等，它们的词义联系如图所示：

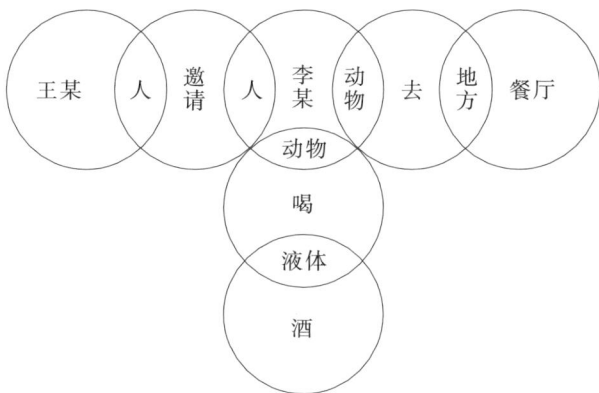

从图中可以看到，这六对交叉式组合各自所具备的交叉义素分别为：人、人、动物、地方、动物、液体。这些交叉义素犹如铆钉把一个个词义铆接起来，从而形成环环相扣的"词义交叉链"，使句义波浪式地向前延伸、发展，不断地丰富、完善，信息量也如滚雪球似的越积越多。

正因为如此，词义的交叉式组合在言语表达上具有使表达精确、严密的作用，所以被集中地运用于公文事务语体及科技语体之中。例如，《中华人民共和国宪法》中的每一句均是一个"词义交叉链"，表达准确、严谨，体现了法律语体庄严的风格。另外，由于交叉式组合中词义与词义的联系紧密、直接、明了，用不着借助诸如类比、联想等辅助手段来沟通语义，所以往往呈现出一种平实、简洁的表达风格，因而还常常被运用于人们的日常谈话语体中。例如甲请乙去海滨游泳，可以表述为：

A：我们去海边游泳吧。
B：我们去接受大海的拥抱吧。

A 由三对交叉式词义组合组接而成，听来自然、贴切，很符合日常谈话语体简洁、平实的特点；B 包含着其他类型的词义组合（下面会谈到），词义间的联系需通过类比、联想方能沟通，所以不居于简洁、平实的日常谈话语体，听起来有些别扭、做作，很不自然。

二、词义的包孕式组合和言语表达

所谓词义的包孕式组合是指两个组合中的词义 A 和 B，其中 A 已包含了 B 的意义——这里的 B 呈现出二重性：它既是与 A 对等的词义，同时又是 A 所包含的义素。从而使 A、B 在语义上形成包孕与被包孕的关系。例如：

（2）小李请人了。

（3）老赵在吃东西。

例（2）中"请人"属包孕式组合："人"既是与"请"对等的词义，又是"请"所包含的义素；例（3）中"吃东西"也属包孕式组合："吃"的意义构成中已包含了"东西"（"东西"在这个特定的语境中意义等同于"食物"）这个义素。例（2）、（3）中包孕式组合词义间的关系如图所示：

在一般情况下，像"请人""吃东西"这样的组合类似于人们经常所指的"废话"，因为孤立、静止地去看，"请人"并没有比"请"增加多少信息量，"请"的肯定是"人"，所以这样的词义组合似乎没有存在的价值，"吃东西"也同此。但是若把它们放在特定的语境中作动态的考察，这些信息量似乎等于零的组合就不是可有可无的了，往往很有其存在的价值：

（一）它们往往可以产生某种会话含义，从而具有一种意在言外、委婉含蓄的表达效果

例如：

（4）甲看到乙外出，便问乙："到哪儿去?"乙回答："噢，去一个地方。"

例（4）乙的回答中"去（一个）地方"便是包孕式组合，"去"的意义构成中包含"（一个）地方"这个义素。这个包孕式组合在例（4）的特定语境中传达出了这样一个会话含义：乙不想让甲知道他要去的地方。如果甲知趣的话，便不会再打听"（一个）地方"究竟是什么地方，因为乙已委婉地拒绝了对甲的提问给予实质性回答。正因为包孕式组合在言语表达上有这样一种特殊的功用，所以也常常被运用于戏剧、电影的对白之中，给情节增添几分曲折。例如在某部反映母女两代人之间的"代沟"现象的影片中有这么一个片断：

（5）母亲看到女儿翻找东西，便问："你找什么？"女儿答："找东西。"母亲又问："什么样的东西？"女儿答："一本本子。"母亲还问："什么样的本子？"女儿答："写字的本子呗。"母亲从衣兜里掏出一本日记："是这个吧？"女儿："你……"

例（5）中，女儿找的当然是"东西"，本子当然是用来"写字"的，这是两个包孕式组合，它们为观众提供了这样两个字面以外的信息：一是这母女俩之间存在着隔阂，相互不太信任；二是女儿根本不想让母亲知道她所寻找的东西。

（二）它们还可以起一种提示或强调的作用

例如：

（6）一个顽皮的中学生无意中将卡车启动了，他一时慌了手脚，不知如何止住车子，边上的驾驶员急得大喊："快刹车，用脚踏！"

（7）有的战士干脆就用手搓米，手上磨出了血泡，但仍然愉快地搓。

例（6）中的"用脚踏"是包孕式组合，"踏"包含了"用脚"这个义素。我们或许都有这样的体验，即当我们处于紧张慌乱之际，往往会连一般的常识也忘记，这时若有人稍作提示，便会猛然醒悟。在例（6）中，"用脚踏"也正是起着一种突出、提示的作用：突出了"踏"所包含的众多义素中"用脚"这个义素，从而提示那个不知所措的中学生该用什么去止住启动了的卡车。例（7）中的"用手搓"也是包孕式组合，"用手"是"搓"所包含的众多义素中的一个。在表达作用上，它与例（6）中的"用脚踏"稍稍有别，它并不起提示作用，而只是起一种强调作用，强调革命战士在艰难困苦的环境中不怕吃苦、迎难而上的精神。

当然，还有一些包孕式组合在言语表达上可能并没什么"言外之意"，也不具有"提示或强调"等作用，而只是为了照顾某些语法规则。例如：

（8）他们让我把裤管往上提，然后扶着我趟过了小溪。

例（8）中"往上提"为包孕式组合，"提"的词义中包含"往上"这个义素。这个包孕式组合的存在是为了不违背这么一条语法规则：在"把"字句中，单音节动词一般不能是光杆动词，像"把裤管提"这种说法除了在诗歌、戏曲中可以见到外，一般交际中不这样用。为了避免"提"成为光杆动词，"提"前加上了"往上"。

同词义的交叉式组合有别，词义的包孕式组合一般不适用于公文事务语体和科技语体，而更多地出现在文艺语体及日常谈话语体之中。在言语风格上则与交叉式组合类似，以平实、简洁为主。

最后需要指出的是，词义的包孕式组合若使用不当，也会导致言语表达的冗赘、啰唆。例如：

（9）这句话的后面，包容了多么丰富的无声的潜台词。

例（9）中的"无声的潜台词"是包孕式组合，"潜台词"包含"无声"这个义素。这个包孕式组合除了在表达上造成冗赘之外没有任何积极作用，似无存在的必要，宜删去其中的"无声的"。胡裕树先生主编的《现代汉语》在修辞部分讨论"句子的锤炼"问题时这样指出："有些词语的运用已形成习惯，如'用手拿东西'、'用眼去看他'、'用脚去踢球'等就是。'拿东西'自然用'手'，这是人所共知的常识，何必一定要说'用手拿东西'呢？这种用法近乎习非成是，但是严格地说是一种冗赘现象。"对消极地使用包孕式词义组合的现象作了独到的分析，只是没有进一步阐明像"用脚去踢球"这类组合在某些特定的语境中也有其特殊的功用，就像例（4）、（5）、（6）、（7）、（8）中的包孕式组合那样。

三、词义的跳跃式组合和言语表达

所谓词义的跳跃式组合是指两个组合中的词义 A、B，其中 A 并不具有 B 所要求于它的义素 C，但通过类比、联想，A 可以跳跃成为 C 或者包含 C 的 D 而与 B 顺利组合。例如：

（10）小草偷偷地从土里钻了出来，嫩嫩的，绿绿的。

例（10）中的"小草"和"钻"本不可组合，因为"钻"要求同它组合的词义必须具有"动物"这个义素，而"小草"却是植物。于是借助丰富的联想，"小草"跳跃成为一种"动物"而与"钻"组合。这个跳跃组合过程可以如图所示：

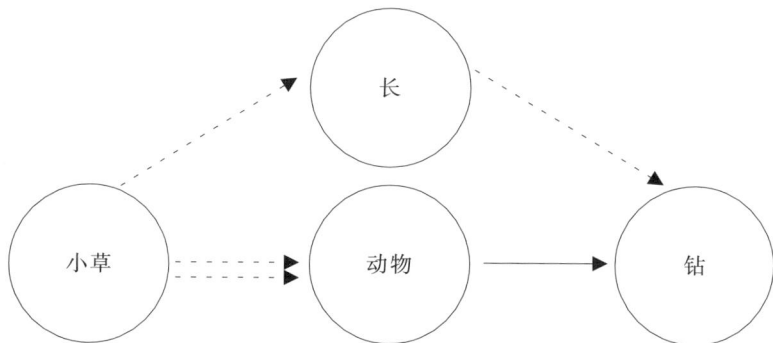

图中双虚线表示词义间的跳跃，实线表示非跳跃性的一般词义组合（这里是包孕式组合），单虚线表示整个跳跃组合过程所依赖的基础："小草"之所以可以与"钻"组合，还在于"小草偷偷地从土里长出来"这种情形与"动物偷偷地从土里钻出来"的情形颇为相似。假如这个基础不可靠，甚至荒谬，便会影响跳跃式组合的成立。试比较：

A. 当我们走进饭厅时，热气腾腾的白面馒头正向我们频频点头。

B. 当我们在高粱地里穿行时，路两旁沉甸甸的高粱向我们频频点头。

B 成立而 A 不成立。为何同是跳跃式组合，B 成立而 A 不成立呢？关键在于所依赖的基础可靠与否：A 中"馒头"跳跃成为"人"与"点头"组合未尝不可，只是"馒头冒着热气"同"人频频点头"这两种情形相去甚远，毫无相似之处，基础不可靠，联想受阻；而 B 中"沉甸甸的高粱上下摇晃"同"人频频点头"颇为相似，以此为基础，使"高粱"跳跃成为"人"与"点头"顺利组合。所以跳跃组合的基础实不能忽视。

在词义的跳跃式组合中，词义与词义之间的联系不像交叉式、包孕式组合那样是直接、明了的，而是一种间接、曲折的联系，内中有一个跳跃过程，这个需借助类比、联想等辅助手段来沟通语义联系的过程给人们留下了一个驰骋想象的空间。如果说，交叉式、包孕式组合基本上是一种单一的、平面的组合，那么跳跃式组合则是多样化的、立体的，真可谓横看成岭侧成峰，各人的教养、阅历、性格等的不同，从中所领略的感受、所获取的信息量的多寡也不同。正因为如此，跳跃式组合的运用，往往能在言语表达上起到生动、新颖、令人回味无穷的特殊效果，从而使行文呈现出一种繁丰、藻丽的风格，因而被广泛地运用于文艺语体之中。一些中外散文名篇，如高尔基的《海燕》，朱自清的《春》《绿》，以及刘白羽的《长江三日》等，更是大量地运用了这种奇特的词义组合方式，令人百读不厌，常读常新。

综上所述，交叉式、包孕式和跳跃式是现代汉语中三种最基本的词义组合方式，其中尤以交叉式最为基本，它们在言语表达效果及风格上各有自己的特色。需要指出的是，纯粹的交叉式组合——"词义交叉链"并不乏见，而纯粹的包孕式、跳跃式组合则实不多见，更多的是交叉式中掺和着包孕式或跳跃式，从而使言语表达呈现出斑斓多姿的色彩，达到预期的表达效果。

[原载于《镇江师专学报》（社会科学版）1992 年第 4 期，中国人民大学报刊复印资料《语言文字学》1993 年第 3 期全文转载]

附记

这是我被中国人民大学报刊复印资料《语言文字学》全文转载的第二篇论文，也是我的词义学系列论文中的第五篇。

在今天看来，当年的思考还是比较具有前瞻性的，这样的思考即使到了 20 多年后的今天依然是当令的、合时的，因为"词义的组合"问题至今依然是词义研究中的一个重大问题，也是一个没有得到圆满解决的问题。

"词义的组合"使词义从静态的孤立状态发展到动态的组合状态，个中发生的具体变化及变化的规律，都是极具价值的问题。先不说其理论层面的价值，单表其实际应用价值：词义组合后的语义识别深刻影响着计算机智能研究的深入。目前计算机智能研究的瓶颈主要表现在以下两个层面：

（1）机器翻译的瓶颈。单个的词，如"老张""给""我""小鞋""穿""他""想""搞"等词，机器在英文翻译时并无障碍，但是这些词一旦组合成了"老张给我小鞋穿，他想搞我"，谷歌竟将之译为："Zhang gave my little shoes, he wants to engage me."这个翻译显然是荒唐的。因为机器翻译只求解释语言的句法关系，完全不管意义理解；往往只是词语和结构关系的简单对应，而不是语义的准确转换。这便是机器翻译的瓶颈所在。

（2）人机对话的瓶颈。静态的单个的词义识别还行，但对动态的组合后的词义识别却无法处理。比如"夏天""冬天""能""穿""多""少""多少"等单个词的词义，机器识别毫无障碍，但是组合之后机器识别就遇到大麻烦了，机器根本无法识别"夏天，能穿多少穿多少"和"冬天，能穿多少穿多少"的语义，谷歌的语义识别竟然成了"Summer, how much wear can wear"和"Winter wear can wear so many"。

计算机智能研究的发展正强烈呼唤着有关词义组合问题的突破性研究成果的面世，这也就无怪乎国家社科基金规划办发布的课题指南中连续多年将动态词义组合中的变异研究作为指导性课题列出。

本文写作时尚未意识到词义组合研究的重要性和紧迫性，而只是觉得该课题有意思，值得研究。

本文发表在了《镇江师专学报》上面，而后便被中国人民大学报刊复印资料《语言文字学》全文转载。为此,《镇江师专学报》编辑部还给我发来了证书,以资鼓励。

本文也是十年后面世的《现代汉语词义学》写作的重要基石之一——为《现代汉语词义学》第十四章的基本内容。

试论 《读书杂志》 在汉语语法学上的贡献

王念孙的《读书杂志》是继《广雅疏证》之后写成的一部校读古籍的专著。该书以读书札记的形式记录了王念孙晚年研究古籍——主要是一些史部书、子部书以及部分集部书的成果，洋洋近 70 万言。近现代的语言学者们对此鸿篇巨制在因声求义、正确理解文字通假现象等方面所取得的成就推崇备至，而对它在语法学上的贡献则往往略而不谈。笔者暇日仔细研读此书，不仅为王氏在古音学、文字学、训诂学等领域的极高造诣所折服，而且还对字里行间不时迸发出的语法学思想的火花而惊叹不已。王氏在此巨著中，继承了我国古代联系实际研究语法现象的传统，用其所掌握的语法规律解决了不少训诂、校勘中的疑难问题，且每每与今天的一些语法研究成果暗合，真可谓成就卓著。在此我们略述一二。

一、处于萌芽状态的朴素的句型观

相对于语法的其他方面来说，汉语句型的研究一向比较薄弱。就是目前已有了长足发展的现代汉语句型的研究也是近十年间的事情，起步颇晚，而古汉语的句型研究就是在今天也仍相当落后。至于古人在经典训释中涉及的语法分析与描写，也主要集中在虚词上，其他的则颇为粗略，有关句型的描写尤为罕见。而王氏在《读书杂志》中则能注意从古汉语习惯句式入手校勘古籍，字里行间流露出强烈的句型意识，这在当时不能不说是难能可贵的。

1. 关于古汉语被动句式："见 + 动词"式

（1）《汉书·高武王传》："琅邪王刘泽既欺，不得反国。"（念孙案：既欺，本作"既见欺"。谓既见欺于齐王而不得反国也。今本脱"见"字，则文不成义。）①

---

① 本文写作依据的是江苏古籍出版社 1985 年出版的《读书杂志》，文中念孙案语前后的括号及案语中的着重号均为笔者所加。

　　关于古汉语被动句式，析言之，则如方光焘先生所言有五种；浑言之，则如王力先生所言有三种。其中之一便是"见＋动词"，若动词后需引进施事，则必须有"于"，构成"见＋动词＋于＋施事"。根据句意，例（1）前一分句应是被动句，"刘泽"是"欺"的对象，所以王氏认为"欺"前误脱表被动的"见"字，应添上，使之形成"受事＋见＋动词"式，不然会"文不成义"。由于句中施事——"齐王"没有出现，王氏根据上下文，使用"受事＋动词＋于＋施事"句式，补出了施事。

　　2. 古代汉语的固定句式之一："何以……为"

　　（2）《汉书·李广苏建传》："武骂律曰：'女为人臣子，不顾恩义，畔主背亲，为降虏于蛮夷，何以女为见？'"（念孙案："见"字当本在"女"字下。"何以女见为"犹《论语》言"何以文为""何以伐为"耳。若云"何以女为见"则文不成义矣。）

　　"何以……为"是古代汉语的一种常见句式，在先秦典籍中比比皆是，其中的"为"是表疑问的语气词。[①] 这种句式的意思是"用……干什么呢"或"怎么（为什么）用得着……呢"。王氏比照《论语》中的同类句式将"何以女为见"勘正为"何以女见为"，此中所反映出的将"何以……为"视作古汉语固定格式的意识是极为明显的。王氏提到的《论语》中就先后九次使用了这种句式。

　　3. 古代汉语的固定句式之二："有……者"

　　（3）《淮南子·人间训》："昔者宋人好善者，三世不懈。家无故而黑牛生白犊。以问先生。先生曰：'此吉祥，以飨鬼神。'"（念孙案："好善"上脱"有"字。）

　　如果说前面两例不作勘正便会"文不成义"的话，那么例（3）中"好善"前"有"字的有无并不妨碍句意的表达。揣摩王氏加"有"的出发点，则其在勘误中注重于尊重古汉语习惯句式的意识不可谓不明了。确实，"国（地）名＋（人）＋有……者"是古汉语中的一种常用句式，这种句式常用于议论中的叙事，可看作"叙事"的标记，尤以诸子散文中为盛，如《韩非子·外储说》中的"郑人有遗燕相国书者"和"宋人有酤酒者"及《吕氏春秋·淫辞》中的"宋有澄子者"等。王氏凭其广博的阅读觉察到了这种习惯句式，所以判断"宋人有好善者"为是。让人多少有些遗憾的是，在今天的各种各样的古汉语语法书里尚未有人把"有……者"列为古代汉语的一种习惯句式。

---

　　① "何以……为"中的"为"的词性问题，其说不一，此处采用的是北京师范大学出版社出版的张之强主编的《古代汉语》中的说法。

4. 古代汉语的固定句式之三："某人＋何为者也"

（4）《晏子春秋·内篇杂上》："出于室，为何者也。"（念孙案：当作"何为者也"，言此出于室者，何等人也。《杂上篇》："使人问焉，曰：'子何为者也?'"《杂下篇》："王曰：'缚者，曷为者也?'"文意并与此同。今本作"为何者也"，则文不成义。）

"某人＋何为者也"是古汉语中询问某人身份的一种习惯句式，犹如问"某人是干什么的"。从今人的语言习惯看，"某人＋为何者也"比之"某人＋何为者也"似乎更顺当也更容易让人接受，但是前者不符合古代汉语的实际。王氏正是基于此才认为"为何者也"之说"文不成义"的。而且王氏在阐述中非常精辟地把"出于室"看作"出于室者"的省略，揭示了"出于室"的深层内涵是一个指人的名词性成分，而并非是一个行为动作，从而完成了对"某人＋何为者也"这种句式的全面描写。同例（2）一样，王氏在阐述的同时，还注意援引属于这种句式的其他例子以为佐证，从中可以看出王氏很善于把握这种习惯句式。

二、对古汉语特殊语序的科学揭示

今天的古汉语研究成果表明：古汉语最突出也最主要的特殊语序是在三种情况下宾语要置于动词的前面——这在目前的各种古汉语语法书中均可看到，然而早在此之前，王氏在《读书杂志》中不仅注意到了这种语法现象，而且熟练地将它运用到了古籍的校勘之中。

1. 否定句中代词作宾语当前置

（5）《史记·殷本纪》："比三代，莫敢发之。"（念孙案："莫敢发之"本作"莫之敢发"，浅学人改之耳。）

从王氏的案语中可以看出，王氏对古汉语否定句中代词作宾语当前置这一语法规律颇不陌生，所以，虽然"莫敢发之"并非说不通——一般人可能感觉不到其中的问题，而王氏却还是不放过，将宾语"之"提到了动词的前面，从而还语言文字以本来的面目。从"浅学人改之耳"一语可以蠡测王氏对自己精通古汉语这一语法规律而感到自豪的喜悦的心态。"浅学人"当然是指不懂古汉语否定句中代词作宾语当前置这一语法事实的人。

2. 疑问代词作宾语当前置

（6）《淮南子·齐俗训》："桓公读书于堂上，轮人斫轮于堂下，释椎凿而上，问桓公曰：'君之所读者，何书也?'桓公曰：'圣人之书。'轮扁曰：'其人在焉?'"（念孙案："其人在焉"当作"其人焉在"。）

（7）《战国策·楚策》："所道攻燕，非齐则魏。魏、齐新怨楚，楚君虽欲攻燕，将道何战?"（念孙案："将道何哉"当作"将何道哉"。道，从也。言楚欲攻燕，兵何从出也。置"道"字于"何"字上，则文不成义矣。）

例（6）、（7）均属疑问句中疑问代词当前置而未前置。在古汉语中，疑问代词作宾语前置比之否定句中代词作宾语前置尤为严格，这也就难怪王氏将有悖这一语法规律而产生的谬误看得较为严重，将其归作"文不成义"的那一类。

3. 复指宾语的代词应置于动词前

（8）《史记·太史公自序》："惠之早霣，诸吕不台，崇彊禄产，诸侯谋之，杀隐幽友，大臣洞疑。"（念孙案："诸侯谋之"本作"诸侯之谋"。之，是也。言吕后，崇彊禄产，而谋刘氏。且吕后称制之时，诸侯未敢谋之也。）"诸侯谋之"与"诸侯之谋"意思刚好相反。前音"之"是指"吕氏"，其义为"诸侯谋吕氏"；后者"之"与"诸侯"构成复指关系，其义为"吕氏谋诸侯"。王氏的阐述极为精彩：①明确了例（8）中的"之"应复指"诸侯"——"刘氏"，其中"之"如同"是"，"诸侯谋之"即"诸侯之谋"，若王氏不了解古汉语中代词"之""是"可复指宾语且均置于动词之前这一语法规律，便不会有此结论；②推断"之"不可能指"吕氏"，理由是：在吕后称制之时刘氏诸侯尚且未敢谋吕氏，所以吕后"崇彊禄产"时，刘氏诸侯断不会谋吕氏。

三、对词语间句法语义关系的精当描写

我们知道，在现代汉语的研究中，有相当长的一段时间，人们只注意揭示词语之间的句法结构关系，而对其中蕴含的语义关系则往往视而不见。但是当我们接触了王氏在《读书杂志》中对文意独到的串讲、阐释以后，便会惊奇地发现，早在 19 世纪初，王氏便能对词语之间的一些句法语义关系作出十分恰切、精当的描写。其言论虽只有寥寥数语，却往往能发前人之所未发，对后人也不无启迪。

1. 对动词"为动"用法的精当描写

（9）《淮南子·泛论训》："直躬其父攘羊而子证之，尾生与妇人期而死之。直而证父，信而溺死，虽有直信，孰能贵之?"（念孙案："信而溺死"本作"信而死女"，言信而为女死，则信不足贵也。）

这里重要的不是把"信而溺死"改为"信而死女"，而是王氏对"信而死女"中"死""女"二词之间语义关系的精当描写："死女"即"为女死"。"动+名"组合中的这种特殊的语义关系直到一个多世纪以后才有学者

给予专门的论述，称之为"动词的为动用法"。① 而王氏当初虽没有使用"为动"这个术语，但"为女死"的阐释正表明他对这种特殊的语义关系的准确把握。由于动词的为动用法在古汉语中并不常见，其出现的频率远远比不上动词的使动或意动用法等，所以今天的各种古汉语语法书中一般不提及。

2. 对动词"使动"用法的准确表述

（10）《管子·立政篇》："五乡之师出朝，遂于乡官，致于乡属，及于游宗，皆受宪。"（念孙引引之之说，"致"下不当有"于"字，此涉上下两"于"字而衍。"乡官"谓乡师治事处也。言五乡之师出朝，遂于治事之处致其乡属，下及于游宗，皆来受宪也。）

王氏之所以判断"致于乡属"中的"于"为衍文，是因为其认为"致"与"乡属"之间有直接的句法语义关系："致乡属"即"致其乡属"，也就是"使其乡属来"；"致"有使动义，"乡属"为"致"的对象。而"致"后若有"于"字，则破坏了"致"和"乡属"间的这种句法语义关系。

3. 对施事和受事的准确识别

（11）《汉书·高帝纪》："由所杀蛇白帝子，所杀者赤帝子，故也。"（念孙案：下"所"字，涉上"所"字而衍。"杀者"谓杀蛇者也，则"杀者"上不当有"所"字。）

王氏认为"杀者"指的是"杀蛇者"，是动作的发出者，而加了"所"则语义关系变化了，"所杀者"不再是"杀蛇者"了——这后一层意思王氏虽没明说，但尽包含在"不当"二字之中。王氏的分析可谓精当。在古代汉语中，"所"加动词或动词性成分往往指代动作涉及的对象，即动作的受事。在例（11）中，"所杀蛇"（"白帝子"）为受事已明，若"杀者"前加"所"字，则"所杀者"（"赤帝子"）也为受事，此不但前后矛盾，且显然与文意不符。从王氏的案语中不难看出王氏对古汉语中施事、受事在表述上的差异，对"所+动词"指代受事这一语法规律是了然于胸的。

以上我们从三个方面简要介绍了王念孙《读书杂志》在汉语语法学上的主要成就。"高邮王氏四种"是王氏父子留给我们的一份珍贵遗产，其中尤以《读书杂志》最为博大精深，书中反映王氏语法学思想的资料极为丰富，除文中提到的以外，还有有关"句读""词性转变"等的资料及大量有关虚词的语法意义、作用、分类的描写的资料，一者其中不少见之于以前或同时的其他专书中，二者限于篇幅，此处不再详述。

我们在充分肯定《读书杂志》在汉语语法学上的巨大贡献的同时，并不否认由于王氏所处的时代局限——那时候作为一门学科的汉语语法学尚未建

---

① 说见张世禄：《张世禄语言学论文集》，上海：学林出版社，1984年。

立,无系统可言,所以王氏对某一些语法现象尚不能准确地把握,有值得商榷的地方。比如《庄子·山木》:"庄周反入,三月不庭。"司马彪将"三月不庭"解作"不出坐庭中三月"。王念孙则认为"庭"当作"逞",不逞,即不快,理由是"如司马云,则'庭'上须加'出'字,而其义始明"。古汉语中有一种名词用作动词的惯例,这里的"庭"正是活用作动词的名词,"不庭"即为"不出门庭"之意;① 除此之外,"不庭"还有"不上朝廷""不朝天子"之意,《左传》"隐公九年"及"成公十二年"所说的"讨不庭"中的"不庭"便是。王氏显然不知名词"庭"在例中已经用作动词,所以才认为不加"出"字,难以表示"不出门庭"之意。又比如,《史记·封禅书》:"吾有羊在上林中,欲令子牧之。"王氏认为"'羊'上脱去'在'字",他的理由是《汉书·卜式传》等都作"吾有羊在上林中"。王氏有所不知,介词"于"或"在"在补语中的有无,在《史记》《汉书》中显得极其随便。就是叙述同一件事,《史记》《汉书》是否用"于""在"的情况也有所不同,往往是前者用了后者不用,前者不用后者用了,所以例中王氏的说法失之武断。杨树达先生认为这里是省略一"于"字,王力先生则认为不是省略,而是"本来就有这种语法"②。类似欠妥的地方还有一些,但这些欠妥之处只是白璧微瑕,丝毫动摇不了《读书杂志》在汉语语法学史上的地位,它在汉语语法学上的贡献实在不容抹杀,也是抹杀不了的。

[原载于《吴中学刊》1992 年第 2 期,又载于《扬州师院学报》(社会科学版) 1993 年第 3 期]

附记

本文脱胎于我的学士学位论文《王念孙〈读书杂志〉和汉语语法学》。虽然在语料上是重复的,但是在说理分析、语言表述上与十多年前的文字已经大相径庭了。两相比较,确乎可以看到自己的进步,因此,还是觉得有收进来的必要。

文章先在内刊《吴中学刊》上发表。后来,从友人曹培根处获悉《扬州师院学报》有一个"乡土文化研究"栏目,很适合发表本文这样的文章。便托曹培根君牵线搭桥,最终得以如愿发表。考虑到当时我同曹培根君正共同完成江苏省教育厅人文社科基金项目"汉语史料学"研究课题,本论文也可纳入该课题的研究成果中,因此本论文发表时,与其他"汉语史料学"系列论文一样在作者栏签署了两人的姓名。我同曹培根君发表的"汉语史料学"

---

① 详见杨伯峻:《"不廷""不庭"说》,《中国语文》1963 年第 4 期。
② 详见王力:《谈谈写论文》,《大学生》1981 年第 1 期。

研究系列论文的署名是有规律的：凡是我执笔的论文我署第一作者，他署第二作者；凡是曹培根君执笔的，他署第一作者，我署第二作者，如《汉语史料学概论》《汉语史料概论》《汉语史料检索方法》等均由曹培根君执笔，他为第一作者，我为第二作者。这些文章本论文集均不收录。

文学语言的功能分类与作家作品
语言风格、 特色的研究

　　自从 Ferdinand de Saussure 提出结构主义语言学理论以来,现代语言学经历了语言静态研究到动态研究的发展过程。20 世纪初至 70 年代末,美国结构主义语言学家、转换生成语法学家等,成功地进行了语言静态研究。80 年代以来,人们愈来愈不满足于对语言表层结构的探讨,转而向多方面进军,从社会、文化、心理等角度,去考察、审视语言在交际活动中的运动情况。这种动态研究,揭示了语言的各种姿态,也给人们提供了认识、把握语言的不同方位和视角。以"语用学"为主要特征的语言动态讨论,挣脱了"语言符号"本身这一疆域,延伸至它的使用者以及场景。① 这一研究不仅给语言学本身带来了勃勃生机,而且给相关学科带来了无数启迪。

　　受到语言动态研究的启发,我们对文学语言的分类问题进行了思索。反思传统的文学语言分类,发现它仅停留在表象层次上,是静态分类。如果依此对文学语言作进一步的动态分析,特别是对作家作品的语言风格、特色进行条分缕析,就显得苍白无力,局限性很大。为此,本文试图以文学语言传递文学信息的功能作为出发点,对文学语言进行重新分类,在此基础上,探讨这一分类对研究作家作品语言风格、特色的助益。

一、文学语言的功能分类

(一) 传统分类及其局限

　　由于受文体、语体学的影响,我们通常把文学语言分为四类:小说语言、散文语言、诗歌语言、戏剧语言。直观而言,由于文学体裁的不同,它们之间确有差异。因此,这种分类也是可以指导我们去研究分析四种不同体裁的文学作品语言的异同和特征的。但是,以直观作为出发点,以体裁作为依据

---

① LEVINSON S. Pragmatics. Cambridge:Cambridge University Press,1983:p. 2.

的传统分类，就性质而言，是静态分类，停留在表象层次上。严格地说，这不是文学语言的分类，而是文学体裁的分类，它并没有能够揭示文学语言本质性的东西。

分类旨在指导分析。对文学作品语言进行分析和讨论，传统的体裁分类的局限性是很明显的。

首先，由于体裁是分类的主要依据，人们习惯上将文学语言根据不同体裁，分门别类加以研究，导致互相割裂，难以形成统一的整体认识，妨碍对一个时期、一个作家的文学语言的总体分析和把握。事实上，四种体裁之间没有严格的界限，其语言更是如此。散文语言中蕴含诗歌语言，诗歌语言中也不乏散文化的语言。小说尤其如此，不仅有散文诗歌般的语言，更有戏剧性的人物对话。同时，一位名作家往往既是散文家又是小说家，或者既是戏剧家又是诗人。由于受体裁的局限，评论一篇作品、一位作家乃至一个时期文学作品的语言，往往顾此失彼、互相矛盾、挂一漏万。

其次，由于从感觉、印象着手，导致分析过于笼统，失之空泛、抽象。以小说语言论析为例，可以常见到这类评语："简明而生动，准确而精练，朴素而多彩，清晰而活泼"，或"意境美""感情美""橄榄美""传神美"等。这类评语虽有概括简明的优点，但均是感觉印象的产物。前者空泛笼统，后者抽象晦涩，难以理解。它们既不能使读者清晰具体地认识某一作品、某一作家的语言风格与特点，也不能给愿意学习某部作品或某一作家语言的读者予以切实可行的帮助。

体裁分类的最大局限恐怕在于它无法揭示文学语言本质性的东西。它几乎适用于一切文学作品语言的评论，却无法区别不同文学作品的不同语言特色、风格的差异，也就无法揭示文学语言的个性。因而难以作为文学语言的统一标准，探讨它的共性。

（二）功能分类及其依据

我们把新的分类叫"功能分类"，是因为文学语言本质上是作家用来向读者传递文学信息的工具，在具体过程中，有不同的功能。从这一点出发，文学语言拟分为两类：直接交际语言和间接交际语言。前者指作家直接与读者的对话，也就是通常意义上的描述语。作家给读者描写景物，勾勒环境，叙述经历，铺陈事态，抒发感情。这类语言是作者直接向读者发出的信息编码，具有直接交际功能。根据不同的视角，还可以分为元描述语（指作者从自己的视角，也就是为读者设计的视角，去描述作品中事、物所用的语言）和次描述语（指作者从作品中人物的视角或感受对作品中事物的描述所用的语言）。后者指作品人物语言。这类语言是作者通过作品人物之口向读者传递信息的编码，具有间接交际的功能。根据交际对象的不同，也可分为两小类：

对话（指两个或多个人物之间的谈话）和独白（指某一人物的自言自语）。功能分类适用于各种不同的体裁：诗歌、散文见长于直接交际语，戏剧见长于间接交际语，小说则兼而有之。

功能分类的依据是建立在两类语言具有本质的差别这一事实基础上的。且不说用词、句式修辞、篇章等方面的明显差异，就从直接还是间接、全部还是部分地反映作家的语言功力这一点看，直接交际语和间接交际语也委实不同：散文以直接交际语为主，戏剧以间接交际语为主。直接地、全部地反映作家语言功力的是直接交际语，而间接地、部分地反映作家语言功力的是间接交际语——它主要反映作家对所描写的生活和人物的深刻认识和把握，而语言功力退居从属的、次要的地位。因此，散文创作与戏剧创作不是一回事。不熟悉清洁工人生活却有一定语言功底的大学生，可以通过报纸杂志介绍，借助丰富的想象力，写出赞美清洁工人的优美散文，但很难写出描绘清洁工人日常工作的较好的戏剧作品；反之，十分了解清洁工人而语言素养一般的业余爱好者，不一定能写出优美的散文，却能写出较好的戏剧作品。这种事例屡见不鲜。

老舍就有这种经历。20 世纪 50 年代中叶，他创作了《青年突击队》和《茶馆》两部话剧。《茶馆》成为名作，广为流传；《青年突击队》却是"我最失败的戏"。原因何在？能说作者缺乏语言功底吗？作者早在《骆驼祥子》《四世同堂》等小说中，已经显示了卓越的语言才华。且听作者本人回答："在《青年突击队》里，我叫男女工人都说了不少话，可是似乎一共没有几句感动听众的。人物都说了不少话，听众可是没有见到一个工人。"他们所说的话，"是我临时在工地上借来的"。可见，《青年突击队》的败笔是作者对于剧中所要表现的青年工人不了解，对他们的工作、生活及喜怒哀乐不熟悉，因此对人物语言的特征把握不准，而并非语言功力欠缺。《茶馆》的成功则恰恰是因为："我的确认识《茶馆》里那些人，好像我给他们批过'八字儿'与婚书，还知道他们的家谱。因此他们在《茶馆》里所说的那几句话，都是从生命与生活的根源流出来的。"①

上述讨论揭示了这一点：无论是从作者创作、读者理解，还是从分析角度讲，直接交际语和间接交际语是两类不同的文学用语，不能混为一谈；不能用同一标准、尺码，同一原则来创作、阅读、评论它们。

我们说直接交际语和间接交际语存在着本质差异，是有确凿的语言学理论依据的。

第一，因为交际角度不同。描述语是作者向读者直接发出的信息符号，

① 王行之编：《老舍论剧》，北京：中国戏剧出版社，1981 年，第 6 页。

作者与读者之间形成在语言学中被称为单维双边的关系。人物语则不同，作者通过人物之间的对话，间接向读者传递信息。作者设计人物之间的对话，其话语直接指向人物，间接指向读者。作者、人物、读者之间形成多维多边关系。自然语言中，单维指向语和多维指向语之间，无论是形式还是功能都存在差异，① 因此也就决定了两类文学用语的差别。

第二，因为交际功能不同。描述语重在表意，人物语重在社交。语言学家把语言功能一分为三：表意、社交、组篇。② 作为整体，语言有三种功能；作为个体，一词、一句、一篇文章其功能不尽相同，有的偏重表意，有的偏重社交，有的只是为组合篇章所用。运用语言，人们必须也必然根据功能要求选用语言单位。文学作者同读者交际、描绘情景、抒发感情、铺陈事态、发展情节、刻划人物、遣词造句不尽相同。差别最大的莫过于描述语言和作品中的人物语言，两者具有不同的交际功能。作者直接向读者发话，关系比较单一稳定，因此语言主要是表意。人物之间的交际，关系复杂多变，形成一个网络，人物处在一定的社会网络之中，必须也必然注意人际关系，必须也必然根据不同的交际目的选择话语，用语言来建立、维持、发展或者破坏这种关系。③

第三，因为创作这两类语言的原则不同。描述语主要受包括修辞造句、连句成篇的语法规则支配；人物语主要受涉及社会规范、文化风俗的语用原则制约。④ 语言好似一个圆球，由核心与外延组成。核心是抽象的体系，外延是实在的运用状态。⑤ 后者是前者的外化形式，受前者支配和制约。语言使用者在掌握抽象的体系的基础上，创造出符合这一体系的各种话语。文学语言是语言体系的一种外化形态，是由文学作者在掌握体系的基础上创造出的一种话语，因此必须也必然受到特定语言体系的支配和制约。随着语言研究的深入发展，人们已认识到制约和支配言语活动的原则至少有两大方面：语法规则和语用原则。语法规则是语言本身组合的原则，保障正确的话语。⑥ 语用原则涉及社会、文化等因素，保障准确的交际。⑦ 由于交际关系比较单一固定，描述语言主要受到语法规则的支配。作者在熟练掌握语言体系的基础上，自由选择、自由创作，无须考虑类似人际关系等因素。因此这部分也更能显

---

① 周光亚：《“一语多用”初探》，《现代外语》1990 年第 2 期。

② LYONS J. New horizons in linguistics. Harmondsworth：Penguin Books，1970：p. 134.

③ SCHERER K R，GILES H. Social markers in speech. Cambridge：Cambridge University Press，1979：pp. 333 – 335.

④ LEECH G. Principles of pragmatics. London：Longman，1983.

⑤ 参见索绪尔著，高名凯译：《普通语言学教程》，北京：商务印书馆，1980 年，第 43 – 46 页。

⑥ CHOMSKY N. Language and mind. New York：Harcourt，Brace Jovanovich，1972.

⑦ HANSON R A. Sociolinguistics. Cambridge：Cambridge University Press，1981：pp. 113 – 116.

示作家的语言风格特色，同时这部分语言特色也常常被传统语言学家视为标准语。由于交际关系复杂多变，人物语除受语法约束外，更重要的是受到语用原则的制约。创作过程中，作者必须照顾到人物用语的社会特征和个性特征，人物语言社会特征和个性特征的原则就是语用原则，因此作者必须遵循语用原则，设计人物语言。相比之下，他不像创作描述语那样自由自在。文学创作中时常会发生人物言行表述"失控"，即没有按照作家原先所设想的那样去进行。

二、功能分类与作家作品语言风格、特色的研究

众所周知，文学对语言有着极为强烈的依赖关系。然而，翻开目前占主流的文学史，几乎所有的篇幅都是有关作家作品及文学运动和思潮的介绍与分析，而对作家作品的语言风格、特色的介绍与分析，则淡薄到几乎忽略不提的地步。如唐弢主编的三卷本《中国现代文学史》（简称"唐本"），洋洋70 余万字，其中有关作家作品语言分析的文字仅53 处，第一册的语言分析7 处共200 来字。就文学语言在文学创作中应有的地位来看，唐本作这样的处理显然是颇为失当的。其中缘由，除主观上不够重视外，对文学语言现象本身的认识模糊，从而造成文学语言研究的局限，也是一个不可忽视的因素。倘若从交际功能着手对文学语言进行重新分类，这可能会对改变目前文学语言研究现状有所帮助。

（一）功能分类与文学作品语言特色的研究

文学作品的语言特色，从宏观上讲，是作品在行文上表现出来的一个总的特征，如通常讲的"简洁、通俗、形象"等。但是，由于这种明显带有体裁特征的归纳缺乏严密的论证，往往依靠研究者的直觉、印象，多少有些笼统，且有较大的随意性。例如：

唐本对鲁迅杂感的语言特色的评价是："形象、简洁、凝练、有力"，对老舍的《骆驼祥子》语言特色的评价是："生动、简洁、有力、凝练"。鲁迅的杂感与老舍的小说在语言运用上均很有自己的特色，而且大不一样，但这里用一种评价去评论它们，难以说明问题。即使对同篇作品的语言特色，不同的文学史评价也不同。对《骆驼祥子》的语言特色的概括，九院校编的《中国现代文学史》与唐本也不同。前者认为："作品的语言是地道的北京口语，经过作者的提炼，简明利落，风趣盎然。"后者如上所述。两种评价，看起来都带有一定的随意性。

从微观上讲，文学作品的语言特色，是作品在具体用词（诸如名词、代词、动词、形容词等的选择、锤炼，方言俗语、叠音词、双声叠韵词的配用

等）、选句（诸如长短句、整散句、反问句及其他各种特殊句式的选用）和修辞方式的运用中所表现出来的种种特征。这种方法着眼于语言的各个层面（词、句、段）以及各个层次（功能、原则），属于"原子主义"的分析，以前由于被认为肢解文学作品、影响作品的美学欣赏价值而不受人重视。实际上，这种从细小、共体处着眼的分析，倒是能够揭示文学作品在语言上区别于他作的特点，显示"这一个"特点的真实面目。这个问题近年来已经引起一些研究者的注意。

不管是宏观的分析，还是微观的分析，都须全面地反映作品在语言运用上的特征，不能有所偏废。但令人忧虑的是以往研究者往往觉察不到自己的这种偏废。从交际功能着手的文学语言的分类，却可以帮助我们发现存在的偏废现象。举唐本中数例：

例（1）刘白羽短篇的缺点：用语艰涩，心理描写失之孤立，冗长。

例（2）张天翼的《华威先生》通过生动的细节和个性化的语言，反复地富于变化地揭示了华威先生自命不凡、刚愎贪婪而又贫乏空虚的内心世界。

例（3）孙犁作品的语言凝练优美，刻划人物、抒情写景，十分准确细腻，而且基本上是群众化的语言。

例（4）柔石的《二月》，叙事抒情优美生动，语言流畅并带有诗意，能给读者以强烈的感受。

例（1）"用语艰涩"是指描述语言，"冗长"是指人物语言。虽没有偏废，但不明确。例（2）"个性化的语言"在小说中主要指人物语言。例（3）、（4）则明显偏于描述语言。

所以，以描述语言、人物语言为纲，以用词选句、修辞方式为目，概括出作品的语言特色，不失为文学作品语言特色研究的一个较为可取的方法。这种方法更适宜小说的语言分析，因为小说中描述语言与人物语言有着本质的差别。例如钱锺书的《围城》在语言运用上的一个显著特色，是"漫画式比喻"的广泛运用。设喻之新之奇之巧，堪称前无古人。但应指出，这种精彩的设喻一般是在描述语言中出现。正如有的评论者所言："把比喻和深入细致的描写融为一体，在动态的描写中完成比喻。"（《山东师大学报·语言研究专辑》，1988年）所以"漫画式比喻"主要是针对《围城》的叙述语言，人物语言并不具有这个特色。

这样，回到开头提到的问题。鲁迅杂感的"形象、简洁、凝练、有力"，主要是局限于指描述语言，而《骆驼祥子》中既有描述语言，也有人物语言，所以它的"生动、简洁、有力、凝练"得包含这两个方面。故而两者的评语字面似乎一样，内涵却大不相同。

（二）功能分类与作家语言风格的研究

作家的语言风格问题，是文学语言研究中的一个难点，所以各种文学史似乎很少提到。唐本有关作品的语言风格的分析有 13 处，有一部分是同文学创作风格杂糅在一起谈的，如"叶绍钧的小说具有朴实、冷峻、自然的风格"，讲的是小说的风格，但其中也包括语言风格的因素。而有关作家语言风格的，却极少被提到。然而，作家语言风格的问题也是文学语言研究亟待解决的大问题。从功能分类法的角度来思考探索这个问题，我们觉得，作家的语言风格主要来自描述语言。

前文已说过，描述语言是作家直接向读者传递信息的话语。这里，作家可以在熟练掌握语言规则的前提下，根据个人的爱好、习惯，随心所欲地同读者交谈，用不着考虑其他因素。人物语言则不同。其中固然也有作家个人风格的一面，但由于受作品人物本身牵制——或者为了符合作品中人物的身份、所处的环境等，或者为了塑造人物的个性，让人物站起来等——只好压制作家自己的一些语言爱好、习惯，而更多地考虑作品中人物语言的癖好，也就是个性，以及人物语言社会特征。所以，在人物语言中，作家的语言个性只好退居二线，让位于作品中人物的"语言个性"。正如老舍先生所说的，他写车夫时用的是"车夫的感觉、车夫的语言"。葛里高利与卡洛尔在论述自然语言的风格时说："个人特征必然会在语言中得到反映，也就是说，'风格'一定会受'人'的影响。""话语的风格反映了每个人的经历。经历的积累就会决定一个人在说话现场的言语表达方式。"① 虽然讲的是自然语言，但对文学语言的分析也不无启迪。

如果说，描述语言直接体现了作家的语言风格的话，那么，人物语言则是直接体现了作品中人物的语言风格，其次才是作家的语言风格。例如《红楼梦》中王熙凤的语言，首先体现了王熙凤这个人物的语言风格，其次才是曹雪芹的语言风格。不然的话，我们就会感到人物不真实可信，就会说，人物被架空了，成了作者的代言人、传声筒。又如，丁玲的《太阳照在桑干河上》的一大缺点，便是"在描写人物心理时，也有一些知识分子的语言"。人物心理属于作品人物语言，而"知识分子的语言"则显然是作者自己的语言，而不是作品中人物真实的语言。由此可见，要从人物语言中提炼出作家的语言风格——语言表达方式的个人特征，就得剔除那些作家为了人物形象的塑造，而设计的不属于作家自己、只属于作品中人物的语言表达方式。如从王熙凤的语言中归纳出曹雪芹的个人语言风格，就得摒弃因王熙凤的因素而对语言施加的影响。因为王熙凤的语言风格，绝不等于曹雪芹的语言风格。

---

① 迈克尔·葛里高利、苏珊·卡洛尔著，徐家祯译：《语言和情景》，北京：语文出版社，1988 年，第 78 页。

正因为如此，我们对散文作家语言风格的评论，不同于对戏剧作家语言风格的评论。散文以描述语言为主，所以它能够最大限度地体现作家的语言个性。散文作家的语言风格，相对而言，容易归纳一些。戏剧则不同，它以人物语言为主，其中有作家的语言风格，也有剧中人物的语言个性，所以要归纳作家语言的风格，就得去除那些被剧中人物施加影响的因素。

（原载于《九江师专学报》1992 年第 1 期）

附记

本文是我同友人——原苏州师专外语系主任蔡永良君合作的第二篇论文。

两年前我们两人首次合作发表的论文，是运用西方语用学理论来研究戏剧中的对白，感受到了合作的突破和乐趣。此番，是换了一种理论，运用功能语言学来讨论文学语言的分类及作家、作品语言风格的提取问题。

早在数年前讨论王蒙小说语言特色的时候，我们就已经感觉到，小说中的人物语言和叙述语言有着很大的差异，不同的作家，人物语言差异不是很大，因为不同的作家都会让自己笔下的人物说出符合他个性的话语。但是，不同的作家，在叙述语言上却大相异趣，尤其是那些成功的作家，其叙述语言无不具有他所独有的话语标记、风格特点。只要一看叙述语言，我们就可以知道这是谁的文字。但这仅仅是一种流于表面现象的表述，总感觉说不到点子上，总感觉展开的广度和深度不够。

当我把上述想法表述给蔡永良君之后，他显得很兴奋，认为功能语言学理论将有助于解释上述现象。于是，便有了本文的写作。

本文比较恰当地运用了功能语言学理论，从语言的功能分类角度讨论了文学作品中作家叙述语言和人物语言的不同特质，及其在形成作家语言风格、文学作品语言风格的过程中所起的不同作用。

本文是我的修辞学系列论文中写得比较满意的一篇。初稿发表在《九江师专学报》上，略作修改后又收入朱永生主编的论文集《语言·语篇·语境》之中。

本文关于文学作品语言的分类对几年后我的第一部修辞学著作《〈金瓶梅〉文学语言研究》（江苏教育出版社，1997 年）总体框架的形成产生了极为重要的影响。到了 2004 年暨南大学出版社出版《〈金瓶梅〉文学语言研究》（修订本）① 的时候，略作修改后的本文成了该书的第一章。

---

① 曹炜：《〈金瓶梅〉文学语言研究》（修订本），广州：暨南大学出版社，2004 年。

《金瓶梅》人物语言散论

　　《金瓶梅》是我国小说发展史上第一部以家庭日常生活为题材的长篇小说。它既没有扣人心弦的传奇式的故事情节，也没有令人陶醉的诗情画意的艺术描写，尽是些"市井之常谈，闺房之碎语"。作品正是通过各种人物的闲言碎语，刻划了一群醉生梦死，"且风流了一日是一日"（庞春梅语）的市井闲人、淫夫荡妇，从而反映了明朝后期骄奢淫逸的社会生活。人物语言在《金瓶梅》中占有十分重要的地位，是作品的主干，抽掉了它，作品便无法成立。这一点很不同于以情节取胜的《三国演义》《水浒传》等。然而，不无遗憾的是，随着海外《金瓶梅》研究热的兴起，近些年来国内学者也纷纷涉足昔日的"禁区"，对《金瓶梅》的作者、版本、人物形象、艺术手法、思想意义、审美价值等作了必要的探讨，而唯独对作品的语言研究甚少，《金瓶梅》人物语言研究至今还是一块尚待开垦的处女地。

一

　　要讨论《金瓶梅》的人物语言，其中充斥着的大量的俗语猥辞恐怕是无法回避的，这或许就是人们忌谈人物语言的原因所在吧。该如何去看待它们呢？是如有的同志在探讨其他问题时附带提到的仅仅是作品人物语言粗糙的表现，是一种败笔呢，还是另有答案，比如说是作者的一种匠心呢？

　　我们认为，《金瓶梅》人物语言中的俗语猥辞是作者为作品营构那么一种市井文化氛围的必然结果。这些俗语猥辞所体现的恣肆、猥琐同作品所笼罩的格调——低下的市井文化的氛围是十分吻合的、协调的。我们知道，人物语言离不开人物和环境这两个因素，而所谓"氛围"，其主要构成因子也便是人物和环境。像西门庆及其妻妾、帮闲这么一群在市井习俗中浸润久了的人，他们的言谈中充斥着俗语猥辞是很自然的。若谈吐优雅、文质彬彬，倒显得不伦不类。再看看这些俗语猥辞出笼的环境：要么是在狎妓豪饮之处，要么是在偷鸡摸狗之地；或者是在争衡斗法撕破脸皮之际，或者是在陷害无辜丧尽天良之时。在这样的场景中，那些"一件正事"尚且"说说就放出屁来了"（谢希士语）的淫夫荡妇、市井小人，他们的言谈恣肆、猥琐是不足为奇的。因此，洋溢于《金瓶梅》全书的市井文化氛围是这些俗语猥辞产生的温床，而这些俗语猥辞一旦"产生"（即被作者选用）之后，便成为市井文化在人物语言中的标记，成为市井文化的一部分。

（一）《金瓶梅》人物语言中的市井文化标记之一：大量的粗鄙俚俗的歇后语

歇后语来自于民间，因而不同程度地带有"通俗"的色彩。但这个"通俗"与我们所说的"粗鄙俚俗"不是一码事，前者是客观的、本身固有的，后者则是人为的。《红楼梦》曾对歇后语的"雅化"作了有益的尝试，取得了极大的成功。曹雪芹对通俗的歇后语进行了提炼、加工，去除一些"俗"的成分，是为了使它们同书中典雅、凝重的贵族文化氛围相吻合。同样，《金瓶梅》的作者选用了大量粗俗的歇后语，甚至夸张了的"粗"和"俗"也是为他烘托渲染庸俗、低级的市井文化氛围服务的。就其功能而言，《金瓶梅》中的歇后语主要有三类。

第一类是讥刺嘲讽、恶意伤人的。这类歇后语用得比较多。例如：第三十回，李瓶儿临产前在床上打滚，众人慌作一团。潘金莲见了妒火中烧，在旁冷言冷语："仰着合着，没的狗咬尿胞——虚欢喜？"在那样一种场合，使用这么一句歇后语是颇为歹毒的，与其说是一种讥讽，不如说是一种诅咒，无怪乎张竹坡在这里评点道："可恨。"就是同潘金莲关系较好的三房孟玉楼在场听到了也指斥她："五姐是甚么话！"

第二类是互相戏谑、打情骂俏的。例如：第五十一回，李瓶儿、潘金莲托陈经济买汗巾儿，分别讲了各自喜欢的花样、颜色和数量。陈经济道："耶呀耶呀，再没了？卖瓜子儿开箱子打嚏喷——琐碎一大堆。"陈经济是主动上门来献殷勤的，更何况他和潘金莲在此之前已彼此有意（事见第二十八回），所以这句歇后语貌似埋怨，实际上是一种戏谑。

第三类是作践自己、取悦主子的。最典型的要数市井闲人应伯爵口中的歇后语了，例如：第一回，西门庆热结十兄弟，置办酒席，要应伯爵等也出份子。应伯爵手头拮据，可又怕主子不快，便说："哥说的是，婆儿烧香当不的老子念佛，各自要尽自的心，只是俺众人们，老鼠尾巴生疮儿——有脓也不多。"应伯爵为了取悦主子，竟将自己等比作"老鼠尾巴上的疮"，将自己等的钱比作疮中的脓，真令人恶心，但毕竟是引来了西门庆的哈哈大笑，所以张竹坡评点道："写尽帮闲丑态。"

（二）《金瓶梅》人物语言中的市井文化标记之二：多如牛毛的恣肆猥琐的詈词

在我国的古典小说中，詈词最丰富的恐怕要数《金瓶梅》了。如果说据此可以编一本"詈词大全"，也并不过分。低级、肮脏的詈词随处可见，确实是《金瓶梅》人物语言的一大特色，像潘金莲、庞春梅等都是使用詈词的行家里手。这些充斥全书的詈词，恣肆而又粗野，男人被称作"怪狗才""忘八羔子""贼短命""囚根子"等，女人则被骂作"淫妇""贼肉""怪狗肉""浪精货"等。这些詈词常挂在各种人物的嘴边，张口闭口便来两下子。在表现市井文化的特征方面，詈词较之歇后语是有过之而无不及的。

《金瓶梅》中的詈词据用途可以分作两类：一类是权作戏谑警词，一类是詈骂时用的詈词。

先说说权作戏谑警词。真可谓"狗嘴里吐不出象牙来"，在《金瓶梅》形形色色的人物口中，那一串串低级的詈词，其中一部分竟然不是用在双方对阵、破口大骂的当口，而是用在互相戏谑、调情卖俏的时候。例如：西门庆"骂"潘金莲的"怪小油嘴""怪小淫妇""怪小奴才"，潘金莲"骂"西门庆的"负心的贼""怪行货子""刁钻的强盗"等。最典型的范例恐怕要数第五十二回应伯爵和妓女李桂姐打情骂俏的那一段对话，短短七八百字中，竟然有"贼小淫妇""小淫妇儿""贼攮刀的""你这掐断肠子的狗才"等詈词 13 个，简直成了人物的口头禅了。

《金瓶梅》詈词中更多的还是作"战斗武器"用的詈词，最肮脏的也就是这一类了。《金瓶梅》中的各种人物之间充满着矛盾，争风吃醋、争衡斗法之事时常发生，无论是背后攻击，还是当面指斥，少不得詈词连篇，我们且看这方面的"佼佼者"潘金莲的一次"独骂"（第七十八回），潘金莲当着仆人的面骂责四夫妇及韩道国之妻王六儿："我只说那王八也是明王八，怪不的他往东京去的放心，丢下老婆在家，料莫他也不肯把毬闲着……嗔道贼淫妇买礼来，与我也罢了……"又骂："我见那水眼淫妇，矮着个靶子，像个半头砖儿也似的，把那水济济眼挤着，七八拿杓儿舀。好个怪淫妇！她便和那韩道国老婆，那长大摔瓜淫妇，我不知怎的，掐了眼儿不待见他！"让潘金莲恼怒的是这两个女人均同西门庆有勾搭，所以她左一个淫妇右一个淫妇。为了使詈词不单调重复，还在"淫妇"前分别加上"贼、怪、水眼、长大摔瓜"等饰语，潘金莲创造性地运用詈词的本领于中可见一斑。

较之这种"独骂"，更让人惊心动魄的是两个人的当面"对骂"。我们发现，《金瓶梅》中没有人不会使用詈词的，即使个别偶尔露一下脸的，也会因善用詈词的出奇本领而给人留下深刻的印象。第七回中张四同杨姑娘因对孟玉楼出嫁西门庆有意见分歧而引起的一场对骂便是如此：杨姑娘得了西门庆的银子，所以一心要把侄女孟玉楼嫁给西门庆，而作为舅舅的张四对这门亲事则竭力反对，一场当着众人面的口角由此发生，张四骂杨姑娘是"老咬虫""老杀才""黄猫黑尾""嚼舌头老淫妇"等，而泼悍的杨姑娘则骂张四是"老油嘴""贼没廉耻的老狗骨头""老花根""老奴才""老粉嘴""贼老娼根""老猪狗"等，丰富多变的詈词真令人眼花缭乱，《金瓶梅》可谓"骂的文学"中的杰出典范。

二

被深深打上市井文化烙印的《金瓶梅》的人物语言是粗鄙、猥琐的，用我们传统的"温柔敦厚，典雅凝重"的美学标准来评论这些语言，那确实让人嗤之以鼻，这也许就是《金瓶梅》的语言研究较之《红楼梦》《水浒传》等更受人冷落的重要原因。但是，除人物语言自身的美与丑之外，还有一个交际功能的问题，即人物语言是否同人物（说话者）、交际对象、交际环境以及交际目的相吻合。交际者有德行善恶、权势高低、关系亲疏之分，交际环境有典雅、庸俗，严肃、随便之别，交际目的也有轻重缓急的不同，语言也随之而异。关键是吻合和协调，这就是我们所要说的"社会语用价值"。如果人物语言同人物、交际对象、交际环境、交际目的等背道而驰，根本不协调，让人有张冠李戴的失真感觉，这样的人物语言纵然再优美动听，也是没有什么语用价值的。从这个角度看，我们发现，《金瓶梅》的人物语言有很高的社会语用价值，其主要表现在丰富多变的面称用语及迂回曲折的隐义手段的运用上。

《金瓶梅》中的各种人物在不同场合对不同的对象怀着不同的目的，因而人物所使用的面称用语真可谓一丝不乱。

其使用的原则和规律同我们今天的一些专家学者关于言语交际的原则和规律等的一些研究成果暗合，同时也为我们提供了一份有关明代汉语面称用语的不可多得的资料。

首先看因权势高低、关系亲疏的区别对同一人的称呼的不同。这样的例子举不胜举，试以西门庆为例，西门庆是西门家族的一家之长，享有最高权势，家中人称其为"爹"，但家中男仆、婢女等则称他"老爹"，档次又高了一级。西门庆在当地有权有势，所以安郎中称他"西门大人"，王婆称"西门大官人"或"大官人"。西门庆又任一小官，所以何千户、夏提刑等官场中人称他为"长官"，何太监也称他为"大人"。但是与他一起鬼混的市井棍徒、闲人应伯爵之流则始终称他为"哥"。

其次，由于环境有严肃、随便之别，对同一人的称呼也随之而变。这种例子也是唾手可得的，最典型的例子是西门庆和潘金莲相互称呼的不断变换。第一回，在王婆家，西门庆首次与潘金莲见面时，将潘称作"娘子"，潘则称他为"官人"。后来潘金莲成了西门庆的第五房，进了西门家，环境变了，地位也不同了，便学着西门庆妻妾在大庭广众中称他为"爹"，但与西门庆单独在一起时，称呼就变化了，许多戏谑詈词也用上了，如"怪行货子""怪狗才""短命""负心的贼"等，西门庆则以"怪小油嘴""怪小淫妇""怪小奴才"戏称对方；在床上最亲密时，潘金莲便用"心肝""达达"称呼西门庆。李瓶儿等也是如此。

再次，由于交际目的不同，对同一人所用的面称语也有所不同。例如第一回中，潘金莲意欲勾引武松，先是一连叫了 12 声"叔叔"，自称为"奴"，在武松面前大献殷勤，可武松不为所动。于是潘金莲在第二天陪武松饮酒时，又用言语挑逗武松：先是将"奴"改称"我"，而后又将"叔叔"改称"你"，最后招致武松的抢白。张竹坡分别在这两处评点："此处称'我'，写得不堪"，"忽一下'你'字，换去'叔叔'二字，妙"。妙就妙在交际目的与面称用语结合得如此紧密，"我""你"之称是潘金莲向武松发出的表示亲昵的信息符号。又如第七十八回，潘金莲同吴月娘发生口角后，孟玉楼拉潘金莲去向吴月娘赔不是，孟玉楼进门时一反平日称"姐姐"的称呼习惯，称吴月娘为"大娘"，显然是为了讨好吴月娘——明确"在我们这些妻妾群里你是最大的"，为潘吴的和好铺平道路。

作者不但在设计人物语言时精心选择面称用语，使之恰到好处，而且在书中还有专门关于称谓用语的情节安排：第九十一回，西门庆死后，孟玉楼改嫁李衙内，深得李衙内宠爱，而原先与李有勾搭的大丫头玉簪儿为此忌恨玉楼，"赶着玉楼，也不叫娘，只你也我也"，且"背地又压伏兰香、小鸾说：'你休赶着我叫姐，只叫姨娘，我与你娘亲大小之分。'"玉簪儿终因蔑视孟玉楼而被李衙内毒打一顿后转卖他处。由此可见面称用语在作者心目中的地位。《金瓶梅》人物称谓用语的一丝不乱实非偶然。

在语言交际过程中，人们有时采取直抒己见的方式表达意思，有时则采用隐晦曲折的手段言情达意。这同交际环境、交际对象以及交际目的有关。人们常常不得不考虑这几方面的因素，审时度势，使自己的言语表达得体，恰到好处。我们下面要谈的隐义手段就是人们受人物、交际环境、交际目的等的制约而采用的一种隐晦曲折的交际手段，这是一种常用的而颇有社会语用价值的交际方式。《金瓶梅》中不乏成功运用隐义手段的范例，如同娴熟地运用粗俗的歇后语、猥琐的詈词以及恰当的称谓语一样，《金瓶梅》中的各种人物也能够灵活自如地运用隐义手段，达到自己的交际目的。

《金瓶梅》人物语言中隐义手段的运用主要有两种情形。

　　一种情形是为了得到他人的好处，但由于多种因素的制约而羞于开口，于是采用迂回、暗示的方式以达到目的。例如，第十四回，李瓶儿在丈夫死后不久去西门家做客，为讨好潘金莲，送给她一对金寿字簪儿。吴月娘见了，便问："二娘（李瓶儿），你与六姐的这对寿字簪儿，是哪里打造的？倒好样儿。到明日俺每人照样也配恁一对儿戴。"这里吴月娘见了一对金寿字簪儿，着实眼红，但因与李瓶儿初交，想要而羞于直说，故用询问、称赞来暗示对方。聪明的李瓶儿马上作出反应道："大娘既要，奴还有几对，到明日每位娘都补奉上一对儿。"人物语言作这样的安排，使貌似"大度容人"好性儿的吴月娘贪财而又狡猾的另一面得以生动地暴露。正如张竹坡在吴月娘话后评点的那样："写月娘贪瓶儿之财处，一丝不放空。"又如：第五十四回，李瓶儿得病，请任医官垂帐诊治。诊治完毕，起身前，任医官发了一通议论，吹嘘自己医术高超，接着便说："那吏部公也感小弟得紧，不论尺头银两，加礼送来。那夫人又有梯己谢意。吏部公又送学生一个匾儿，鼓乐喧天，送到家下，匾上写着'儒医神术'四个大字。"这里任医官着力渲染自己为王吏部夫人治病后受到的优待，用意十分清楚——要西门庆送礼，直说显得唐突，便采用叙述往事的方法暗示西门庆。西门庆也是明白人，连忙表态"学生恩有重报"，"纵是咱们武职，比不的那吏部公，须索也不敢怠慢"，简直"心有灵犀一点通"。

　　《金瓶梅》人物语言中隐义手段运用的另一种情形是，当欲伤害他人时，由于各种因素，不想直接或当面指责，而采用含沙射影、绵里藏针的手段以达到目的。这方面的行家里手要数潘金莲了。潘金莲是一个很复杂的人物，她得宠于西门庆，想永远笼络他，但又无法牵住西门庆那颗淫荡不羁的心，阻止不了他寻花问柳、嫖娼宿奸的行径。因此她在同与西门庆有勾搭的女人，也包括李瓶儿、吴月娘等，处理关系时，十分谨慎。撕破脸皮、大打出手，怕惹怒西门庆而失宠，不到万不得已时不干；可老是和睦共处，让其他女人分享西门庆的宠爱又生性难容——这一缸缸的醋实在难咽下肚，于是含沙射影、指桑骂槐、绵里藏针便成了她惯用的伎俩。例如第六十四回，潘金莲设计害死了李瓶儿的儿子之后，对着自己的丫头指桑骂槐，讥刺谩骂李瓶儿；又如第十一回，潘金莲对孙雪娥怀恨，便利用含沙射影的办法挑唆西门庆将孙雪娥毒打了一顿，出了一口怨气。我们再来看看她是如何使用绵里藏针的手法的：第二十三回，西门庆勾搭上了仆人来旺的媳妇宋蕙莲，在藏春坞洞儿内过夜时，宋蕙莲在西门庆面前说了几句潘金莲的坏话，不防被潘偷听到，第二次宋蕙莲去潘金莲房中道："娘的睡鞋裹脚，我卷来收了去。"潘金莲却说："你别要管他，丢着罢，亦发等他们来收拾，歪蹄泼脚的，没的展污了嫂子的手。你去扶侍你爹（西门庆），爹也得你恁个人儿扶侍他，才可他的心。

俺们都是露水夫妻，再醮货儿，只嫂子是正名正顶轿子娶将来的，是他的正头老婆秋胡戏。"没几句话便把宋蕙莲吓得"双膝跪下"，只求"高抬贵手"。话语中既没有指责，也没有谩骂，好一番"甜言蜜语"，但其中蕴含着的言外之意是相当清晰的，这里潘金莲是在提醒宋蕙莲："你不过是露水夫妻，再醮货儿，而我们才是正名正顶轿子娶将来的正头老婆，不要弄错了关系。"

以上我们通过分析《金瓶梅》人物语言中独具特色的歇后语、詈词、面称用语以及隐义手段的运用情况，对作品的人物语言进行了初步的探讨。我们可以清楚地看到，《金瓶梅》人物语言中粗鄙俚俗的歇后语、恣肆猥琐的詈词很好地体现了低级庸俗的市井文化的基本特征，而丰富多变的面称用语以及迂回曲折的隐义手段的运用，则充分而又细致地反映了在市井文化氛围中的人际关系和交际规律，从而使得人物语言生动传神，人物形象也丰满可信。从这个意义上说，《金瓶梅》的人物语言又何尝不是古人留给我们的一份珍贵遗产，就如同《红楼梦》的人物语言一样，值得我们认真地研究、仔细地琢磨呢。

（原载于《吴中学刊》1992 年第 3 期）

附记

本文是研究《金瓶梅词话》文学语言的第一篇论文，也是我与蔡永良君合作的第三篇论文。

《金瓶梅词话》人物语言设计的精妙与贴切是超越此前一切古代小说作品的，所以对《金瓶梅词话》人物语言加以研究是极具修辞学价值的。对《金瓶梅词话》人物语言的研究此前使用的方法一般都是宏观的，即将人物语言作为一个整体，而后变换视角，采取的是移步换景式的研究。而本文则采取了切片式的研究，即提取人物语言中的特殊构成成分，加以微观的研究。讨论某种独特的构成成分在整个人物语言设计中所起的特殊功用，这在方法论上是有重大推进的。

本文也是五年后问世的本人第一部修辞学著作《〈金瓶梅〉文学语言研究》写作的基石之一，在删除了部分文字后，成为该书第二章的基本内容。

《〈金瓶梅〉文学语言研究》一书出版之后，从获"苏州市哲学社会科学优秀成果奖"直至获"第三届陈望道修辞学奖"，全书独特的框架设计以及对人物语言、叙述语言中特殊成分的提取及其切片式的分析研究，无疑起到了极为关键的作用。

2004 年，《〈金瓶梅〉文学语言研究》修订本出版的时候，我国著名修辞学家、复旦大学教授、博士生导师宗廷虎先生专门撰文对本书予以积极评价：该著作"建构了一个较为完整的评论体系"，"而曹著评论体系的构成，又与曹炜运用独特的研究方法分不开的，这就是宏观探索与微观论析的紧密结合。由于两者相得益彰，体现了作者与众不同的辩证思维，从而凸显了全书方法论上的意义"。著作体现了"以语言为本位的鲜明特色"，"'以语言为本位'，是著名诗人刘大白为陈望道《修辞学发凡》所写序言中，对《发凡》一书特色的称赞。将这一评语用来衡量曹著，可说完全合适"。"曹著的成功探索，不仅填补了这一领域的空白，还为我国小说语言研究，甚至为整个古今文学作品的语言研究，都留下了宝贵的经验。"①

---

① 见宗廷虎：《既有继承又有开拓的著作》，《苏州大学学报》2004 年第 5 期。

1993年

先秦汉语史料概论

　　先秦处于萌芽状态的语言研究给先秦的汉语史料打上了草创阶段的种种烙印，但这并不意味着我们可以无视其存在，也并不影响其学术价值。本文比较系统而全面地描述了先秦文字、训诂学及语言思想等史料的分布情况和概况，并且力争对各种史料的性质、地位、价值、影响作出实事求是的评价。

　　由于我国传统语言学包含"文字学"这么一个特殊的专科，汉语史料的产生、丰富便和汉字的产生、发展同步了——这一点颇不同于印欧语系诸语言，如英语、德语、丹麦语等。因此先秦的汉语史料一直可以追溯到6 000多年前的大汶口文化中的陶器文字，那是迄今为止所发现的最古老的汉字，也是现存的最早的汉语史料。其后的甲骨文、钟鼎铭文也都是研究古代汉字极为珍贵的原始史料。文字的产生促进了语言的发展，而文字、语言的发展又为古代语言学的萌芽奠定了基础。先秦语言研究的萌芽便是汉字，是汉语发展到一定阶段的必然产物。由于当时的语言研究尚处于朦胧状态、萌芽阶段，还不可能有专门探讨语言问题的专著，尤其是那些今天看来是反映了先秦人的语言观，属于语言研究范畴的思想、学说、观点、见解，大多数并不是先秦人在讨论语言问题时提出的，而是在阐述政治主张、探讨哲学问题、记述历史事件时顺便或无意涉及的，具有很大的随意性。因此，先秦时期为数不少的语言研究成果，比如当时的一些朴素的语言学思想，均散见于各种典籍中。这样便使先秦的汉语史料呈现出如下两大特征：①零碎杂乱，无系统可言。比如零星地见诸《公羊传》的，既有不少训诂学史料，也有不少语法学思想史料，而且这些史料湮没在大量的传记文字中，给史料的收集、利用带来很大的不便。②分布面广，同一种史料经史子诸部无处不有。比如有关训诂学的史料就分布在《易经》《尚书》《礼记》《左传》《国语》《公羊传》《穀梁传》以及众多的诸子散文中，要想把这些古籍中的所有训诂学史料全部找出来，不花上一定的时间、精力显然是不可能的。

　　从史料价值来看，先秦汉语史料中较重要的是古汉字史料和早期语言思想史料：前者主要有商代的甲骨文字、商周的钟鼎铭文，还有为数不多的新石器时代中期的陶器文字，这些史料是研究汉字的源起，研究古汉字的特征及其发展的最珍贵、最直接的史料，没有它们，后人对古汉字的研究将会在黑暗中摸索更长的时间；后者主要有《论语》《墨子》《荀子》《公孙龙子》《夏小正》《公羊传》《穀梁传》等古籍中的早期朴素的语言学思想史料。另有一些是关于文字学、训诂学及上古语音等方面的史料。

一

在讨论先秦汉字史料的主体——甲骨文和钟鼎铭文之前，我们觉得有必要谈一谈大汶口文化中的陶器文字。大汶口文化中的陶器文字共有 6 个，[①] 其中有象形字，也有会意字。这些文字整齐而合规范，表明它们绝不是初创期最原始的汉字。陶器文字是我国目前所能见到的最早的文字，它的发现为我们了解上古文字的特征、拟测汉字的产生年代提供了宝贵的线索。遗憾的是，现今发现的这类新石器时代中期的文字数量实在太少，无法描绘当时汉字的概貌，而真正能帮助后人了解上古汉字概貌的还是年代较陶器文字晚的甲骨文和钟鼎铭文。

产生于商代的甲骨文是先秦汉字史料中最珍贵的一部分，从目前已出土的甲骨文来看，它们具有早期汉字的基本特征：图画性较强，以象形字、会意字居多，字体结构不够定型。种种迹象表明，甲骨文虽然具有古老的象形字的特征，但已经是一种经过了较长时期的发展完善而形成的相当进步的古文字了。由于甲骨文直至清光绪年间才被发现，所以其著录工作也自彼时才开始。江苏丹徒人刘鹗（字铁云）从自己所藏甲骨中选印 1 058 片，编成《铁云藏龟》六卷，由抱残守缺斋石印出版，是为著录甲骨文的第一部专著。此后，罗振玉、王国维、郭沫若、胡厚宣、董作宾等，均在甲骨文的著录及研究中作出过卓越的贡献，有关他们的具体情况，我们将另文讨论。甲骨文的发现是汉语史料整理与研究工作中的一件大事，有着极为重要的意义：首先，它使本来就无比丰富的汉语史料又增添了一个新品种，从此文字学中多了一门专门研究以甲骨文为主体的古代汉字的"古文字学"；其次，这些比陶器文字多数千倍的甲骨文字无疑为我们描写先秦时期汉字的概貌特征、探求汉字的历史渊源、揭示汉字形体演变的轨迹和规律提供了非常丰富、扎实、可信的资料。

商代除甲骨文之外，还有一些钟鼎铭文，字体大致与甲骨文相近，且数量较少。周代的钟鼎铭文无论是形体、结构均有明显的发展变化，所以我们

---

① 见裘锡圭：《汉字形成问题的初步探索》，载《中国语文》1978 年第 3 期。

一般所说的钟鼎铭文多半是指周代铜器上的文字。钟鼎铭文的著录工作早在北宋初便已开始，首开先河者是刘敞、欧阳修等人，他们所作的《先秦古器图碑》和《集古录》均为最早著录钟鼎铭文的书。刘、欧之后，钟鼎铭文的著录之书蜂拥而起，从而构成了宋代小学研究中颇为壮观的一种景观。钟鼎铭文也是先秦汉字史料中最为珍贵的部分之一，具有同甲骨文一样的史料价值。

<h1 style="text-align:center">二</h1>

产生于春秋战国之交的"诸子散文"大多讨论的是一些哲学、政治问题，但其中也每每涉及一些朴素的语言学理论问题，无论是就其出现的时代，还是所达到的一定的理论水平，它们都是值得我们珍视的史料。

首先涉及语言问题的是孔子弟子所编的记述孔子及其门人言行的《论语》。《论语》中的语言思想史料主要分布在《子路》《卫灵公》及《述而》诸篇中，虽数量不多，但弥足珍贵。在《子路》篇中，孔子从语言的政治作用入手，提出了"正名"的主张，从而引发了先秦诸子关于"名实"问题的大讨论，其中涉及不少语言学的基本命题，所以洪诚先生指出"中国古代的语言理论是孕育在名辩学里面，因名辩学的发展而产生的"[1]，可谓一针见血。在《卫灵公》篇里，孔子首次提出了语言运用的法则："辞达而已矣。"这种思想对后世影响极大，现代修辞学提出的修辞的第一要义是切合题旨情境，这与两千多年以前孔子的观点真可谓不谋而合。据《述而》篇中所载，孔子读《诗》《书》以及执行礼事时用雅言而平时讲话用鲁方言，从这一史料中可以获知：春秋末期已开始将一种方言定为标准语——雅言，且雅言同方言在使用上有"庄重、严肃"与"通俗、随意"之分。

《论语》之后较多地涉及语言问题的典籍是《墨子》。《墨子》有53篇，其中有的是墨子弟子所记，有的属墨子自著，其中集中地反映墨子语言思想的《经》与《经说》便属后者。《墨子》中的语言思想史料大致分布如下：①在《非命上》《贵义》篇中，墨子及其弟子进一步发展了孔子关于语言运用的理论，更加明确了语言的运用必须适合具体的语境，同时也强调了语言的政治作用和社会功用；②《经上》《经说上》中关于语言的本质的讨论是《墨子》语言理论的核心所在，在这里首次涉及了一些语言学的基本命题：语言与思维的关系问题，词音和词义的关系问题，名词、谓词的类别问题，虚词的语法作用问题等，也提出了语言形式与内容的种种矛盾现象，实是开了

---

[1] 见洪诚选注：《中国历代语言文字学文选》，南京：江苏人民出版社，1982年，第25页。

语言本体研究的先河。《墨子》中的大量语言思想史料是研究我国古代语言学史的宝贵资料。

先秦诸子有关语言理论问题的探讨发展到了战国末期便达到了高潮，出现了最壮丽的一页，那便是《荀子》中的《正名》篇。在自"后王之成名"至"不可不察也"的近千个汉字组成的这段不朽的文字中，荀子对一些语言理论中的重大的也是最基本的问题给予了唯物主义的准确又明了的分析：①进一步发展了《墨子》的关于语言和思维关系的理论，精辟地论述了词和概念、语言和思维的关系；②第一次科学地揭示了语言的社会约定性，探讨了语言的社会本质，他的"名无固宜，约之以命，约定俗成谓之宜，异于约则谓之不宜"的精辟论断就是在两千多年后的今天依然大放异彩，仍然是现代语言学的基本命题之一；③辩证地指出了语言所具有的稳固性以及发展、变异性。《正名》篇将先秦诸子有关语言问题的理论探讨推向了顶峰，其中不少卓越的见解往往与现代西方的语言理论研究成果不谋而合。早在两千多年以前便有如此精辟的见解，这在世界语言学史上也堪称一绝了。

除了《论语》《墨子》和《荀子》以外，先秦诸子散文涉及语言问题的还有《老子》《公孙龙子》等，它们或史料数量极少，或良莠共存、玉石相杂，这里就不再展开来加以讨论了。

先秦的语言思想史料主要分布在诸子散文中，但这并不意味着其他典籍中就不存在这方面的史料。事实上在《夏小正》《公羊传》《穀梁传》等书中就不乏语言思想的史料，限于篇幅，这里也不展开了。

三

中国古代没有现代意义的语言学，而只有注重于文字形、音、义考释的语文学，也叫"小学"或"传统语言学"。虽然在先秦诸子散文中曾出现过有关语言理论的探讨，而且在某些问题上达到了一定的认识高度，但毕竟是昙花一现。新的理论在产生之初可能会因人们不理解它的真正价值而给人一种玄虚的感觉，并往往会被冠之"虚妄"二字，毕竟"玄虚"这东西是我们这个崇尚务实的民族所不能接受的。这恐怕也是诸如《荀子·正名》这样闪耀着语言学思想的火花的名篇虽然是在地上却同地下的甲骨文一样沉睡了数千年之后才被人了解、认同的重要原因吧。理解了这一点，也就不难理解为何语言学和语文学差不多同时萌芽，且前者的势头比后者足，而我们的先人最终摒弃了前者，选择了后者，这正反映了我们这个民族务实的价值取向。"小学"被称作"朴学"，恰恰是这种价值取向的最好注脚。朴者，实也。语文学兴于汉代，隆于清季，而发端则是在先秦。

先秦的文字学史料中相对来说较重要的是有关汉字形体分析的史料。

王力先生曾经指出："大致说来，训诂是研究字义的，字书是研究字形的，韵书是研究字音的。但是研究字形的时候不能不讲字形和字音、字义的关系，而韵书又兼起字典的作用，所以三者之间的界限不是十分清楚的。"①非常客观地道出了传统语言学内部分类上交叉渗透的特点。事实也确实如此，像大家所熟悉的《说文解字》既是一部文字学巨著，也被奉为训诂学的经典之作，着眼点不同而已。至于在先秦，某些史料的归属尤其成问题，如我们这里要谈的汉字形体分析的史料，一般的"语言学史"书是将它们归作训诂学史料的，那也未尝不可，而我们则着眼于：一者涉及字形结构的分析——这是文字学的主要任务、核心内容；二者它们对后世文字学书所产生的重要影响。这样两个方面，将它们归作文字学史料。

先秦有关汉字分析的史料主要有以下几条：

（1）《左传·宣公十二年》："夫文，止戈为武。"
（2）《左传·宣公十五年》："故文，反正为乏。"
（3）《左传·昭公元年》："于文，皿虫为蛊。"
（4）《韩非子·五蠹》："自环者谓之私（案：古作厶），背私谓之公。"

虽数量不多，但就其分析字形结构的准确性和合理性而言，就其对后世产生的巨大影响而言，它们具有很高的史料价值：它们的存在，表明早在春秋战国时期，人们对汉字结构的认识已达到了相当高的水平，是我国文字学萌芽于先秦说的有力证据；同时从《说文解字》对它们照录不误这一点来看，它们对《说文解字》等后世字书的影响也是不言而喻的。

先秦不但有文字分析的实践，而且还出现了有关文字分析的理论，即所谓的"六书"。据《周礼·地官·保氏》记载："保氏掌谏王恶，而养国子以道，乃教子六艺：一曰五礼，二曰六乐，三曰五射，四曰五驭，五曰六书，六曰九数。"郑玄《周礼注疏》引郑众之说解释"六书"为："六书，象形、会意、转注、处事、假借、谐声也。"班固在《汉书·艺文志》中也指出："古者八岁入小学，故周官保氏掌养国子，教之六书，谓象形、象事、象意、象声、转注、假借，造字之本也。"讲得再清楚不过了，不但解释了何谓"六书"，还说明"六书"为造字之本。而许慎《说文解字·叙》中则进一步对"保氏教国子"的"六书"的具体内涵作了简洁而又精确的解释。由此可以再一次证实，先秦对汉字形体结构的分析确实达到了相当高的水平，而且不是零敲碎打，偶尔为之的，而是成系统的。从汉民族一贯的务实作风来看，

---

① 见王力：《中国语言学史》，太原：山西人民出版社，1981 年。

某一个方面出现了理论，那这个方面的实践一定是有了较长时间的发展和积累，遗憾的是这方面的材料大多已失传。

除了汉字形体分析的史料之外，有关汉字起源的史料也是先秦文字学史料的重要组成。

汉字最初的形态如何，它是怎么来的，这不仅是困扰今天的人们，同样也是困扰先秦古人的一个问题。受时代的局限，先秦的哲人们显然不可能用辩证唯物主义和历史唯物主义的观点去看待汉字起源的问题，但他们的种种大胆的富有神话色彩的假设则不无合理的成分，颇能给后人以启迪。

最早涉及这个问题的是《周易》。《周易·系辞上》指出："河出图，洛出书，圣人则之。"河即黄河，洛即洛水，黄河、洛水流域是中华民族的摇篮，汉字产生于此极有可能。但"图"和"书"的产生过程未免神话色彩过浓而令人难以置信，可这也反映出古人将图画看作汉字的源头之一的想法，这种想法与今人的汉字起源于记事图画的推断可谓不谋而合。而《周易·系辞下》则指出："上古结绳而治，后世圣人易之以书契，百官以治，万民以察。"这是关于汉字起源的又一个大胆假设，即汉字起源于实物记事之一的结绳。今人一般对此持否定的态度，均认为"结绳"与文字的产生没有什么关系。然而我们认为，我们的祖先在创造文字之初未免就没有从结绳中获取过灵感，譬如甲骨文中的"六"和"十"的写法多少让人产生主绳上结一个小绳及主绳上打一个结的联想。

关于汉字的起源在诸子散文中也有所涉及，且提法大体类似。如《荀子·解蔽》："故好书者众矣，而仓颉独传者壹也。"又如《韩非子·五蠹》："古者苍颉之作书也……"又如《鹖冠子·近迭篇》："苍颉作书，法从甲子。"诸子以外，其他典籍中也有关于仓颉作书的史料：《世本·作篇》中就有"沮涌、苍颉作书"以及"沮涌、苍颉为黄帝左右史"的记载，《吕氏春秋·君守》中也指出："奚仲作车，苍颉作书，后稷作稼，皋陶作刑，昆吾作陶，夏鲧作城，此六人者，所作当矣。"从以上史料中可以获知：传说为黄帝史官的仓颉是汉字的创造者，至少是创造者之一。其中《鹖冠子》所载仓颉造字时是仿效了十天干与十二地支循环相配组合的原理，这一条无疑给我们如下启示：仓颉造字可能属造字的第二阶段，即以造合体字为主的阶段，而合体字的部件则在此之前已有了——属造字的第一阶段，仓颉不过是为了适应社会交际的需要，将独体字按天干、地支搭配法组合成各种合体字，如"木"与"日"可搭配组成"杲"和"杳"，"木"同"水、火、目、爪"等组合便有了"沐、杰、相、采"等合体字。

先秦关于汉字起源的史料虽不成系统，一鳞半爪地散见于各种典籍中，却是我们研究汉字起源最早的也是最珍贵的史料之一。

先秦的训诂学史料分布面极广，虽然零零星星，汇集起来，数量却也相当可观，其中尤以《周易》和《春秋》三传中的蕴含量最为丰富。从训诂方式来看，后世有的，当时也都有了。有属于"声训"的，如《周易·象传》："需，须也。"有属于"义训"的，如《左传·文公七年》："同官为寮。"《穀梁传·僖公二十八年》："水北为阴，山南为阳。"同时，不少训诂的体例也开始萌芽，最常见的是"传、说、解"等。"传"，典型的如《春秋》三传，尤其是《公羊传》《穀梁传》，尽管其中相当多的部分是阐释经义的，与语言学无关，但也有不少是对词义的诠释；又如《周易》中解"经"的"传"，即通常所说的"十翼"，其中也有相当多的部分是诠解词义的。"说"，如《墨子》的《经说上》《经说下》是对《经上》《经下》所作的阐释。"解"，如《韩非子》中的《解老》篇是韩非对《老子》的解释。

先秦训诂学史料的价值体现在保存了不少春秋战国时期乃至以前的古注古训，是训诂学史研究、古汉语词汇研究的珍贵资料。当我们了解了先秦有如此丰富的训诂学史料之后，就不会对汉初出现《尔雅》这样的训诂学专著感到惊奇了。

最后还需要谈一谈上古的语音史料。先秦的语音和后代的语音是否相同？关于这个问题，早在南北朝颜之推的《颜氏家训·音辞篇》中就已有结论了。但是，先秦的古音系统究竟如何，它与后代的语音系统究竟存在怎样的差异，在其后的一千余年中没有人能够科学地作出解释，直至明代万历年间的秀才陈第，历经顾炎武、江永、段玉裁、王念孙、孔广森、江有浩、章炳麟、黄侃等清代及近代等几代学者的努力，才使先秦的语音系统建立在一个相当稳固的基础之上，而他们研究上古语音的主要依据便是先秦的语音史料。

先秦的语音史料，主要有《诗经》和《楚辞》，其他还有如《周易》等韵文史料。

《诗经》《楚辞》的用韵情况充分反映了先秦的韵母系统，清代学者在上古语音研究上的突破正是以《诗经》押韵的整理、研究为前奏的。[1]《周易》中的韵语主要分布在彖辞、象辞中，其他的还有如《左传》《老子》《论语》《孟子》《荀子》中的韵语。先秦的语音史料是先秦汉语史料的有机组成部分，是后人研究上古语音唯一的直接线索和依据，没有它们，要构拟、揭示上古的语音系统是不可能的，它们对汉语古音学的研究、汉语语音史的研究具有非常重大的意义和价值。

（原载于《吴中学刊》1993 年第 2 期）

---

① 参见曹培根、曹炜：《汉语史料概论》，载《高校社科情报》1992 年第 1 期。

附记

本文是我与曹培根教授合作的关于汉语史料学研究的第一篇论文。

1992 年我与苏州师专图书馆馆长曹培根教授合作申报了江苏省教育厅人文社科基金项目——汉语史料学，并获得立项。当时的分工是我主要负责各个历史时期汉语史料的收集、梳理、概括、评价等工作，曹培根教授则负责史料学诸问题的探讨。按照约定，前者的系列论文由我执笔，我为第一作者，曹培根君为第二作者；后者系列论文由他执笔，他为第一作者，我为第二作者。本文就是由我执笔撰写的，发表在《吴中学刊》上。

本文的撰写其实早在我主持的"汉语史料学"课题立项之前就已经开始了。

早在 1990 年前后，一个偶然的机会让我与曹培根君有了一次比较深入的长谈，让我惊异的是，作为一名中师毕业且在图书馆担任行政工作的人，却对我国传统的语言文字之学——小学这么熟悉，又对科研这么执着。均憾于当时国内竟然没有一本汉语史料学的著作，我们俩一拍即合，决定合作撰写一本汉语史料学的著作。于是，就各自忙开了。曹培根君执笔把我们讨论的初步想法和目标写就了我们合作的第一篇文章——《汉语史料学概论》，发表在了《吴中学刊》1991 年第 4 期上。没承想，该文被中国人民大学报刊复印资料《语言文字学》1992 年第 5 期全文转载了。这对我们俩来说无疑是个巨大的鼓舞和鞭策，也让我加快了由我执笔的第一篇合作论文《先秦汉语史料概论》的撰写，终在 1992 年暑期完成了该文的写作。在暑期之前，我顺利地评上了讲师职称，终于摘掉了戴了整整 8 年的助教的帽子。

南北朝至明代的文字学史料概论

  南北朝至明代的文字学史料异常非富，其中有对《说文解字》继承、革新的诸如《玉篇》《字汇》之类著名的文字学著作，也有对《说文解字》本身及其所阐述的"六书"理论进行研究的专著，如《说文系传》《六书略》《六书故》等。尤其难能可贵的是，该时期的学者不为《说文解字》等传统模式所囿，而是另辟蹊径，开创了文字学研究的新天地，涌现了一大批诸如《干禄字书》《五经文字》《佩觿》等旨在辨正字体的专著以及《集古录》《历代钟鼎彝器款识法帖》《汗简》等著录、研究古文字的著作。因此，无论是在数量上还是在品种上或者是在学术品位上，该时期的文字学史料较之秦汉魏晋时期均有长足的发展。

  （1）《说文解字》问世之后，或在其基础上加以扩充，或仿其体例重新编撰，从而形成了一个以《说文解字》为中心的颇为壮观的著作群体，其中较为著名的，如魏晋时期的《古今字诂》和《字林》，及魏晋以后的《古今文字》《玉篇》《类篇》等。

  《古今文字》为北魏陈留济阳（今河南省兰考县）人江式（字法安）所撰，书稿未竟而人已先去，于是已成各卷后也都散佚。据江氏《上〈古今文字〉源流表》所述，原书40卷，体例仿《说文解字》，每字上列篆文，下列隶书，若有古籀、奇字等也都附排于篆文之下，且逐字诠释、注音，还注意区分不同方言的读音差异，具有较强的实用性，而唯一保存下来的这篇《上〈古今文字〉源流表》又是一篇文字学奇文，文中论述了汉字的起源和形体的演变，讨论了秦汉以来文字学书的编撰及其得失，简要中肯，为后世学者所推许，是研究文字学史的珍贵史料。

  较《古今文字》后出的《玉篇》是继《说文解字》之后的又一部得以传世的古文字学著作，为南朝梁吴郡吴县（今苏州市）人顾野王（字希冯）所撰。全书30卷，体例仿《说文解字》，分542部，部首与《说文解字》略有差异，收16 917字，字头、注释均用楷书；每个字下面，先列反切，后旁征博引，详列各种不同的意义。原书已佚，清人黎庶昌出使日本时翻印的唐写本《玉篇零卷》据考证为顾氏《玉篇》原本残卷，黎氏收入其《古逸丛书》。目前通行的《玉篇》又名《大广益会玉篇》，系宋人陈彭年等在顾氏原书基础上修订而成，收 22 561 字，诠释大大简化。现今《玉篇》通行的本子主要有张氏泽存堂本和曹氏扬州诗局本。

宋人王洙、司马光等奉敕编撰的《类篇》实际上是《玉篇》的一个增订本。由于当时丁度等编的《集韵》添字较多，与通行的《玉篇》"不相参协"，所以分出一部分新韵字添入《玉篇》中，以和《集韵》相辅施行。内含目录 1 卷，收字 31 319 字，分 540 部，部次排列基本同《说文解字》，注释体例同《玉篇》。《类篇》通行的本子有曹氏扬州诗局刻本及姚觐元据扬州诗局本重刻的"姚刊三韵本"。

元明时期学术思想活跃，开拓创新几为时尚，尤其是在小学领域。如果说，《中原音韵》以其"平分阴阳""入派三声"为编辑原则敲响了传统韵书的丧钟的话，那么明梅膺祚的《字汇》则以其独到的部首设置、新颖的编撰体例开创了字书编排的新格局，并为《说文解字》系列字书的沿革画上了句号。

《字汇》共 14 卷，首尾各 1 卷，其中首卷载序、凡例、部首目录、运笔及笔画检字等，正文依据楷体，将《说文解字》540 部简化为 214 部，按子、丑、寅、卯等十二地支分为 12 集；部首的排列和各部中文字的排列均按笔画多少为先后顺序；每卷卷首还附有一个部首图表，颇便于检索。全书共收 33 179 字，除古书中的常用字外，还有不少俗字，但不收僻字。注释时，先列反切，后标直音；而后注释字义，下列书证。若字有数音数义，一一列出，并提供书证，释文通俗易懂。《字汇》的问世是文字学史上的一件大事，具有划时代的意义：它所设置的部首及编排格局，为《康熙字典》等后代字书的编撰提供了范例和借鉴；它所创立的笔画检字法实在是一个了不起的发明创造，就是在今天依然是辞书检字最常用的方法。《字汇》问世后，以其注重实用的突出特点颇受时人青睐，在明末风行一时，诚如清人年希尧在《五方元音》的序中所述的那样："老师宿儒、蒙童小子，莫不群而习之"，乃至"奉为拱璧"。《字汇》通行的本子有清光绪十年刻本。

同《说文解字》问世后情形类似，《字汇》之后，对其进行增补的字书颇不少，其中数《正字通》最有影响。《正字通》为明末张自烈撰，或题"国朝廖文英撰"，清人谓廖氏购得自烈原稿，据为己有，此说流行于学界。张自烈字尔公，号芑山，崇祯末年南京国子监生，入清，累征不就，晚年卜居庐山。《正字通》实为《字汇》的修订本，只是去除首尾两卷将各种附录列于正文之前，故为 12 卷。收 33 500 多字，略多于《字汇》。注释体例同《字汇》，只是在注音及引文上有所改进。同时《正字通》也对《字汇》中存在的谬误予以纠正。《正字通》通行的本子有清康熙年间秀水氏芥子园重刻本。

（2）秦汉以来，汉字形体屡经演变，由小篆到隶书到楷书，伴随着的是大量新字的产生，一字数体现象在所难免。尤其是魏晋以后，改易字体之风日盛，以致俗体、讹字大量繁殖，严重影响了社会交际及文化事业的发展。于是自唐代起，一代又一代文人学士开始了他们辨正文字形体的巨大工程，产生了《干禄字书》《五经文字》《佩觿》《复古编》《龙龛手鉴》《班马字类》《字鉴》等数以百计的旨在整理异体、辨别俗讹的文字学著作。

《干禄字书》是较早的辨正字体的专书，为唐颜元孙所撰。元孙，字聿修，唐京兆万年（今陕西西安市）人，颜师古四世重孙。所撰《干禄字书》系在师古《字样》的基础上增补而成。干者求也，可见该书是当时士子科举考试的参考书。全书以平、上、去、入四声分列部首，按 206 韵排列单字；每字标明"俗体""通体""正体"，对一些形体相近的字也给予简要的辨析。该书问世后颇具影响。唐大历九年，颜真卿手写此书并刻之于石，更使它广为流传。《干禄字书》现存最佳的本子是明周氏《夷门广牍》本。

除《干禄字书》以外，唐代较著名的辨正字体的专书还有张参所著的《五经文字》，该书从《易》《诗》《礼》《春秋》中录取 3 235 字，将它们隶属据《说文解字》部首归并成的 160 个部首之下。每字并列数体，注释体例并不统一，可归结为两类：一类专考订文字形体，往往以《说文解字》《字林》为依据，或注明字体出处，或分析形体结构；一类主要注释音义，往往先列反切，后列释义。注释较《干禄字书》丰富。《五经文字》版本不少，其中以《后知不足斋丛书》本为最佳。

发轫于唐代的这种辨正字体的专书到了宋代可以说出现了一个小小的高潮，有影响的佳作时有所见。《佩觿》《龙龛手鉴》和《复古编》是北宋的三部具有代表性的辨正字体的专书。《佩觿》作者是郭忠恕（字恕先），宋初画家，又精通文字学。该书分 3 卷：上卷阐述文字的变迁，兼论编书的意旨，是一篇颇有深度的文字学论文；中、下卷将音近形似的字分成平平、平上、平去、平入、上上、上去、上入、去去、去入、入入十部，成对地排在一起，注明音义，分辨形体，简约明了。《佩觿》今有张氏泽存堂本及《铁华馆丛书》本，以后者为佳。《龙龛手鉴》为北宋初辽国僧人行均所撰。该书共 4 卷，收 26 430 余字，设立 242 个部首，依平、上、去、入四声排列，同一部首的字也依四声为序排列。这种以四声为纲排列部首、单字的做法实乃首创，开后世辞书采用的音序排字法的先河。单字的注释体例仿《干禄字书》，只是释文详于《干禄字书》。《龙龛手鉴》今通行的本子有商务印书馆据汲古阁旧藏本影印的《四部丛刊续编》本。北宋末张有（字谦中）所撰的《复古编》

则是北宋所有的同类字书中最著名的一本。该书共 2 卷，以平、上、去、入四声分列诸字，正体用篆书，别体、俗体等附载注中，依据《说文》辨正字体。卷后还附录辨正六篇："一曰联绵字，二曰形声相类，三曰形相类，四曰声相类，五曰笔迹小异，六曰上正下讹。"剖析颇为精密细致，只是有时过于泥古，谬误也不少，该书是继《干禄字书》后又一部被收入《辞海·语言文字分册》"中国语文著作"栏目的辨正字体的专书。《复古编》今有清乾隆安邑葛鸣阳刻、丁小雅等校本，是为善本。

李从周（字肩吾）所著的《字通》和娄机（字彦发）所撰的《班马字类》是南宋两种重要的与正字有关的书，其中尤为值得一提的是《班马字类》。该书系采班固《汉书》和司马迁《史记》中的古字、僻字加以辨正考释而成，故名。全书 5 卷，收 1 800 多字，分四声编次，每字考证意义，标注音切，并对《汉书》中同一字形体的差异给予辨正。与《干禄字书》等有所不同的是：它虽然也辨正字体，但主要还是辨别声音、考证训诂，所以《四库全书总目提要》评价此书道："考证训诂，辨别音声，于假借通用诸字，胪列颇详，实有裨于小学。"凡 5 卷，娄机曾续《干禄字书》而作《广干禄字书》，今已失传，这倒是一部纯粹的辨正字体的专书。

元明时人编撰正字书的热情有增无减，各种正字书真可谓汗牛充栋，光是对《复古编》给予订正补充的就有刘致的《复古纠谬编》、戚崇僧的《后复古编》、吴均的《增修复古编》、曹本的《续复古编》等。然质量上乘之作却寥寥无几，唯一值得一提的是元长洲（今江苏吴县）人李文仲所作的《字鉴》。该书依平、上、去、入 206 韵来编次单字，凡 5 卷，每字的注释体例为：先标反切，而后释义，最后指出俗体之讹；释义基本以《说文》为依据，既明字义，又析形体。该书还对《干禄字书》《五经文字》《佩觿》等以往诸家著作中字体的讹误多有驳正。该书清初由朱彝尊抄得，张士俊刊行，才得以传世。今有张氏泽存堂本和《铁华馆丛书》本，以后者为佳。

（3）宋代金石学的兴起给汉语史料领域带来了一种从未有过的新的景观——涌现了一批著录及考释金石文字的著作，它们成为宋代古文字学史料中的主流。

早期金石文字著录书中较著名的是《考古图》和《宣和博古图》。《考古图》为北宋吕大临（字与叔）所作，凡 10 卷，收录铜器 224 件、石器 1 件、玉器 13 件，书中既有器物图形及有关器物大小、重量和容量等的介绍，也有铭文的著录，不少附释文，间或也有考证。该书今有清乾隆时黄晟《三古图》本。《宣和博古图》，简称《博古图》，旧题王黼等奉敕编纂，一说王楚纂，凡 30 卷，全书收录宋代皇室在宣和殿所藏青铜器 839 件，其中杂器 40 件、镜鉴 113 件，总分 20 类，每类前有概述，每种器物有图形及款识、容量、重量等的介绍，也著录铭文，有的还有简要的考证。该书今有清陈元龙《格致镜原》本。这些早期著录书一般均以"图"命名，其基本特征是：①图文并茂，有金石文字的著录，更有器形摹画及有关大小、重量等的详细介绍；②基本上只重著录，虽间或也有考释，但偏重于著录。

较之《考古图》等更有学术价值的是后起的一些著录、考释金石文字的专著，其中以南宋薛尚功（字用敏）的《历代钟鼎彝器款识法帖》和娄机的《汉隶字源》最具有代表性。薛著凡 20 卷，著录夏、商、周、秦、汉历代彝器 511 件，按时代先后分类编排，除摹录铭文外，并加考释。其考释精细有据，深得后世学者好评。该书今有海城于氏据明崇祯六年朱谋垔刻本影印本。《汉隶字源》凡 6 卷，收录汉碑 309 种、魏晋碑 31 种，所摹的隶字依《礼部韵略》（206 韵）编列；每字先列楷书，再罗列采自不同碑石的隶书，若有形体异同，则随字附注，加以考辨。该书今有明末毛晋汲古阁仿宋刻本。这些后起的著录、考释金石文字著作的特点是：①带有一定的研究性，有著录，更有考释；②重点在对金石文字的著录及其研究上，一般既没有器物图形的摹绘，也没有对器物本身的详细介绍。

宋代以后，著录、考释金石文字的专著虽有不少，但基本上没有超过宋人的成就。

除了著录、考释金石文字的著作外，宋明时期还出现了一些收集散见于古籍中的古文、籀文、篆文等的专著，著名的有《汗简》和《篆字汇》。北宋郭忠恕撰的《汗简》共 3 卷，收录 71 家古书中的古文、籀文，依《说文解字》部首顺序编排，首列古文字体，而后列楷体，再注明音切和出处，所征引古文诸书今多不存。《汗简》保存一大批濒临失传的古文字，是后人研究古代汉字的珍贵史料。该书通行的本子是清人郑珍校笺的光绪十五年广雅书局刻本。《篆字汇》又名《六书通》，明末乌程（今湖州）人闵齐伋（字寓五）所著。该书共 10 卷，单字依《洪武正韵》部次编排，首列《说文解字》篆文，下列古文、籀文、金文及印章文字，均注明出处。只有小篆而无别体的字称"附通"附于后。闵氏竭 50 余年精力才成此书，后在流传过程中残损，又经清人毕宏述增订，成今本。通行的本子有光绪四年留耕堂刊本。

（4）问世于汉代的《说文解字》历经汉末、隋末、唐末历次战火的洗礼，至宋时，错乱遗脱已不可尽数，要还这部悬日月而不刊的文字学名著以本来面目，并使之得以传世，对其进行梳爬、校勘、整理，作为一项紧迫的任务摆在宋人的工作日程上。宋初著名文字学家徐铉（字鼎臣）便肩负起了这项重任，于宋太宗雍熙三年开始了校订《说文解字》的工作：共增补 421 字，依据孙愐《唐韵》统一《说文解字》中的反切，同时增加释文，使注解较原书详备，徐铉还对书中因传抄造成的错乱、讹误一一加以纠正，对窜入书中的一些当时流行的俗字也一一加以明辨。校订后的《说文解字》世称"大徐本"，也即今天通行的本子，徐铉校订之功实不可没。与此同时，对《说文解字》本身进行的研究也由徐铉之弟徐锴（字楚金）拉开了帷幕，其研究成果集中地反映在他的《说文解字系传》一书中。《说文解字系传》共40卷，其中"通释"析《说文解字》15 卷为 30 卷，先录许氏原文，再引征经传，加以注解；其余部叙、通论、祛妄、类聚、错综、疑义、系述共 7 篇 9 卷，或分析部首之间的关系，或论述一些专名字义的来源，或指斥前人的种种谬断臆说，或对《说文解字》中的一些特殊字体、字类加以探讨。书中注释字义已注意到形声相生、音义相转之理。作为第一部系统研究《说文解字》的文字学专著，其中的不少论述对后世影响极大，清代的《说文解字》研究者多以锴说为据，位居"《说文解字》四大家"之首的段玉裁从中获益颇多。《说文解字系传》今易见的本子是商务印馆据宋抄本影印的《四部丛刊》本。

徐锴之后，人们的注意力似乎更多地集中到了《说文解字》所阐述的"六书"理论上去了，出现了一批研究、阐发"六书"理论的著作，如郑樵的《六书略》、戴侗的《六书故》等，然其学术影响及价值均在《说文解字系传》之下。

另外，若要全面反映宋明时期文字学史料的基本情况，那么王安石的《字说》和王子韶的《字解》恐怕不能不提。《字说》共 20 卷（王安石《进〈字说〉表》称"二十四卷"），其主要特点是：一概以会意之法去解释形声字，因而往往牵强附会，正如沈兼士所言："一切说之以会意之法，蹈空凭臆，舍实证而尚独断，故学者多非之。"① 然而其敢于挣脱《说文解字》的束缚，自创新说，这举动本身所具有的意义不可低估，北宋以后文字学研究上的开拓创新，不能说没受其影响；尤其是从表义角度去理解形声符的思路，更是直接引发了王子韶的"右文说"的诞生。王子韶的"右文说"主要体现在《字解》20 卷中，该书今已失传，然其主要理论却保存在沈括的《梦溪笔谈》中了。其说以为，凡形声字，形旁表意义类属，声旁（右文）表字义，如"浅、钱、残、贱"之属，其类在左，其义在右。"右文说"有其合理之处，然总的来说失之绝对，犯了以偏概全的错误。但是其所揭示的声符表义现象以及从声符入手去探求形声字意义的做法，对后世产生了极为重大而又深远的影响，清儒正是以此为起点，将有清一代的文字学、训诂学研究推向了一个新的高峰。

（原载于《古汉语研究》1993 年第 3 期）

---

① 沈兼士著，葛信益、启功整理：《沈兼士学术论文集》，北京：中华书局，1986 年，第 83 页。

附记

本文是我与曹培根君合作的关于汉语史料学研究的第二篇论文。也是我在《古汉语研究》发表的第一篇文章，其时刚好30周岁。按照分工，也是由我执笔撰写的。

按理，写完《先秦汉语史料概论》以后，接下来应该撰写的是秦汉魏晋时期汉语史料概论，但是考虑到这个时期的汉语史料前贤时哲已经收集整理了个大概，需要归纳概括的东西比较少，所以便暂时搁下。同时又考虑到有清一代文字学、音韵学、训诂学史料极为浩繁，宜分列专章讨论，所以便把南北朝至明代的汉语史料作为重点来处理。

为了写作这篇论文，我把南北朝至明代的所有重要的研究汉字的文献全都摸了一遍。当初这一块的研究还不够充分，可资借鉴的成果也不多，因此写作的时候还是有些吃力的，要是在20多年后的今天来撰写，可能也就不是现在这个模样了。但这就是历史：每一个历史阶段的写作，都会不可避免地受具体历史阶段视野、视角、所使用的材料以及对这些材料的把握等的影响，这大概就是常说的历史的局限性吧。

本文写就之后，希望找一个好一些的刊物发表，也不枉费了自己的一番辛苦。于是，便去找了王希杰教授，希望能给推荐一个好的发表平台。王希杰教授看了稿子之后，就给推荐到了《古汉语研究》。那时的《古汉语研究》还是季刊，每期96页的篇幅。那一期发表了20篇论文，作者阵容依次为：向熹、锐声、申小龙、张小克、黄斌、虞万里和杨蓉蓉、曹炜和曹培根、刘晓南、张月明、彭林、冯蒸、任福禄、马重奇、曾晓渝、孟传书、罗邦柱、郭焰坤、许廷桂、杨琳。不少人现在依然活跃在学界。

南北朝至明代的训诂学史料概论

　　对南北朝至明代这 1 200 多年间的训诂学成就及其在语言学史上的地位，学界的某些评价似欠公允——纲要性质的王力《中国语言学史》自不必说，涵盖颇广、罗列甚详的濮之珍《中国语言学史》对其介绍也只有三言两语、草草了事。而事实上，这时期的训诂学继续沿着汉儒开创的专书训诂、传注训诂这两条道路向前发展，也同样结出了丰硕的成果：著名的专书训诂著作有《经典释文》《一切经音义》《匡谬正俗》《埤雅》《骈雅》《通雅》等，传注类训诂著作为该时期训诂学史料的主流，不仅传注范围由秦汉时期的以经部、子部书为主扩展到了史部、集部书，而且训诂体例也有所创新，除秦汉时的"注""传""集解"等以外，又增添了一种新的体例"义疏"；该时期较著名的传注类训诂著作有：卢辩《大戴礼记注》、裴松之《三国志注》、孔颖达《五经正义》、贾公彦《周礼疏》、李善《文选注》、《史记》三家注、洪兴祖《楚辞补注》、朱熹《四书章句集注》与《诗集传》、胡三省《资治通鉴注》等，数量相当可观。

一

　　《经典释文》《匡谬正俗》及《一切经音义》是隋唐时期三种最著名的集释诸书音义的训诂专书，它们在语言学史上的地位、价值不容忽视。

　　隋末唐初陆德明所撰《经典释文》凡 30 卷，首卷为"序录"，包括"序""条例""注解传述人""总目"等几项内容；余下的 29 卷依次为对《周易》《古文尚书》《毛诗》《周礼》《仪礼》《礼记》《左传》《公羊传》《穀梁传》《孝经》《论语》《老子》《庄子》《尔雅》14 种经典的注释，注释的基本体例是：摘出经典正文和注文中单字给予注释，通常是先用直音或反切标音，而后释义，兼考证各种传本文字的异同；标音、释义时广采汉魏六朝 230 余家音切及隋唐以前诸家训诂，并常常注明出处。《经典释文》是汉魏以来群经音义的总汇，具有极高的史料价值：①它保存了汉魏以来数百家经典训释书及训诂专书中的文字音读，是研究古汉语音韵学的宝贵资料；②书中采录的隋唐以前的大量的古书注解及作者本人所作的考释是研究古汉语词汇学的极有价值的资料，尤其是那些原书已亡佚失传，而经该书引用得以保存的古注古训弥足珍贵。《经典释文》易见的本子有商务印书馆的《四部丛刊》本和《丛书集成》附"考证"本；今人黄焯撰有《经典释文汇校》一种，中华书局1980年版，是为诸本中最好的本子，使用颇方便。

唐初颜师古撰《匡谬正俗》凡八卷，为未定之遗稿，由其子颜扬庭整理后上奏朝廷，而后得以刊行。八卷依次为卷一《论语》，卷二《尚书》，卷三《礼记》，卷四《春秋》，卷五《史记》《汉书》等史书，卷六今俗，卷七、卷八汉赋等。大凡前四卷，55条，论述诸经训诂音释，译其得失；后四卷，127条，论述诸书字音字义及俗语相承之异，精加考证，因此其所正谬误涉及面广：有义训的、音读的、字体的讹误，也有俗语的误解误用；而且解说细致，娓娓道来，多令人信服，为后世学者所推崇。王力先生称此书"既有确实的根据，又有卓越的见解"，"够得上称为学术著作"，① 实非过誉。《匡谬正俗》在训诂学上的重要价值实不容低估。此书易见的本子有商务印书馆《丛书集成初编》本。

《一切经音义》是诠解佛经中字、词音义的训诂专著，现存的有两种：一种为唐初僧人玄应所撰，一种为中唐时僧人慧琳所撰。

玄应曾为唐初长安大慈恩寺的翻经僧，所著《一切经音义》，原名《大唐众经音义》，习称《玄应音义》，共25卷，书成于唐太宗贞观末年，是现存的佛经音义中最早的一部著作。该书从454部佛教著作中录出梵文汉译和生僻字词给予诠释。注释体例与《经典释文》相似：每字、词先用直音或反切标音，然后再释义，兼考证文字异同。有所不同的是《经典释文》以注音为主，而《玄应音义》则侧重于释义，征引广博。

《玄应音义》不仅保存了大量的反切，为研究中古语音提供了重要资料，而且由于它侧重于释义，所以更多地收罗了魏晋以来新出现的字（词）义，在训诂学研究上尤具有重大的价值。另外，《玄应音义》中引用的一些已失传的古书为后人考证典籍的真伪、补正今本的脱误、显示原书的轮廓，提供了宝贵的依据。清代学者辑存古佚书，都取材于该书。《玄应音义》易见的本子有商务印书馆的《丛书集成初编》本，由台湾周法高先生编撰、台湾"中央研究院"历史语言研究所出版的《一切经音义索引》更为《玄应音义》的使用提供了方便。

慧琳所著《一切经音义》，又名《大藏音义》，习称《慧琳音义》，历时

---

① 参见王力：《中国语言学史》，太原：山西人民出版社，1981年，第101页。

二十余载，凡 100 卷，约 60 万字，为佛经音义的集大成之作。该书从 1 000 多部佛教著作中选录词语给予注释，体例同《玄应音义》，只是注释更丰富，征引更广博。《慧琳音义》较好的本子有上海医学书局据日本白莲社本影印附"通检"本。《慧琳音义》之后，辽僧人希麟续此作《续一切经音义》十卷，所释词语选自慧琳未及采录的佛教著作，体例全仿《慧琳音义》，这是后话。

唐代以后，训诂学步入低谷，这在专书训诂领域表现得尤为明显。宋元明三朝各种学术专著汗牛充栋，而值得一说的训诂专书唯《埤雅》《尔雅翼》《骈雅》《通雅》而已。

《埤雅》，北宋陆佃撰，原名《物性门类》，后改今名，取"辅佐《尔雅》"之意，全书八篇 20 卷，体例仿《尔雅》，而注释极为详尽：除了对所释名物的性状、特征给予具体的描述外，还注意探求其得名的由来，其中不乏古书的征引，还每每参之以古代的典章制度及民间流行的通俗说法。不足的是，书中多引王安石《字说》，不免流于旁凿附会①；引文也未注出处。

《尔雅翼》，南宋罗愿撰。全书共六篇 32 卷，体例仿《尔雅》，注释详尽同《埤雅》，而考据之精博、体例之谨严在《埤雅》之上，故而为后世学者所称道。不足的是书中所述，受王安石《字说》影响，仍有不少牵强附会之处。

《埤雅》《尔雅翼》易见的本子有商务印书馆《丛书集成初编》本。

《骈雅》，明朱谋㙔撰，该书性质类似于后世的"联绵词典"。训释体例仿《尔雅》，但征引广博，经史子集，乃至于传记小说，无所不采。《骈雅》是后人研究古汉语复音词发展演变的珍贵史料，清人魏茂林撰有《骈雅训纂》16 卷，不仅增补了一些双音词，而且对原书中的疏漏、谬误给予补正，实为《骈雅》最好的注本，颇便于初学者使用。

《通雅》，明末方以智撰。全书 28 篇 52 卷，涉及的内容已超出了《尔雅》的范围，兼及文学艺术和天文、地理、医学等，近似一部小型的百科全书，易见的有《方以智全书》，上海古籍出版社铅印本。

除《通雅》等外，明季还出现一些训释方言俗语的专著，如陈士元的《俚言解》、张存绅的《雅俗稽言》、陆噩云的《世事通考》和周梦旸的《常谈考误》等，其价值、影响均在《骈雅》《通雅》之下。

二

如前所述，作为本时期训诂学史料主流的传注类训诂著作，不仅训释的

---

① 参见曹炜、曹培根：《南北朝至明代的文字学史料概论》，《古汉语研究》1993 年第 3 期。

范围扩大了，其体式也有所发展。

首开史书部类作注新例的是南北朝时期裴松之的《三国志注》。注文中，有文字音义等的考释，但主要是对史料的补缺、存异、考订和纠谬，而且引书首尾完具，不加以剪裁割裂，极便后存。南朝宋元嘉六年完成奏上时，文帝极为赏识，称之"此为不朽矣"。现存的《三国志注》最易见的本子是中华人民共和国成立后的中华书局校勘本。

《三国志注》之后出现的同类传注书中最著名的莫过于《史记》三家注：裴骃的《史记集解》、司马贞的《史记索隐》和张守节的《史记正义》。

裴骃，裴松之之子。所著《史记集解》共 130 卷，博采九经诸史及汉书音义。与《三国志注》不同的是，该书重在字、句的阐释，间或也有史料的考订，但数量颇少。诠释时往往引证先儒（贾逵、服虔、徐广、杜预、郑玄、韦昭、何休、王肃等）旧说，但往往只具人名，不详出处，是其不足。

张守节，字里不详，唐时人，官诸王侍读，守右清道率府长史，在《史记集解》和《史记索隐》的基础上写成《史记正义》，或补充佐证，或疏通句意，或添音切，引例注明出处。

《史记》三家注原先各自单行，北宋以后才合为一编，散列于正文之下。现存的版本中以中华书局点校本为最佳。今人洪业等编有《史记及注释综合引得》（上海古籍出版社影印本）、段书安编有《史记三家注引书索引》（中华书局排印本），为"三家注"的使用提供了方便。

宋元明时期为史书作注的人颇不少，但传世之作鲜见，值得一提的是胡三省的《资治通鉴音注》，其涉及范围颇广，除了文字音义的诠释外，还对象纬推测、地形建置、天文历法、制度沿革乃至外族民俗、异域风情均有介绍、阐释，极为赅备；同时对原书存在的谬误、缺漏也多有补正。该书通行的本子是中华人民共和国成立后的中华书局点校本。

南北朝以后，集部类传注书不断涌现，较著名的有《五臣文选注》、李公焕《笺注陶洲明集》、郭知达《九家集注杜诗》、杨齐贤等《分类补注李太白集》、魏仲举《五百家注音辨昌黎先生文集》、李壁《王荆文公诗笺注》等。而最著名的则是李善的《文选注》。该书 60 卷，基本体例为：先诠释字、词，串讲句意，而后评注反切，最后以"善曰"二字标明引文，以证其释。该书征引文献典籍异常广博，有诸经传训、正史杂史、诸子小学，也有纬侯图谶、道释经论，还有诏、表、启、诗、颂、赋、赞等各类文集，有 1 500 余种。该书今存版本较多，其中以清人胡克家重刻宋刊本为最佳，易见的有中华书局缩影本。

义疏是南北朝时新出现的一种训诂形式。所谓义疏，说白了，乃是传注的传注。南朝梁皇侃的《论语义疏》是最早的比较著名的义疏之一。皇侃曾当过国子助教，所著《论语义疏》，全称为《论语集解义疏》，大抵以何晏《论语集解》① 为本，兼采老庄之学，阐发经义，往往随意发挥，不拘家法，实能补《集解》之所未备，为后学所宗。今本中以商务印书馆《丛书集成初编》本最为常见。

发端于南北朝的义疏到了隋代有了进一步的发展，炀帝时的太学博士刘焯和太常博士刘炫均精于义疏之学，时称"二刘"，名有《毛诗》《尚书》《论语》《春秋》《孝经》等经疏多种，可惜均失传。入唐以后，义疏之学出现了高潮，概有官方敕修的经疏，也有学者个人撰修的义疏，其中孔颖达《五经正义》等九种经疏，作为义疏的典范之作，被宋人列入著名的《十三经注疏》中。

孔颖达，字冲远，初唐冀州衡水（今河北省衡水市）人，隋时为太学助教，入唐后官至国子祭酒。其所撰的《五经正义》包括《周易正义》《尚书正义》《毛诗正义》《礼记正义》和《春秋左传正义》五种，体例是：先列原注——往往是前代最有代表性的注，如《春秋左传》便取的是杜预的注②，而后对原注给予阐释。孔疏解释字词、疏通句意、考证名物制度颇为翔实，引文均评注出处，体例颇为严谨。与孔颖达《五经正义》几乎齐名的还有贾公彦《周礼注疏》与《仪礼注疏》、徐彦的《春秋公羊传注疏》和杨士勋《春秋穀梁传疏》。

较之唐人的义疏，宋人的义疏可取的较少，即使像其中的佼佼者——邢昺的三种义疏，③ 其品位也明显逊色于孔疏；至于也列入宋人《十三经注疏》中的托名孙奭疏的《孟子注疏》则质量尤差，几无可取之处。

讨论唐宋时期的传注类训诂著作，朱熹及其《四书章句集注》恐怕是不能不提的。《四书章句集注》包括《大学章句》《中庸章句》《论语集注》《孟子集注》四种，每一种的格局基本相同——前有"序"或"序说"，正文每卷标题下均有对本卷章旨、内容的有关说明，注释体例也大致相同——先标注字音字义，而后串讲句意，其中有名物的考据，也有义理的推演。略有差异的是，《大学》《中庸》理学色彩浓一些，义理的阐发多一些，而《论语》《孟子》则更多地注重字词音义的诠解，虽也不时有文理的发挥，但相对于前两种则要少得多，所以就训诂学价值而言，后两种当在前两种之上。《四书章句集注》是朱熹最有代表性的训诂著作，也是宋代传注类训诂书中的上乘之作，所以无论在当时还是日后均产生了巨大的影响：宋代将此书列于学官，就是在元明两代的数百年中，该书也一直是朝廷科举取士的内容和依据。

---

① 参见曹炜、曹培根：《秦汉魏晋时期汉语史料概论》（未刊稿）。
② 参见曹炜、曹培根：《秦汉魏晋时期汉语史料概论》（未刊稿）。
③ 邢昺的三种义疏为《孝经注疏》《论语注疏》和《尔雅注疏》，均列入宋人《十三经注疏》中。

今存的本子中以中华书局《新编诸子集成》本为最佳。

以上所论，仅仅是南北朝至明代训诂学史料中的一部分，远远不是全部。然而，就是眼前的这些史料也足以使我们无法忽视它们的存在，而不得不承认这时期的训诂学史料同样也是汉语史料长卷中极为光辉的一部分，至于其在继承汉代训诂学传统，并不断开拓、创新，从而在学术思想、治学方法上给清代训诂学家以有力的启迪等方面的意义、价值，则更不用多说了。

（原载于《高校社科情报》1993 年第 3 期）

附记

本文是我撰写的关于汉语史料学课题研究的第三篇论文。

南北朝至明代的训诂学史料比较博杂，当时因为没有电脑和网络，所有资料均须到图书馆去查阅，其艰难程度非今日熟练运用电脑和网络的青年学者所能想象，由于全部通过手工卡片来收集材料，所以本文写作的时间较长。记得当时小孩才四五岁，正上幼儿园小班，每天要接送；太太在同一所学校上班，每天准时上下班，下班之后就被孩子缠住了，家里的活计主要还是靠我；自己除了上课之外还要担任班主任工作，繁忙的工作及家务逼着自己只能向夜里要时间，每天夜里只睡几个小时。那时人极瘦，能穿裤筒极小的"西裤"，两腿就像鲁迅小说中所说的"细脚伶仃的圆规"，身材苗条得很，体重不到 100 斤。每天除了上课、班主任工作、家务活计之外，就是写作了，烟瘾在那个时候也是越来越严重了。因为工资收入比较低，只能抽低档烟，每天常抽的是两元一包的"白画苑""白红梅"等，有时也改善一下，买一包"黄红梅""刘三姐""阿诗玛"，至于 10 元一包的"红塔山"是待客用的，平时从不舍得抽。1993 年患了平生第一场肺炎住院一周，或许与这有关。

原本想给本文找个好的去处的，但为了能尽快发表，不至于与《南北朝至明代的文字学史料概论》一文的发表拉开较长的间距，就交给了曹培根君所熟识的《高校社科情报》去发表了，那也是一个内刊，是河北省高校社科情报中心办的一个学术情报刊物（编辑部设在河北师范学院内）。事后想想，还是有点后悔，总觉得有点对不起自己和家人的艰辛付出。

论汉语词义的理据性和非理据性

一、引言

无论哪种语言学理论书，国内的也好，国外的也罢，均说得明明白白：文字仅仅是语言的书写符号系统，文字和语言是两码事，就好比酒瓶和所承载的酒是两码事一样。但汉字是个例外——语言学中常常有这样的例外，它同世界上绝大多数文字的不同之处在于它的表意性。它的这种为一般文字符号所不具备的特异功能使得它在应用时，不只是机械地记录、承载汉语中的词，而且还对词义——至少是绝大多数词义的形成施加影响，并往往起着决定性的作用。汉语词义理解中的所谓"望文生义"现象便是从反面道出了汉字字义同词义的这种源流关系。文者，字也。在通常情况下，望文确能生义，只是不能不管青红皂白、一概而论而已。汉人的识字教学时间较之西人的识字教学时间要长得多，原因也正在于此，西人学了字（字母）只学会了拼读词，而对词义依然一无所知；汉人学了字，也基本上等于学了词。汉语中字和词的这种密切程度，使得汉人在很长的一段时间内字、词不分，就是在今天，在许多场合，诸如"生字""生词"义同，"字典""词典"不分的现象不是照样存在吗？

本文所要探讨的便是汉语中词义同字义的源流及非源流关系。我们这里所说的字义，是指广义的字义，即不仅仅是指字的初始义、字形义，如"弄"的初始义为"玩弄"，也包括字在应用中由字形义派生的其他意义，如"弄"的"作弄、做、取得"等后起义。我们之所以不用"语素义"这个眼下比较流行的概念，一者是因为在汉语中，词义的理据问题，从语素义角度去谈远不如从字义角度去谈来得全面、明了、直接、不绕弯子，而且往往显得从容不迫。二者是因为在汉语中，不少词内部的语素切分问题处理得不尽如人意，有的分歧还不小，在不少词内部究竟有几个语素这样的问题尚未解决的情况下，去讨论这些词的意义同语素义之间的因果联系，岂不如同把高楼建筑在松软的沙滩之上一样的不可靠吗？三者是因为在汉语中，"字义"同"词义"

的关系远较"语素义"同"词义"的关系来得复杂，前者可以包容后者，而又有许多现象为后者所不具备。正是基于上述种种考虑，我们把讨论"词义"和"字义"的各种联系作为观察词义的理据性和非理据性的切入口。

所谓词义的理据性，是指词义同字义之间存在着某种因果联系，字义或多或少或明或暗可以在词义中得到体现。就词义同字义的因果联系的强弱而言，词义的理据又可以分为"显性"和"潜性"两种情形。所谓词义的非理据性是指词义同字义之间不存在什么因果联系，字义在词义中也得不到丝毫的体现。汉语中绝大部分词的意义是具有理据性的，而相对来说，具有非理据性词义的词则要少得多。

二、汉语词义的显理据性

词义的显理据性表现为词义同字义的联系很密切、直接，一目了然，人们对这类词义的把握、确定是完全建筑在对字义的理解、分析的基础之上的，前文所说的"在通常情况下，望文确能生义"的便是这一类词义，它们在汉语词义体系中占有极大的比重，可以说是反映了汉语中词义同字义关系的基本面貌。主要有下列几种情况：

（1）词义：字义的泛化、升级。例如：

A 组：根源　汇集　治理　牵引　贫穷
B 组：价值　疾病　寻找　选择　美丽

这两组词的共同特征是：①两个字的意义相同或相近，且取并列的构成方式；②词义同字义基本相同，了解字义便可推知词义。稍有不同的是：A组中词义由字义结合后泛化而形成，试以"根源"为例，"根"的本义为树根，是树生长的起点，"源"的本义为江河的源头，是江河运行的起点，两者结合后泛化为一切事物发生的起点。B组中词义同字义的联系则要直接得多，因为两个字义中的任何一个均与词义相同，词义实际上可以看作是字义的升级。

（2）词义：字义的简单组装。例如：

A 组：知青　军工　外事　公廉　科技
B 组：平地　良机　昏君　公敌　心悸
C 组：是非　彼此　退迤　公私　胜负

这三组词的共同特征是：①两个字的意义各不相同，有的彼此还没有联系，有的虽有联系，但意义刚好相反；②一般来说，词义绝不是它的构成成分意义的简单相加，这正是词同一般词组的重要区别之一，该三组词的意义恰恰基本上是由字义简单相加后形成的。A组均为"简化造词法"造的词，均由词组缩减而成，字义实际上是词义的浓缩。如"知青"是由词组"知识青年"缩减而成，"知"和"青"的字义实际上是词"知识"和"青年"意义的浓缩，也就是说，一个字代表的实际上是一个合成词。所以《现代汉语词典》在解释"知青"这类词时往往会将它们还原："知青"便释为"知识青年"，"军工"释为"军事工业"，"外事"释为"外交事务"，"公廉"释为"公正清廉"，"科技"释为"科学技术"，① 这样的处理，应该说是抓住了词义同字义因果联系的本质，是妥帖的。在由字义叠加而形成词义的词中，B组词实际上是最典型的一种，因而数量也最多。该组词的意义是由两个彼此无任何联系的字的意义相加后形成，如"平"的意义是"平整""平坦"，"地"的意义是"土地"，所以"平地"可以释为"平整土地"或"平坦的土地"，余亦类推。主谓式复合词大多属于这种情形，试以"心×"式词为例，如"心爱、心毒、心烦、心浮、心服、心怀、心慌、心急、心悸、心焦、心静、心切、心酸、心疼、心跳、心细、心秀、心仪、心窄、心照"等，分别可以用"心中"或"心脏"等加上"喜爱、烦躁"等之格式去一一给予解释。② 同A组、B组词有所不同，C组词中的两个字只存在一种结构关系——并列关系，两字的意义有联系，但相反或相对，词义便由这两个相反或相对的字义相加后形成。如"是"义为"正确"，"非"义为"错误"，"是非"便是指"（事理的）正确和错误"；其他的如"彼此""遐迩"等也如此。③

（3）词义：字义的部分失落。例如：

A组：忘记　窗户　动静　质量　干净
B组：帽子　老师　傻乎乎　乐滋滋　广为

这两组词的共同特征是：构成词的两个字，有一个意义脱落或虚化了，在词义的形成中几乎不起或很少起作用，词义实际上由另一个字义升级后形成。其中A组词均为并列式复合词，内中一个字的意义脱落了，如"忘记"中的"记"，"窗户"中的"户"，它们在词义形成中根本不起作用，词义由另一个字义升级后形成，"忘记"即"忘"，"窗户"即"窗"，余亦类推。B

---

① 参见中国社会科学院语言研究所词典编辑室编：《现代汉语词典》，北京：商务印书馆，1983年，第58、622、639、1030、1046、1053、1239、1277、1278、1481页。

② 参见中国社会科学院语言研究所词典编辑室编：《现代汉语词典》，北京：商务印书馆，1983年，第58、622、639、1030、1046、1053、1239、1277、1278、1481页。

③ 参见中国社会科学院语言研究所词典编辑室编：《现代汉语词典》，北京：商务印书馆，1983年，第58、622、639、1030、1046、1053、1239、1277、1278、1481页。

组词均为附加式合成词，其中的一个字，即人们通常说的词缀，只标明词的表意范围、类别，有时也附带一些感情、形象色彩或其他的功用，而不表具体、实在的意义，所以在词义的形成中所起的作用微乎其微，如"帽子""老师"中的"子""老"等只标明词所属的是表示人或事物的词；"傻乎乎""乐滋滋"中的"乎乎""滋滋"除了标明该词所属的是表示性状的词之外还附带感情色彩及形象色彩①；"广为"中的"为"则除了是副词的标志外，还具有强调的功用，类似的还有"大为、深为、颇为、更为"等中的"为"。在 B 组词中，很显然，对词义起决定作用的是表示具体、实在意义的那个字的意义，如例中的"帽、师、傻、乐、广"等。

（4）词义的推演、延伸。例如：

谢幕　盘菜　协作　通史　快报　剪票

在现代汉语词汇大家族中，最常见的、数量最多的也就是这一类词。它们的特点是：①词义同字义的因果联系虽然很明显，但不如前面几类词来得简洁；②由于字义在形成词义的过程中经历了一个推演、延伸的曲折过程，所以虽然人们对字义能够十分准确地把握，然而要据此全面、科学地确定、揭示词义却绝非易事，没有一定的词汇学理论知识，不花上一定的时间费上一定的工夫去钻研、探求，恐怕是不可能的。试以"谢幕"为例，"谢"为"感谢、答谢"之义，"幕"为"幕布"之义，这是不少人都了解的，然而两者的相加却绝对不是"谢幕"科学完整的词义。《现代汉语词典》是这样表述该词的意义的："演出闭幕后观众鼓掌时，演员站在台前向观众敬礼，答谢观众的盛意。"② 这样的表述同"谢""幕"两个字的意义可谓相去甚远，然而其中的源流、因果关系是非常清楚的，词典关于"谢幕"的释义正是紧扣"谢"和"幕"的字义，经过推演、延伸后产生的。这种情形颇有点类似于文字学中的"比类合谊，以见指㧑"的会意字。如"析"字，人们都知道此字由"木"和"斤"构成，却未必知道"析"的本义为"劈木"。

三、汉语词义的潜理据性

词义的潜理据性是词义理据性的另一种存在方式，它表现为词义同字义虽有联系，但这种联系比较隐晦、间接、拐弯抹角，不够清楚，若仅仅依照字面意义直接去推求、理解词义，往往会不得要领，从而不能科学、准确地

① 参见曹炜：《"ABB"式中的叠音后缀》，《中国语文天地》1989 年第 5 期。
② 参见中国社会科学院语言研究所词典编辑室编：《现代汉语词典》，北京：商务印书馆，1983 年，第 58、622、639、1030、1046、1053、1239、1277、1278、1481 页。

把握词义。

呈现潜理据性的词义大多属于修辞式派生义。① 例如：

A 组：滥觞　唇舌　笔墨　　股肱
B 组：园丁　桥梁　心脏　小儿科
C 组：红色　黄色　红豆　白色
D 组：丧胆　倾倒　销魂　一溜烟

其中 A 组的潜理据性词义为借代式派生义，B 组为比喻式派生义，C 组为象征式派生义，D 组为夸张式派生义。② 虽然它们具体的产生途径有所差异，但有一点是共同的：在字义形成词义的过程中，曾经历了一次大的跳跃，这次跳跃所依赖的是人们的类比、联想，而跳跃的支点或称跳板，则是由字义直接形成的显理据性词义。该过程可以图示为：

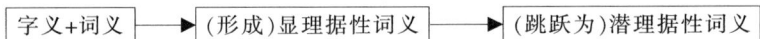

$$字义+词义 \longrightarrow （形成）显理据性词义 \longrightarrow （跳跃为）潜理据性词义$$

例如 A 组中的"股肱"，"股"即大腿，"肱"即胳膊，它的显理据性词义为"胳膊和大腿"，胳膊和大腿是人类生活、劳作的重要器官，不可或缺，由此类比、联想开去，便产生潜理据性词义"左右辅佐得力的人"。"笔墨""唇舌"等与此同。"滥"的字义为"浮"，"觞"的字义为"酒杯"，"滥觞"即"浮起酒杯"，而人们更多地知道的是它的借代义"事物的起源"。原来江河发源的地方水很少，不能行船，而只能浮载起小小的酒杯，于是人们便巧妙地借用这种具体的情景"浮起酒杯"（滥觞）来指代一种抽象的意义"事物的起源"，从而构成了潜理据性词义。B、C、D 各组词的潜理据性词义产生的过程与 A 组相同，这里不再展开分析了。需要指出的是，在 A 组、D 组词中，那个一般由字义简单组装后形成的显理据性词义，如"滥觞"的"浮起酒杯"之义，如今已不用或少用了，所以《现代汉语词典》对此也不另立义项，而只列潜理据性词义，对前者只是稍带提示一下而已。而在 B 组、C 组词中，显理据性词义和潜理据性词义依然并存，如"小儿科"既指"医疗机构中诊治小儿疾病的一科"，又比喻"被人瞧不起的行当或价值不大、不值得重视的事情"，词典也将它们分列为两个义项。

最典型的属于潜理据性词义的，恐怕要数由典故演化而来的词了。例如：

---

① 参见曹炜：《现代汉语词义的派生方式新论》，中国人民大学报刊复印资料《语言文字学》1992 年第 8 期。

② 参见曹炜：《现代汉语词义的派生方式新论》，中国人民大学报刊复印资料《语言文字学》1992 年第 8 期。

A 组：问鼎　临池　染指　四知金

B 组：桑梓　涂鸦　先鞭　妃子笑

　　说它们典型，是因为它们不像"股肱""园丁"等，在字义同派生的潜理据性词义之间还有一个本义——显理据性词义作为纽带，人们的类比联想还有一个触发点、落脚处。而"问鼎""桑梓"等，或者是对古代人物掌故的简要记录，或者是古书中词句的浓缩，不需要类比联想，也类比不起来，联想不开去，只需要了解出典，就能理解词义。在这里，字义只是提供了一点线索，一点蛛丝马迹。其中 A 组词的背后都潜伏着一个故事，如"四知金"的出典是：东汉名臣杨震赴任东莱太守，路经昌邑，昌邑令王密往日被杨震举荐，故夜间送十斤黄金给杨，说夜晚无人知晓，杨震说："天知，神知，我知，子知，何谓无知！"不接受王的馈赠。后人便用"四知金"指称非义之赠。"四知金"三个字只是简洁、含糊地记录了这个故事的中心内容，在"四知金"的字义同"非义之赠"这个词义之间，如果说也有一个纽带的话，那就是它们背后的那个关于杨震拒收黄金的故事，其他如"问鼎、临池、染指"等也如此。B 组词则是古诗文句意的浓缩，如"桑梓"取自于《诗·小雅·小弁》："维桑与梓，必恭敬止。"说的是，家乡的桑树和梓树是父母种的，对它要表示敬意，后人便用"桑梓"指称自己的故乡。其他的如"涂鸦"取自唐朝卢仝的《添丁诗》："忽来案上翻墨汁，涂抹诗书如老鸦。"后人用之形容字写得很丑。"先鞭"取自于《世说新语·赏誉》刘孝标注引《晋阳秋》："刘琨与亲旧书曰：'吾枕戈待旦，志枭逆虏，常恐祖生先吾著鞭耳。'"后人用之表示占先一着。"妃子笑"取自于唐朝杜牧《过华清宫》："一骑红尘妃子笑，无人知是荔枝来。"与 A 组词不同，B 组词背后起纽带作用——联结字义和词义的是古诗文，而不是某个具体的故事，所以《现代汉语词典》在解释 A 组、B 组词时采取的方式略有不同：前者往往简述故事梗概，后者则抄录原诗文，有时也用"语出"标明，以示区别，其编风可谓严谨。

四、汉语词义的非理据性

　　诚如前面所言，汉语中大多数词的意义是有理据可寻的，这是摆在我们面前的事实，但同时我们也不能不面对另一个事实：汉语中也有一部分词的意义是无理据可寻的，字义同词义根本谈不上有什么因果联系。字在这里只起记音载形的作用，字义在词义的形成过程中不起作用。若想从字入手推求词义，那完全是徒劳的，因为两者往往风马牛不相及。

　　词义的非理据性主要体现在以下几类词身上。

（1）音译外来词。例如：

密陀僧　乡歌　海波　南无　荼毗　弥撒

这些词若不去查阅词典，一般人往往会产生误解，如"密陀僧"，往往会被认为是某一类僧人，如"行脚僧"之类，这显然是词中"僧"字所起的导向、暗示作用，而实际上该词指的是一种主要成分为氧化铅的无机化合物，与"僧人"毫不相干。余此类似，"乡歌"也不是指流行于乡村的歌曲，如"民歌""民谣"之属，而是指朝鲜在创制自己的拼音文字以前用汉字书写的朝鲜语；"海波"不是指海浪，而是指大苏打。至于"南无、荼毗、弥撒"等是宗教用语，词义同字义更是相差十万八千里。

（2）一部分联绵词。例如：

婵媛　蘑菇　伶俐　秋千　望洋　琉璃

"婵媛"同"婵娟"，词义为"美好"，一为"牵连、相连"之义。这是同音同形的两个词，例中所指的显然是后者。"蘑菇"的情形与"婵媛"相似，例中不是指食用菌类，而是指故意纠缠。"伶俐"又作"伶利"，"望洋"又作"望羊"，"琉璃"又作"流离"，字的写法尚不定型，可见词义同字义的关系之清白。"秋千"指的是一种运动和游戏用具，既与"秋季"无关，也同"千"字无涉。我们之所以在联绵词前加上限制语"一部分"，是因为不少被公认为是联绵词的词，其实不是联绵词，而是复合式合成词，如"琵琶、玛瑙"等，[1]《现代汉语词典》列举的六个典型的联绵词中也有几个并非联绵词。这是另一个问题，且谈起来也非三言两语就能完事的，这里就不讨论了。

（3）一部分方言词、口语词。例如：

埋汰　盘川　摆子　嘎巴　刮打扁儿

作为现代汉语一般词汇的方言词、口语词，其词义绝大部分也是有理据性的，但确实也有一部分是非理据性的，如"埋汰"所表示的"脏"义是无法从"埋"和"汰"这两个字义中寻求的；"盘川"非指交叉的河川，而是指路费，又可写作"盘缠"；"摆子"是指疟疾；"嘎巴"是指黏的东西干后附着在器物上；"刮打扁儿"是指尖头蝗，它们的词义与字义是毫无联系的。

---

① 参见戚桂宴：《汉语的词和词语》，《山西大学学报》（哲学社会科学版）1992年第1期。

（4）一部分专有名词。例如：

知母　狗毒　石南　女青　豆娘　天牛

其中"知母""狗毒""石南""女青"均为植物，"豆娘""天牛"则为昆虫，与字标示的意义无任何联系。如"知母"又名"蚳母""连母"，一种草药，有清热生津之功效，若理解为"知识母亲"（同"知青"）或"了解母亲"（同"知人"）则闹大笑话了；"狗毒"又叫"大理白前"，一种味苦的草，若按"虎毒（不食子）"去理解为"狗毒辣"则大错特错了。其他如"豆娘""天牛"等也是如此。

（5）一部分拟声词。例如：

扑棱　叮当　呼哧　滴答　扑腾

这些拟声词的情形颇类似于前面谈过的"音译外来词"，即词中的各个字纯粹是记音的，且均带有模拟性，音译词模拟的是外文读音，拟声词模拟的是自然界及人类发出的声响。所以，虽然记载这些声响的字均有意义，但它们构成的词所包含的意义却丝毫不受字义的影响。虽然各个词中的字的意义各不相同，如"扑""棱"的意义同"滴""答"的意义相去甚远，但它们所构成的词的意义却有某种相似性、一致性，均可以用"形容某物干什么（或怎么样）的声音"这种固定模式去加以解释。

五、余论

汉语词义的理据性问题是词汇学界常有人涉及（只是没有人用过这个说法）却始终没能真正引起人们关注并专门加以探讨的问题。主要的问题，恐怕是难以寻找合适的切入口。怎么谈？从何处着手谈，按通常的思路，似应从语素义同词义的联系去谈——我们也曾尝试过，可是像"海波"这类音译外来词，语素义就是词义，怎么谈？又如"豆娘""扑棱"等词究竟应划分为几个语素，学界尚无令人信服的定论，这又该怎么去谈，诸如此类的问题，这些都是解决问题所必须扫清的外围障碍，可扫清这些外围障碍又谈何容易，不是至今还有一些人否认汉语的词语是可以划分出语素的吗？① 于是我们根据汉语的实际——汉字的表意性以及字义同词义的关联性，选择了词义同字义的因果联系作为观察点、切入口，来探讨词义的理据性问题，主要是不想在

---

① 参见马麦贞：《语法三题》，《山西大学学报》（哲学社会科学版）1992 年第 1 期。

"语素纠纷"这些外围问题上纠缠不清，同时也想将问题谈得更全面些。

关于汉语词义的理据性问题的探讨，至少有两个方面的积极意义：①通过对词义同字义之间的种种因果联系的挖掘、分析，可以使我们从发生学角度了解词义产生的途径，这同词汇学界所公认的基本命题——从词源学即词义发展的角度探求词义的产生途径相比，具有同样的认识论价值。②为汉语词汇教学提供了借鉴。目前我国中小学的词汇教学可以说带有某种盲目性，无规律可言。能否从词义的理据性问题出发，总结出一些词汇教学的规律，让学生学会类推，举一反三，从而使生词教学事半功倍，这是我们词汇学研究者所应着力的一个方向及应承担的一种责任。本文仅仅是个开端。

（原载于《吴中学刊》1993年第4期）

附记

本文是我继《现代汉语词义的组合方式和言语表达》之后发表的词义学系列论文中的第六篇。

本文是国内较早讨论词义理据问题的论文，较之王艾录、司富珍等大规模开展现代汉语词汇词义理据问题讨论早了近10年。

本文也是10年后面世的《现代汉语词义学》写作的重要基石之一——为《现代汉语词义学》第五章的全部内容。

在讨论多义词词义派生方式问题的时候，必然会产生这么一些问题：词义是怎样产生的？词义的产生有无动因可寻，有无规律可循？如此，必然会带来词义理据问题的思考和探索。

关于施事格、受益格歧义句的考察

一、引言

所谓"格关系"是指某一句子的核心动词与周围名词性成分的及物性关系。[①] 一般来说，一个名词性成分与核心动词只存在一种格关系，如在"他出差"中，"他"与"出差"只存在一种施事与动作的关系。但有时也可能有两种格关系同时存在，如在"鸡吃了"中，"鸡"与"吃"就同时存在施事与动作及受事与动作两种格关系，这便是格关系歧义。

在现代汉语中，格关系歧义并不少见，除了前面提到的施事格与受事格的歧义外，还有如客体格与原因格的歧义："你烦死我了"，其一表示"你使我烦"，"我"为客体格；其二表示"我使你烦"，"我"为原因格。又如工具格和结果格的歧义："他画水彩笔"，其一表示"他用水彩笔画"，"水彩笔"为工具格。本文所要探讨的施事格与受益格的歧义则是这样的一种格关系歧义，我们来看几个例句：

①爸爸正在开刀。
②小王我给了。
③小张画我送了。

为了叙述方便，我们将句中的核心动词记作 V，将 V 前表人的名词性成分记作 N，V 所带的受事对象记作 O。这样，例①可以码化为：N + V，其中 N 与 V 有两种语义关系：其一为"爸爸给患者开刀"，N 为施事格；其二为"医生给爸爸开刀"，N 为受益格。例②可以码化为：$N_1 + N_2 + V$，其中 N_1、N_2 均与 V 有两种语义关系：当 N_1 为施事格时，N_2 为受益格；当 N_2 为施事格时，N_1 为受益格。例③可以码化为：$N_1 + O + N_2 + V$，其中 N_1、N_2 的情形与

① 见《国外语言学》编辑部编：《语言学译丛》（第二辑），北京：中国社会科学出版社，1980年，第 24 – 34 页。

例②中的 N_1、N_2 同。很显然，这种施事格、受益格歧义与前面所引的施受同形等其他格关系歧义有重大区别。

传统语法将双宾动词的近宾语看作为受事远不如格语法将其视为"受益者"更为恰切。很重要的一点是：一般来说，作为动作受事的名词性成分往往可以将"把"移至动词之前，例如"小张打了我"，可以变换为"小张把我打了"。而"小张给了我"却不可变换为"小张把我给了"，不然意思就变了。但"小张给了我一本书"则可以变换为"小张把一本书给了我"。由此可见，双宾动词的远宾语是真正的受事，而近宾语则不是受事。"我给了"和"我打了"虽都有歧义，但不是一码事：前者是施事和受益者的歧义，"我"之前不能用"把"介引；后者则是施事与受事的歧义，"我"之前可以用"把"介引——它与"鸡吃了"当属同类。

下面将围绕歧义的构成条件、歧义的分化等问题展开讨论。

二、关于歧义的构成条件

任何一种事物的存在与出现均有其特定的条件，格关系歧义的形式也不例外。在构成施事格和受益格歧义的诸多因素中（诸如句型的因素、名词性成分 N 的因素——这些也是不容忽视的），我们认为，核心动词 V 起着举足轻重的作用，它的性质特点制约着其他的因素，决定着歧义的最终形成。因此要探讨歧义的构成条件，就不能不重点对 V 的情况作一番细致的考察。

1. 关于核心动词（V）

构成施事格、受益格歧义的 V 无非是以下三类动词，我们分别记作 V_1、V_2、V_3，详述如下：

（1）V_1 类。主要有：给、送、还、交、退、借、付、租、赏、赔、发、寄、补、问、教、告诉、奖励等。

V_1 类动词为双宾动词，它的后面往往可以带两个名词性成分：一个通常指人——是受益者，一个通常指具体事物——是受事，例如：

④李厂长赏了我 300 元钱。
⑤我还了他一本书。

当 V_1 前有指人的 N_1，V_1 后没有受益者成分 N_2 时，N_1 与 V_1 之间便存在施事格和受益格的歧义，例如：

⑥李厂长赏了 300 元钱。
⑦我还了一本书。

例⑥中的李厂长既可能是施事——李厂长赏给他的部下 300 元钱，也可以是受益者——李厂长治厂有功，上级部门赏了他 300 元钱。例⑦中"我"同样既可以是施事，也可以是受益者，比如讲："我还了一本书。至于笔，他可能不打算还给我了。"

V_1 后的 O，如例⑥中的"300 元钱"与例⑦中的"一本书"，对歧义的构成无任何影响，"李厂长赏了"和"我还了"仍存在施事格和受益格的歧义。另外，如果 N_2 出现在 V_1 前，构成 V_1 前施事、受益者并存的局面，也仍然无法排除这种歧义。如在"李厂长我赏了"中，"李厂长"和"我"仍摆脱不了或是施事或是受益者的可能性。

（2）V_2 类。主要有：I 类：包扎、化验、打印$_1$（打字油印）、冲洗、开、烫、签、办、盖（章）、刮、修、拍（电报、相片）、办理、批发；II 类：画、洗、查、检查、治疗、介绍、推荐、分配等。

V_2 类动词均为单宾动词，其内部又可分为两小类。I 类同 V_1 一样，带不带 O 与歧义无关，例如：

⑧我包扎了伤口。
⑨我化验了。

例⑧、⑨中"我"与 V_2 均存在两种格关系："我"既可以是施事——为患者包扎、化验，也可以是受益者——护士为我包扎、化验。与 I 类有别，II 类一定要在带 O 的前提下才可构成这种施事格和受益格的歧义，不然就不属这类歧义。试比较：

A 组：   B 组：
A_1：我只检查了心肺。 B_1：我检查了。
A_2：面孔我已画了。 B_2：我画了。
A_3：我文章已推荐了。 B_3：我推荐了。

A 组的三个例句中 V_2 都带 O，所以"我"可能是施事，也可能是受益者；B 组的三个例句中 V_2 都不带 O，所以"我"可能是施事，也可能是受事。我们不妨来比较分析一下 A_1 和 B_1：

A_1：①我只检查了别人的心肺。（"我"施事）
　　　②医生只检查了我的心肺。（"我"受益者）
B_1：①我检查了别的什么。（"我"施事）
　　　②别人检查了我。（"我"受事）

所以，A 组中的三例是我们所讨论的施事格和受益格的歧义，B 组则不是，它属于施事格和受事格的歧义。究其原因，我们认为主要是与动词本身牵涉的对象范围有关，Ⅰ类中的"包扎""化验"等，其对象不可能是人，而只能是诸如"伤口""血液"等一般事物，所以即使它们不带受事（O），也不可能与其前面指人的名词性成分（N）构成动作和受事的语义关系；而Ⅱ类中的"检查""画""推荐"等，其所带的受事对象可以是人，也可以是其他事物，所以当它们后面不带受事（O）时，则可和其前面指人的名词性成分（N）构成动作和受事的语义关系，这样也就不可能构成施事和受益者之间的歧义。

另外，无论是Ⅰ还是Ⅱ类，当 V_2 前的 N 为受益者时，若 V_2 后有 O，则 N 必与 O 构成一种潜在的，或者说是隐性的领属关系，如例⑧A_1中的"我"若为受益者，则"我"与"伤口""心肺"构成隐性的领属关系。

（3）V_3 类。主要有：按脉、擦背、吹风、开刀、开票、开账、剪票、化妆、上课、扎针、理发、看病、号脉、修脚、修面、烫发、拍照、扫盲、打针、打油、抓药、输血、输液、相面、打印$_2$（盖章）等。①

V_3 类均为不及物动词。V_3 前后通常配以"去"或"来"，例如：

⑩陈先生看病去了。

⑪姐姐又去吹风了。

从词的内部结构看，V_3 均属述宾式组合，结构上较为松散，是很典型的"离合词"，其中间可以插入数量词组、时态助词及疑问代词（"什么"）等，且一般不影响歧义的存在。当然对其中一部分词来说，这种不影响歧义的可扩展性还是有限制的，比如像"开刀""开票""看病""吹风"等词，中间若插入趋向动词"起来"，便不构成这种歧义，试比较：

A：陈先生开刀去了。

B：陈先生开起刀来。

A 中，"陈先生"可能是施事，也可能是受益者；而 B 中，"陈先生"通常情况下只能是施事，不可能是受益者，所以 A 存在歧义，B 则没有歧义。

综上所述，从句法关系来看，核心动词 V 与名词性成分之间只有主谓的显性语法关系，但是在语义上，V 与 N 却有两种格关系：动作和施事及动作和受益者，按 Fillmore 的理论释之，V 可以插入的格框架是 V（—B/A），从意义上来看，V 表示的均与人有关，都是有关人们日常生活、学习、工作等方面的动作、行为的动词，而且关涉两个以上人物；V 对在语义上相对立的

---

① 文中所引的动词均见于中国社会科学院语言研究所词典编辑室编的《现代汉语词典》。

双方均适用，一视同仁，如"开证明"的"开"对"请别人为自己开证明的人"和"为别人开证明的人"均适用，而不像"讲课"只适用于讲的人——教师（施事），不适用于听讲的人——学生（受益者）。

2. 关于歧义句的类型

（1）"N＋V"式，这是构成施事格和受益格歧义的基本句型之一，例如：

⑫我已还了。

⑬老李已包扎了。

我们称这种句式为 S_1，适合 S_1 的 V 有 V_1、V_3 和 V_2 中的 I 类。

（2）"N＋V＋O"式，这是构成施事格和受益格歧义的另一种句型，如例⑥、⑦、⑧等，我们称之为 S_2。S_2 有两个变式：

Ⅰ：N＋O＋V

例：小王钱给了。

Ⅱ：O＋N＋V

例：心脏我查过了。

适合 S_2 的 V 有 V_1 和 V_2。

（3）"N_1 十 N_2 ＋V"式，这也是构成施事格和受益格歧义的一种句型。例如：

⑭小陈我已问了。

我们称这种句式为 S_3，适合 S_3 的只有 V_1。

3. 关于名词性成分（N）

在构成施事格和受益格歧义的条件中，核心动词 V 起着关键作用，但这并不意味着 N 是不受限制的、十分自由的，例如在"小狗血液化验了"中，尽管"化验"并不存在施事格和受益格的歧义，因为"小狗"不可能是施事，可见 N 有时能影响歧义的构成。据我们考察，促成歧义的 N 必须是指人的名词或名词性成分，其包括：①名词；②定名短语；③人称代词；④疑问代词：谁。一句话，凡是同时能充当施事或受益者的对象均符合 N 的要求。

三、关于歧义的分化

（1）通过设置语境来分化歧义是最简单、最有效的方法。这种方法适合于所有的 V 及 S。试举几例：

⑮王医生去开刀了，他患了阑尾炎。（"王医生"只能是受益者）

⑯小李已送了，他送来时我恰好在家。（"小李"只能是施事）

⑰我只画了一个面孔，因为模特儿突然肚子疼，上医院了。（"我"只能是施事）

⑱我只画了一个面孔，为我画像的人好像有点心不在焉。（"我"只能是受益者）

（2）通过增加句法成分来分化歧义也是极为有效的一种方法。需要指出的是不同的 V 及 S，其用来消除歧义所添加的句法成分有所不同。在核心动词为 V_2、V_3 的句子里，不论是 S_1 还是 S_2，只要在 V 前加上"给 N"而形成"N_1 给 N_2 + V（O）"格式，便可使 N_1 只能为施事，从而消除歧义，例如：

⑲妈妈给顾客吹风去了。（"妈妈"为施事）

⑳小王给伤员包扎了。（"小王"为施事）

㉑老李给我检查伤口来了。（"老李"为施事）

在核心动词为 V_1，句型为 S_1、S_2 的句子里，分化歧义的最佳方法是在 V 后加上"N"而形成"N_1 给 N_2（O）"格式，例如：

㉒小李给我钱了。

㉓我教过小王了。

这里有一点需要说明，无论是加"给 N"还是"N"，这个"N"（实际上是 N_2）不能与前面的"N"（实际上是 N_1）人称、数相同，不然句子的歧义会因 N_2 与 N_1 构成复指关系而仍无法消除，例如：

㉔小张给他包扎了。

㉕小王教了他一首歌。

当"他"指小张、小王以外的人时，小张、小王是施事；当"他"复指小张、小王时，小张、小王是受益者。所以例⑩、⑪仍存在施事格和受益格歧义。

（3）通过变换方法，选择同义异型句式来分化歧义也是一个可行的方法。当然对有些歧义句，要找到它们的没有歧义的同义异型句式是一件较为困难的事情，如 S_1 便是如此。但是对 S_2 这类歧义句，还是可以通过转换成"把"字句来分化歧义的。例如：

㉖刘老师补助费已送去了。

㉗老马包扎了伤口。

（"刘老师""老马"可以是施事，也可以是受益者）可以转换为：

㉘刘老师已把补助费送去了。

㉙老马把伤口包扎了。

例㉘、㉙中的"刘老师""老马"只能是施事。而对 S₃ 这类歧义句，则适当调整一下语序形成"$N_1 + V + N_2$"格式即可以分化歧义。例如：

㉚小陈我教过了。（"小陈""我"均可以为施事，也可以为受益者）

例㉚可以转换成：

Ⅰ：小陈教过我了。

Ⅱ：我教过小陈了。

Ⅰ中"小陈"只能是施事，"我"只能是受益者；Ⅱ中"我"只能是施事，"小陈"只能是受益者。

［原载于《南京师大学报》（社会科学版）1993 年第 4 期，中国人民大学报刊复印资料《语言文字学》1993 年第 12 期全文转载］

附记

本文初成于 1989 年。

本文初成之后，曾寄给苏州大学中文系李晋荃教授审阅。此后便没有下文。

1990 年 8 月 10 日至 12 日，李晋荃、王希杰、袁晖三位教授，在宜兴市静乐山庄召集并主持了"从 80 年代到 90 年代：中国的语法学和修辞学"小型学术研讨会。地点是李晋荃教授联系确定的，一应费用由宜兴方面提供。现在想想，那个时代的风气还是很好的，一个县级地方政府愿意为一个既没有新闻报道，也没有会前会后广泛渲染的小型语言学学术研讨会免费提供开会场所以及参会者的住宿、用餐，并赠送一个精美的陶瓷台灯作为留念，这在今天看来类似于天方夜谭。出席这次会议的嘉宾除了三位主持人之外还有：饶长溶、施关淦、于根元、范晓、刘云泉、何伟渔、倪祥和、俞正贻等。会议代表发言记录、整理者除我之外，还有安徽大学文学院的岳方遂老师。会议安排了三个半天的讨论及一个半天的参观。我清晰地记得每个参会者的表情都很严肃和虔诚，让人联想到了那些麦加朝圣者。没有今日学术会议常有的幽默、发噱的言谈话语，每个人的发言都不苟言笑、直奔主题，讨论紧张又热烈，只有在午间、晚上用餐的时候才有笑声。因为地方偏僻，远离集镇，所以没有任何一个参会者缺席任何一场讨论，也不存在参会者中间离场的情况。

我和岳方遂老师各记各的，会议结束后分头整理自己所记的发言文字，而后都交给李晋荃教授，李晋荃教授修改之后以我们三人整理的名义发表在了《苏州大学学报》上，论文的标题是"从 80 年代到 90 年代：中国的语法学和修辞学"。这是我的名字第一次作为作者出现在了母校的学报上，感到很是自豪。当初自然没想到，两三年之后我会回到母校执教，这是后话。

会前李晋荃教授让我带上本篇论文，以便在会议期间请社科院语言所的施关淦先生审阅。李老师当时的意思是看施关淦先生能否给这篇文章找一本比较好的刊物予以发表，但是施关淦先生阅读了文章之后只跟我说"不错，不错"，便没有了下文，就这样，这篇文章一搁置就是三四年。

1993 年初，我去拜访李晋荃教授，李教授问起这篇文章的下落，在得知尚未发表的情况下，便请《苏州大学学报》编辑茅宗祥先生推荐给了《南京师大学报》编辑部，《南京师大学报》很快就予以了刊发，个中还经历了编辑与作者的几番书信往来，联系我的是王政红先生。文章发表之后，又被中国人民大学报刊复印资料《语言文字学》1993 年第 12 期全文转载。

本文也是我在《南京师大学报》刊发的唯一一篇论文。

1994_年

南北朝至明代的音韵学史料概论

南北朝至明代的汉语史料中数音韵学史料最丰富也最有影响。草创于魏晋时期的汉语音韵学自南北朝时开始走向繁荣——这固然符合这门学科本身的发展规律，同时也跟南北朝行文讲究音律美，唐诗宋词元明戏曲讲究平仄、谐韵有关。繁荣的标志是产生了《切韵》《广韵》《集韵》《中原音韵》等大量的韵书，出现了《韵镜》《四声等子》《切韵指掌图》等韵学专著以及《韵补》《毛诗古音考》等早期研究古韵的著作。

一、南北朝、隋唐时期的韵书

魏晋以后，韵书蜂出，令人眼花缭乱。这些后起的韵书较之《声类》《韵集》等有长足的进步，主要表现在：①能细分韵部，虽各家所分颇有出入，不少地方也欠审慎，但基本上都反映了当时的语音状况；②能区别四声，韵母相同而声调不同的字不归入同一韵部。

谈起南北朝、隋唐时期的韵书，周颙的《四声切韵》和沈约的《四声谱》恐怕不能不提，虽然它们今已失传。目前学界比较普遍的看法是，按四声分韵的韵书始于沈约的《四声谱》，因而便有沈约发明"四声"这么一说。我们不否认沈约的《四声谱》在确立汉语声调（四声）的过程中曾起过举足轻重的作用，其贡献超过了当时的任何一部韵书，但我们也得承认，实际上按四声分韵的韵书始于较沈约稍前的周颙的《四声切韵》。

周颙，字彦伦，汝南安城（今河南省平舆县）人。南朝宋元嘉末为益州府主簿，元徽中为剡县令。南朝齐建元初为长沙王后军参军、山阴令，累官至国子博士兼著作郎，卒于官。周氏善识音韵，所著《四声切韵》曾在当时流行，后散佚，今已无法了解其原貌及梗概，但据唐封演的《封氏闻见记·声韵类》所述，周颙、沈约等将"四声"运用于诗文创作中云云，可以推断，周氏的《四声切韵》同沈约的《四声谱》当大体一致。

相比之下，稍后的沈约及其《四声谱》知名度却要高得多。沈约，字休文，南梁吴兴武康（今浙江省德清县武康镇）人。历仕宋、齐二代，后助梁武帝登位，官至上书令，封建昌县侯，卒谥隐。他是唯一的一个以"文学家"头衔收入《辞海·语言文字分册》"中国语文学家"栏目的学者。所著《四声谱》，以四声分韵，自谓入神之作，在当时产生了较大的影响，后人对此颇有好评，各种书中均有著录，实为以后韵书按四声分别韵部提供了借鉴。《四声谱》唐时尚存，后佚，今失传。

周、沈之后问世的韵书如雨后春笋，比较著名的有阳休之《韵略》、李概《音谱》、夏侯咏《四声韵略》、杜台卿《韵略》、周研《声韵》、张谅《四声韵林》等。由于所依据的语音系统有别，有的参照南方方音，有的则凭借北方方音，加上审音不尽确切，所以这些韵书在分韵上便"各有乖互"（参见陆法言《切韵·序》），让人难以适从。无论是诗文用韵，还是审音正音，都需要有一部可以作为规范的韵书，于是《切韵》这部具有划时代意义的韵书便应运而生了。王显先生以为："切"谓切正，即正确规范的意思。

《切韵》编撰者为陆法言。陆法言，名词，字法言，以字行，隋魏郡临漳（今河北省临漳县）人。官承奉郎，后因父陆爽得罪权贵，受牵连而罢官。《切韵》成书于隋文帝仁寿元年，而编写体例、纲要则早在开皇初便由陆氏会同刘臻、颜之推、魏澹、卢思道、李若、萧该、辛德源、薛道衡八位学者商讨拟定了，其中颜之推、萧该两人在讨论音韵、确定编写提纲中起了很大的作用。《切韵》原书失传已久，后人据有关文献记载及近代发现的唐写本《切韵》残卷考定，原书五卷，收 12 000 字左右，分为 193 韵，按四声排列，平声 54 韵，上声 51 韵，去声 56 韵，入声 32 韵。其中上、去、入声各为一卷，平声韵因字多，分为两卷，上卷 26 韵，下卷 28 韵。书中每个韵字下，一般先给予简单的注释，而后再列反切，也有的只标反切，不予诠释。关于《切韵》的分韵标准，历来争议颇多，比较流行的看法是，该书以当时的洛阳音为主，酌收古音及其他方音。此外周祖谟、何九盈等的"读书音说"，即认为《切韵》分韵所依据的主要是当时的读书音，影响也很大。①

《切韵》既是六朝韵书的集大成之作，也是唐世韵书的始祖，开创了六朝以后韵书编撰的新纪元。有唐一代问世的韵书数以百计，基本上没超出对《切韵》的模仿、刊谬、增补、修订的范围，其中较著名的有王仁煦的《刊谬补缺切韵》、孙愐的《唐韵》和李舟的《切韵》。

《刊谬补缺切韵》，又称《王韵》，为王仁煦（一作"昫"）所作，故名。王仁煦，字德温，唐中宗（李显）时人，曾任衢州信安县尉。《王韵》收字18 000 左右，分为 195 韵（比《切韵》多了上声"广"韵和去声"严"韵）。

① 参见周祖谟：《问学集》（上册），北京：中华书局，1966 年，第 434－473 页。

《王韵》分韵、体例基本同《切韵》，只是注释在后，反切在前——与《切韵》刚好相反。其所谓的"刊谬补缺"主要体现在：①增字加注，该书较《切韵》增收 6 000 字左右，《切韵》注释过简，不少韵字下无注，《王韵》一一给予补充；②对《切韵》训释不当之处予以刊正；③《切韵》不正字形，而《王韵》则注意辨正字的形体，对通字、本字、正体、俗体、或体等一一加以说明。《王韵》原书久佚，近几十年，陆续发现了三种唐写本：一为敦煌本残卷，现藏巴黎国立图书馆（简称"王一"）；一为故宫藏项子京跋本（简称"王二"）；一为宋濂跋本（简称"王三"）。其中"王一"残缺不全，"王二"系统混乱，"王三"最佳，为全帙本，今有彩华印刷局影印本。

较《王韵》稍晚的韵书有孙愐的《唐韵》。孙愐的生平事迹，史书中无传，唯知其于唐天宝年间曾任陈州司马。所著《唐韵》成书于开元年间，系在《切韵》的基础上刊修增补而成。全书凡五卷，收 15 000 字左右，分为195 韵，体例同《切韵》，但有所发展：①比较注意字的形体的辨别。辨正字形的主要依据是《说文》和《玉篇》等。②注释较《切韵》更为详尽，除了简单的释义外，还有进一步的说明、描述，尤其是不少注释旁征博引，涉及典籍之多之广，令人叹为观止。此书久佚，今仅存《广韵》卷首《唐韵序》一篇及唐人手写残本一卷。

《唐韵》还有一种本子，成书于唐天宝年间，王国维认为也是孙愐所作（参见王国维《观堂集林·书〈式古堂书画汇考〉所录〈唐韵〉后》），唐兰等认为非孙愐所作（参见彩华印刷局影印本之"王三"跋）。天宝本《唐韵》也分五卷，收字较《切韵》多，分为 204 韵，注释体例基本同《切韵》，然字义训释较开元本《唐韵》更为详尽，释义时不仅旁征博引，收罗赅广，而且还叙述故事，敷衍传说。该书也早已失传，今存吴县蒋斧藏残本，有国粹学报馆影印本。

从《王韵》到《唐韵》，不断地刊谬、补缺、修订，虽然脱不了《切韵》的窠臼，没有多少创新，却使《切韵》开创的韵书新格局、体例不断地趋于完善，实用性也得到了加强。尤其是孙愐的注重释义的《唐韵》问世后，影响颇大，宋人许观在《东斋记事》中指出："自孙愐集为《唐韵》，诸书遂废。"恐怕不是言过其实。《唐韵》的不同凡响自然会使人们将增补、修订的重心从《切韵》转移到它身上，李舟的《切韵》正是在该书的基础上修订而成的。

李舟，字公受，唐赵郡高邑（今河北省高邑县）人，曾任金部员外郎、校书郎、虔州刺史等职，封陇西县南。所著《切韵》，散佚已久，据《旧唐书》《新唐书》《艺文志》著录为十卷，而《宋史·艺文志》则著录为五卷，体例当同《唐韵》。据王国维考定，该书的特色，同时也是它在音韵学史上的贡献，主要体现在：①以声类相近为次排列韵部，从而使韵部排列以类相从，由以往的排列无序转为排列有序；②使平、上、去、入四声的相承次序秩然不乱，一扫以往的韵书入声次序漫无条理，同平、上、去三声不能相配的弊端。李舟《切韵》的这两个特色后来均为《广韵》所吸收。正是从这一点出发，王国维在《观堂集林·李舟〈切韵〉考》中才如是评价："李舟《切韵》为宋韵之始祖，犹陆法言《切韵》为唐人韵书之祖也。"

二、宋元明时期的韵书

宋初《广韵》的出现标志着韵书已进入了完全成熟期。这时期的韵书分韵较为科学，韵部排列整齐，四声次序秩然，实为韵书中的珍品。收入《辞海·语言文字分册》"中国语文著作"栏目的韵书共 18 种，属这时期的竟有13 种，占 72% 强。

执该时期韵书之牛耳的《广韵》是我国第一部官修的韵书，全称为《大宋重修广韵》，宋大中祥符元年由陈彭年、丘雍等奉诏在陆法言《切韵》、孙愐《唐韵》等前代韵书的基础上修订而成。全书五卷，收 26 194 字，注文达191 692 字。分 206 韵，韵部排列同李氏《切韵》，平声 57 韵，上声 55 韵，去声 60 韵，入声 34 韵，其中平声字多，故分上下两卷，上卷 28 韵，下卷 29韵，上、去、入各一卷。正文体例同陆氏《切韵》，一般先释义，而后标明反切。可能是出于行文经济或便于查阅的考虑，《广韵》把同音字排在一起，然后在第一个字下标明反切及该组同音字的数目，下面诸字便只释义，不标反切。《广韵》在韵字的注释上大大详于陆氏《切韵》，颇类似于孙氏《唐韵》。《广韵》是音韵学史上极为重要的一部著作，具有极高的史料价值：①《广韵》中保存了反映当时语言系统的大量的反切，成为后人研究中古音，从而上推上古音、下及近代音的不可或缺的资料和依据；②由于该书注释繁丰，保存了不少古义古训，也反映了中古词汇（词义）的概貌，因而也是研究汉语词汇史及词义发展演变的重要史料。

《广韵》现存的本子不少，通行的本子有张氏泽存堂本、黎氏《古逸丛书》覆宋本、涵芬楼覆印宋刊巾箱本、曹刻楝亭五种本等，精校本有周祖谟校中华书局 1960 年排印本。易见的本子有 1982 年中国书店据张氏泽存堂本影印本。

《广韵》收罗赅广，卷帙浩繁，一般人尤其是学子使用起来颇不方便。于是，为了给人们提供一本作文、科试所需的韵书，丘雍、戚纶等奉诏将《广韵》中重要的、常用的字和注释摘取出来，编成《韵略》五卷。此书已久佚，其学术地位、史料价值远不如《广韵》。

《韵略》片面追求简略，致使非议蜂起，于是宋景祐四年丁度等奉诏刊修《韵略》，并于同年刊行于世。由于当时科举之事由礼部管理，官韵也由礼部负责颁行，所以修订后的《韵略》称作《礼部韵略》。该书收常用字 9 590 个，分卷分韵悉同《广韵》，每个韵字下注释从简，一般不对释义作征引。因此书繁简适当，使用方便，颁行后颇受欢迎，发行覆盖面极广，在当时产生了广泛的影响。原书已失传，今日所能见到的是该书的两种修订本：其一为《附释文互注礼部韵略》，作者不详，该书收字、分韵、体例均同《礼部韵略》，只是增加了注解：或对原释义作进一步阐释，或对同一韵字分属不同韵部的两个或两个以上的读音也一一注出，同时还注明字的通行体和异体。通行的本子有两种，一是曹刻楝亭五种本及姚观元据此重刻的姚刻三韵本，二是常熟铁琴铜剑楼所藏宋绍定三年刻本及商务印书馆据此影印的《四部丛刊》本。其二为《增修互注礼部韵略》，简称《增韵》，由毛晃、毛居正父子相继完成。《增韵》分韵、体例同《礼部韵略》，不但增收了 4 057 个字，同时对《礼部韵略》释文中的谬误一一加以订正。《增韵》问世后在当时以至后世颇得学界好评，这是后话。该书现存的本子较少，一般能见到的有《四库全书》本。

在刊修《韵略》的同时，刊修《广韵》的工作也在紧张地进行。宋景祐四年朱祁、丁度等奉诏刊修《广韵》，历经三年，于宝元二年完成，名曰《集韵》，共收字 53 525 个，比《广韵》约多一倍，分韵同《广韵》，只是韵目名称、次序及有些韵字的归属略有变动。韵字下先标反切，再予释义，与《广韵》不同的是：①《集韵》改变了《广韵》中的不少反切，同时"又音"的数量剧增，有的韵字乃至出现了四读、五读；②对《广韵》的义训作了删减，其中的一部分还作了修改；③广泛收罗字的异体，无论是正体、古体、俗体、或体均一一著录，以致有的韵字下竟罗列了七八种异体。《集韵》的影响略逊色于《广韵》，但书中保存的大量异体字及更订、增加的反切是研究古文字学及宋代语音的重要资料。《集韵》通行的本子有曹楝亭扬州诗局重刻本、嘉庆重刊本、钱曾述古堂本等。易见的本子有 1983 年中国书店据扬州诗局重刻本影印本。

如果说从《广韵》到《集韵》，只是使《切韵》开创的韵书新格局、体例不断地趋于完善，而摆脱不了《切韵》的窠臼的话，那么宋末问世的《五音集韵》则拉开了元明韵书改革的序幕。

《五音集韵》共 15 卷，韩道昭所作。韩道昭，字伯晖，金真定松水（今河北省正定县）人。《五音集韵》对传统韵书的革新主要体现在：①将《广韵》等传统韵书所分的 206 韵合并为 160 韵，以切合当时的语音实际；②同一韵部中字依"三十六母"次第排列，同一母的字又按四等分开排列，这种分韵、分声还分等排列韵字的尝试对后世韵书的编排体例产生了深远的影响。《五音集韵》通行的本子有张氏泽存堂本及黎氏《古逸丛书》本。

其后的金朝官韵书《平水韵》在韵部的并合上步子迈得更大，合 206 韵为 106 韵或 107 韵。到了元初的熊忠，则取《平水韵》的分韵，兼采《五音集韵》的韵字排列方法，在宋末黄公绍《古今韵会》的基础上编撰成《古今韵会举要》一书，实起了继往开来的作用。而真正敲响传统韵书丧钟的则是元周德清所著的《中原音韵》。

周德清，字挺斋，元高安（今江西省高安市）人。所著《中原音韵》共两卷，前卷为韵书，后卷为附论。在韵书中，作者根据元代北曲用韵的情况，将韵部分为 19 部，并首创"平分阴阳、入派三声"之说。该书是自陆法言《切韵》之后的又一部具有划时代意义的韵书，自其问世之日起便享誉学界，其史料价值体现在：①克服了长期以来韵书因袭《广韵》旧制的弊端，切切实实从当时口语出发来分析韵部、四声，是研究汉语语音演变及近代语音系统的珍贵史料；②作为第一部曲韵韵书，无论是在分韵抑或在编排体例上，为后起的北曲韵书、南曲韵书提供了参照的蓝本。《中原音韵》通行的本子有江讷庵本，易见的有陆志韦、杨耐思校勘中华书局 1964 年影印本。

《中原音韵》以后问世的元代较著名的韵书唯卓从之的《中州乐府音韵类编》一种，其成就和影响均在《中原音韵》之下。

同文字学史料、训诂学史料的情况类似，①有明一代的音韵学史料也奏出了不谐和音——诸如吕维祺《音韵日月灯》、潘恩《诗韵辑略》之类的韵书是有不少，然而在音韵学史上占有一席之地的又有几何。就是像乐韶凤、宋濂等奉敕编撰的《洪武正韵》，朱元璋第十七子朱权编撰的《琼林雅韵》，名噪一时，虽然在音韵学史上值得一提，但其成就、影响还是没有超过前朝的《中原音韵》，倒是有两本类似于童蒙识字课本的音韵教材颇具影响：一名《韵略易通》，一名《韵略汇通》，尤以前者较有价值。

《韵略易通》为明兰茂所撰，成书于明正统七年。兰茂，字廷秀，以字行，号止庵，自称光和道人，明嵩明杨林（今云南省嵩明县）人。《韵略易通》一卷，所收多常用字，是为当时教云南儿童识字所作。分韵以《中原音韵》为本，只是分《中原音韵》"鱼模"韵为"呼模""居鱼"两韵，所以成 20 韵部，韵目用双字标出，与《中原音韵》大同小异，只是每韵字下有注释。声调分平、上、去、入，以入声配阳声，所以"东洪"至"廉纤"前十个韵部有入声，而"支辞"至"幽楼"的后十个韵部无入声。该书除了为云

---

① 参见曹炜、曹培根：《南北朝至明代的文字学史料概论》，《古汉语研究》1983 年第 3 期；又曹炜、曹培根：《南北朝至明代的训诂学史料概论》，《高校社科情报》1993 年第 3 期。

南方音的研究提供了重要的资料外，最大的价值在于它将声类明确划分为20 类，并巧妙地用一首《早梅诗》来概括表示："东风破早梅，向暖一枝开。冰雪无人见，春从天上来。"以便儿童通过吟诗来熟记诗中 20 个字所代表的 20 个声母。这 20 声类对后人考定《中原音韵》的声类具有重要的参考价值。

至于毕拱宸所作的《韵略汇通》，系据兰廷秀《韵略易通》分合删补而成，也是童蒙识字用韵书，只是对象有所变化——不是为云南儿童而是为山东儿童而作。因此虽然分韵、声调划分上同《韵略易通》有所不同，但内容、体例大致相似。该书是研究山东方音演变的重要资料。

三、宋元明时期的等韵书

六朝以后音韵学的繁荣、韵书的蜂起促发了音韵学研究——等韵学的产生及初步繁荣。所谓等韵学，是指我国古代分析汉语发音原理和发音方法的一门学科，它以"等呼"来分析韵母的结构，以"七音"来分析声母的发音部位，以"清浊"来分析声母的发音方法，以"字母"来表示汉字的声母系统。作为等韵学产生及初步繁荣的标志是自宋以后等韵书的出现和不断繁衍。

《韵镜》和《七音略》是分析《广韵》的语音系统的等韵书，也是现存最早的两种等韵书。

《韵镜》一卷，作者不详，今传为南宋张麟之再刻本。全书正文由 43 张韵图构成，分韵同《广韵》，也分 206 韵。每图横列唇、舌、牙、齿、喉、半舌、半齿七音，以指明其所辖韵字声母的发音部位。七音之下统分 23 竖行，统括"三十六母"（字母没有明标出），每竖行分别用"清""浊""次清""次浊"等标明，以表示该竖行韵字的发音方法；同时横分平、上、去、入四声，同一声类中的韵字又分四等。每图的最右一纵行内标明内外转、图次及开合口，最左一纵行注明不同声调字所属的不同韵部。实际上，这 43 张韵图是 43 张依据《广韵》编制的声、韵、调拼音图表。它们的存在对后人研究隋唐韵书中的反切具有极为重要的价值。

《七音略》，南宋郑樵撰，系其《通志》"二十二略"之一。郑樵，字渔仲，因居夹漈山中，故号夹漈山人，学者称夹漈先生，南宋兴化军莆田（今福建省莆田市）人。所撰《七音略》与《韵镜》大同小异：全书由 43 张韵图构成，分 206 韵部。每图横列羽、徵、角、商、宫、半徵、半商七音以代替《韵镜》中的"唇、舌、牙、齿、喉、半舌、半齿"，七音之下纵列 23 竖行，统括"三十六母"，字母全部明标出；同时横分四等，同一等中的韵字又分平、上、去、入四声。韵图中也标明内外转、图次及开合口，只是该书以

"重""轻"代"开""合"。同《韵镜》一样，《七音略》也是研究中古语音的重要史料。

而《四声等子》《切韵指掌图》《切韵指南》等较之前面的两种等韵书则有所发展：它们均对《切韵》的语音系统作了必要的调整，以符合当时的语音实际，所以在反映语言的发展演变上，也就格外具有学术价值。其中尤以《四声等子》最具有代表性。

《四声等子》一卷，作者不详。该书首创"韵摄"之名，即将韵腹、韵尾相同或相近的韵归并为一类，称为一摄。这样就把《广韵》的206韵归并为16摄，同时将《韵镜》等43张韵图压缩为20张韵图。每图纵列"三十六母"，也分成23竖行，只是在字母排列次序上较《韵镜》等略有更动；图中横分四层，表四等，每层横四行表四声，以入声兼承阴阳声。韵图中也标明内外转——由以前的等韵书中的43转归并为16转，同时既标"开""合"，又注"重""轻"。总之，《四声等子》对《韵镜》《七音略》有所继承，又有了较大的发展，从中我们可以观察到语音演变的轨迹。

四、南北朝至明代的古音学研究史料

我们丝毫不想否认，魏晋以降，关于上古韵研究的史料，一鳞半爪地见之于古籍中的，实有不少。但是真正自觉地对上古音系给予研究、探讨，并以专著的形式出现的，恐怕要数南宋吴棫所撰的《韵补》了。

吴棫，字才老，南宋建安（今福建省建瓯市）人，宣和六年进士，绍兴中为太常寺丞，因触怒秦桧而罢官，后补差泉州通判以终。所著《韵补》五卷，认为古人用韵较宽，有古韵通转之说——唐宋韵书中不少相去甚远的韵部在古代诗文中往往通用。于是以先秦至北宋的50余种书籍的用韵情况同宋代韵书分韵情况的差异为依据，将古韵分为九部：东、支、鱼、真、先、萧、歌、阳、尤，从而开创了古音学研究的历史。由于其所依据的材料，时代前后相去甚远，不免芜杂，所以由此得出的结论也未免欠科学，少严谨，但首创之功，不容抹杀。《韵补》今有《丛书集成初编》本。

《韵补》之后，南宋时期对上古韵部进行探索，且较有影响的是郑庠的《古音辨》。该书将古韵分为六部：东、冬、红、阳、庚、青、蒸为一部，支、微、齐、佳、灰为一部，鱼、虞、歌、麻为一部，真、文、无、寒、删、先为一部，萧、肴、豪、尤为一部，侵、覃、盐、咸为一部。书已失传，但清人戴震《声韵考》、段玉裁《六书音韵表》及夏炘《诗古韵表廿二部集说》等对此书均有所引。

元明两代在古音学研究上超过宋人并且有重大进展的唯陈第一人而已。

陈第，字季立，号一斋，明福建连江（今福建省连江县）人。明万历年间秀才，以诸生从军，官至蓟镇游击将军。其古音学研究成果主要反映在《毛诗古音考》一书中。

《毛诗古音考》四卷，卷首有"自序"一篇。该书首次明确提出语音有时代的差别、地域的差异，因此上古音不同于唐宋"今音"，从而破除了六朝以来的所谓"叶韵"之说。文中列《诗经》中韵字 498 个，每个韵字，下列"本证""旁证"各两条，本证取自于《诗经》用韵，旁证取自于各种古籍中的韵语，从而考定出该韵字不同于唐宋"今音"的古韵来。

陈第的《毛诗古音考》素为后世学者所称道，它不仅是对宋代以降古音学研究的一个总结，尤其是开了清代古音学研究的先河，清代学者顾炎武、江永等无不从中汲取养分——或引用其中的资料，或采纳其中的方法，从而使古音学研究不断成熟、日趋科学。

（原载于《吴中学刊》1994 年第 2 期）

附记

本文是我撰写的关于汉语史料学研究的第四篇论文，也是这个系列的最后一篇论文。

本文在当时已经属于较长的文章了，因此写完之后就直接交给了本校的《吴中学刊》，这也是我在《吴中学刊》发表的最后一篇论文。数月之后，我便离开了苏州师专（今常熟理工学院）中文系，来到苏州大学中文系任教。

关于音韵学，我素来没有做专门的研究，却狠看了一批音韵学的书籍。早在 1981 年春，我的中学语文老师、20 世纪 60 年代毕业于江苏师范学院中文系的倪鼎金先生专门到苏州带我去见他大学时代的老师——王迈先生，并在王迈先生位于凤凰街的府上拜师学习文字音韵学，那时苏州大学图书馆存有罗常培的《汉语音韵学导论》、李新魁的《古音概说》、王力的《汉语音韵学》、赵诚的《中国古代韵书》等，我便悉数借来通读了一遍，还将李新魁的《古音概说》抄写了一遍。此后按照王迈老师的建议阅读了李方桂的《上古音研究》。因此，虽然没有做音韵学中具体问题的研究，但是对音韵学的基本理论及框架还是颇为了解的，这些都为本文的写作提供了便利。

至此，我已经全部完成了南北朝至明代的汉语史料的整理及概述工作，紧接着的是"秦汉魏晋时期汉语史料概论""清代汉语史料概论"等的写作。但是，一方面，凭借我和曹培根君至此发表的文章，我们已经顺利结项了 1992 年所申报的江苏省教育厅人文社科基金项目——"汉语史料学"，按照当初的计划完成课题任务的动力锐减；另一方面，尤为重要的是，在苏州大学中文系执教的第二年，即 1995 年，我成功申报了江苏省高校社科基金项目

"《金瓶梅》文学语言研究"，于是主要精力都放在新项目的开展上了。因此，关于"汉语史料学"的其他任何探索也就戛然而止了。

事实上，"汉语史料学"课题的打住，换来的是"《金瓶梅》文学语言研究"课题的顺利实施，而后者给我带来的收获似乎更大一些，这是后话。

潘金莲语言的交际特征和个性特征①

　　小说中的人物语言既是作家为小说中的人物进行交际提供的工具，各种人物通过使用这一工具来建立、维持抑或破坏人物之间的种种社会关系，同时也是作家为读者所营建的一个特殊窗口，读者通过这一窗口观察、分析人物的个性特征以及人物之间的复杂关系，从而更好地把握作品的内在含义。因此小说中的人物语言从交际功能而言具有多维性：人物之间用它来进行交际——从而形成作品中的那个特定的社会，作者用它来同读者进行交际——向读者传达、提供关于人物的各种信息。② 《金瓶梅》的人物语言也不例外：一方面，书中形形色色的人物运用各具特色的语言进行交际，从而构建了一个充满市井恶浊气的独特世界；③ 另一方面，各种人物颇具个性色彩的交际用语，又为人们提供了一个窗口，从中可以洞察每个人物的特征。若从这两个方面入手去考察《金瓶梅》的主要人物之一——潘金莲的语言，我们便会发现：从人物交际的角度来看，潘氏能恰到好处地运用各种特殊的交际手段使自己始终立于不败之地，从而构成了其语言所独具的交际特征。而从作者传达给我们的关于其人其行的信息来看，她的语言正切合其独特个性，因而具有鲜明的个性特征。

一、潘金莲语言的交际特征

　　潘金莲进西门家略早于李瓶儿——属于初来乍到者，从排行来看，也只排在第五位，且初进门时家中大小并不喜欢她。然而，在极短的时间内，潘氏不但站稳了脚跟，而且在西门家建立起了得宠的之地，以至于颐指气使，

---

① 本文引例依据的本子是齐鲁书社 1987 年出版的《张竹坡批评第一奇书：金瓶梅》。

② 参见曹炜、蔡永良：《文学语言的功能分类与作家作品语言风格、特色的研究》，《九江师专学报》1992 年第 1 期；朱永生主编：《语言·语篇·语境》（第二届全国系统功能语法研讨会论文集），北京：清华大学出版社，1993 年。

③ 参见曹炜、蔡永良：《〈金瓶梅〉人物语言散论》，《吴中学刊》1992 年第 3 期。

得宠生骄，颠寒作热，陷害他人，成为西门家实际上的核心人物、权力人物。潘氏的成功有诸多原因，但她对诸如面称语、隐义语、控制语等各种言语交际手段的巧妙运用是其中最重要的因素之一。

西门家是个大家庭，要想短时间内在这个大家庭里争得一席之地，绝非易事——那几房妻妾都不是"省油的灯"，不要弄一些小手段，施展一些小伎俩，是不行的。这一点，聪明的、初来乍到的潘金莲是很清楚的。于是西门家庭中的主要成员、正妻吴月娘便成为潘金莲的第一个猎物，她拉拢吴月娘的主要方法之一便是着力运用投其所好的面称用语。我们且看第九回中的一段描写：刚进门的潘金莲，"过三日之后，每日清晨起来，就来房里与月娘做针指，做鞋脚。凡事不拿强拿，不动强动。指着丫头，赶着月娘一口一声只叫'大娘'，快把小意儿贴恋。几次把月娘喜欢得没入脚处，称呼他做'六姐'。衣服首饰拣心爱的与他，吃饭吃茶和他同桌儿一处吃"。"大娘"是一种明确身份、地位的称呼，潘氏频繁地使用该面称用语，无非是要让吴月娘明白，自己把月娘放在尊崇地位的心迹，让吴月娘解除对自己的戒备心理。而吴月娘恰恰有自以为是、爱听奉承的弱点，因而自然要"喜欢得没入脚处"，将潘氏视为知己，朝夕相处。其对潘氏的称呼也由刚见面的一本正经的"五娘"改为亲热随便的"六姐"——潘氏在娘家时排行第六。潘金莲进西门家后所发动的第一次外交攻势，不能不说，是以潘氏的大获全胜而告终的。所以张竹坡曾有这样一段评论文字："一路写金莲用语句局住月娘，月娘落金莲局中，有由来矣。"看得可谓清楚，评得也很在点子上。

潘金莲讨好拉拢吴月娘的目的无非是想站稳脚跟，因此一旦她认识到自己根底已牢固的时候，吴月娘则又成为她算计、排挤的对手。潘金莲算计吴月娘所采取的主要手段是使用隐义语，挑拨吴月娘同西门庆、李瓶儿等的关系。潘金莲第一次算计吴月娘是在第十六回：西门庆瞒着家人在李瓶儿那里奸宿了一夜，回来后又骗潘金莲，被潘金莲当面戳穿，其中有这么几句话是冲着吴月娘说的："玳安这贼囚根子，久惯儿牢成，对着他大娘又一样话儿，对着我又一样话儿……贼囚根！他怎的就知我和你一心一计？"表面上似在责怪玳安，实际上是让西门庆知道：只有她才同西门庆一心一计，吴月娘则不然，这一点连仆人们心里都清楚。无怪乎张竹坡在此夹批道："明外月娘。""又妒又奸，笼络西门庆。为后文间月娘张本。"

事后西门庆同潘金莲商量，欲娶李瓶儿进门，这又为潘金莲提供了一次算计吴月娘的机会。聪明的潘金莲料定在当时的情形下，吴月娘从西门家族的利益出发是不会同意这门亲事的，于是顺水推舟："我也不多着个影儿在这里，巴不的来才好。"接着话锋一转："倒只怕人心不似奴心。你还问声大姐姐去。"显然不出潘氏所料，当西门庆去征求吴月娘意见时，招致吴月娘的坚决反对。于是耐不住寂寞的李瓶儿投入了他人的怀抱，西门庆得知后妒火中烧，潘金莲看准火候，趁机挑拨："奴当初怎么说来？先下米儿先吃饭。你不听，只顾来问他姐姐，常'信人调，丢了瓢'，你做差了。你埋怨那个！"正如张竹坡批注的那样，"谗言可畏"，于是乎"西门庆被妇人几句话，冲得心头一点火起"，"自是以后，西门庆与月娘尚气，彼此觌面都不说话"（第十八回）。

事情还没完。第二十一回李瓶儿进门后不久，潘金莲找了一个机会再次在李瓶儿进门这件事上做文章，离间月娘与瓶儿："你说，你那咱不得来，亏了谁？谁想今日咱姊妹在一个跳板儿上走。不知替你顶了多少瞎缸，教人背地好不说我。奴只行好心，自有天知道罢了。""谁"是谁，"人"又是谁，不说也清楚：吴月娘者是也。

为在西门家族中站稳脚跟，巩固地位，潘金莲在语言方面下功夫的第三招是巧用控制语。所谓"控制语"，也就是在交际过程中，一方利用交际的定式，使对方顺着己方有利的方向进行交流，以言语控制，以至战胜对方，顺利达到自己的交际目的。这是日常生活中常见并十分有用的交际手段，尤其是在谈判、争执、辩论乃至吵架等交际方式中，灵活掌握这一手段，能克敌制胜，即使身处劣势，也能反败为胜。

西门家族人口众多，妻妾奴婢成群，互相之间，矛盾重重，各自为维护自己在家庭中的一席生存之地，争强好胜，其言语交际常常是唇枪舌剑，各不相让。妻妾中排行第五的潘金莲却总能在这些争斗中稳操胜券，时而恃宠生娇，逼人就范；时而花言巧语，转危为安；时而又恶语中伤，置人于死地。根本原因在于潘金莲是善用控制语的行家里手，就好像战场上足智多谋的指挥家，总能及时地占领制高点，使对手败于脚下。

第十三回中，西门庆与李瓶儿刚刚勾搭成奸，被潘金莲识破，当西门庆从李瓶儿处归来时，潘金莲便不由分说，单刀直入："好负心的贼！你昨日端的那里去来？把老娘气了一夜！你原来干的那茧儿，我已是晓得不耐烦了。趁早实说，从前已往，与隔壁花家那淫妇偷了几遭？"紧接着威胁西门庆："——说出来，我便罢休，但瞒着一字儿，到明日你前脚儿过去，后脚我就吆喝起来，教你负心的囚根子死无葬身之地！你安下人标住他汉子在院里过夜，是里要他老婆。我教你吃不了包着走！"潘金莲确是敢说敢为、聪明强悍的泼妇。两句问话，"制高点"已掌握，对手已处劣势，且不让对手分辩，连发两颗威力很大的"炮弹"（张竹坡认为："其制胜处在此二句。"），迫使堂堂一族之主西门庆下跪求饶。潘还不松手，利用这个有利的定式，乘胜追击："你实说，晚夕与那淫妇弄了几遭？"（西门庆道："弄倒有数儿的只一遭。"）"你指着你这旺跳的身子赌个誓。"这一次交锋，"使西门庆变嗔怒而为宠爱，化忧辱而为欢娱，再不敢制他（她）"，大大地巩固了潘在西门家的地位。

第十二回，潘金莲与小厮琴童偷情，被西门庆察觉，西门庆提鞭便令潘跪在地上，训问奸情。从言语交际定式而言，潘金莲绝对处于劣势，但她巧妙地避开西门庆的锋芒，利用"话多""反问"等方式强占制高点，使局势转危为安，令西门庆"一缓""再缓"，最后不了了之：

西门庆："贼淫妇，你休推梦里睡里，奴才我已审问明白，他一一都供出来了。你实说，我不在家，你与他偷了几遭？"

妇人便哭道："天那，天那！可不冤屈杀了我罢了！自从你不在家，半个来月，奴这日里只和孟三儿一处做针指，到晚夕早关了房门，就睡了。没勾当，不敢出这角门边儿来。你不信，只问春梅便了。有甚和盐和醋，他有个不知道的？"因叫春梅："姐姐，你过来，亲对你爹说。"

西门庆骂道："贼淫妇！有人说，你把头上金裹头簪子两三根，都偷与了小厮，你如何不认！"

妇人道："就屈杀了奴罢了！是那个不逢好死的嚼舌根的淫妇，嚼他那旺跳身子。是你常时进奴这屋里来歇，无非都气不愤，拿这有天没日头的事压枉奴。就是你与的簪子，都有数儿，一五一十都在，你查！不是我平白想起甚么来与那奴才？好成材的奴才！也不枉说的，凭一个尿不出来的毛奴才，平空把我纂一篇舌头！"

西门庆道："簪子有没罢了。"因向袖中取出那香囊来，说道："这个是你的物件儿，如何打小厮身底下搜出来？你还口强甚么！"

说着，纷纷的恼了，向他白馥馥香肌上，飕的一马鞭子来。打的妇人疼痛难忍，眼噙粉泪，没口子叫道："好爹爹，你饶了奴罢！你容奴说，便说；不容奴说，你就打死了奴，也只臭烂了这块地。这个香囊葫芦儿，你不在家，奴那日同孟三姐在花园里做生活，因从木香棚下过，带儿系不牢，就抓落在地，我那里没寻，谁知这奴才拾了。奴并不曾与他。"

西门庆说一句，潘金莲便三句五句，以多取势，从势取胜。而且多次用反问句和命令式的祈使句，由劣势变优势，西门庆本以为可制服潘金莲，气势汹汹，大打出手，可到头来还是草草收兵，不得不说："我今日饶了你。"

二、潘金莲语言的个性特征

潘金莲不啻是贯穿《金瓶梅》全书的核心人物，也是作者用笔最勤的一个角色，因而也是这部作品所塑造的众多女性形象中最成功、最有生气、最有个性、最惹眼的一个人物。这个形象的成功塑造，她的独特个性的生动展现，恐怕不能不归功于作者的精心设计，从而是那样自然地从潘金莲心底流出、口中吐出的个性化的语言。

潘金莲个性化语言的显著特征之一是工于心计。这种工于心计往往使她巧于趋奉、虚伪机诈。第十三回，当潘金莲侦知西门庆在与李瓶儿偷奸时，"翻来复去，通一夜不曾睡"，心里十分恼怒。但她深知此时去阻挠正在兴头上的西门庆与李瓶儿的私通是不可能的，弄得不好，还会失去西门庆的欢心，于是便曲意奉趁道："等你过那边去，我这里与你两个观风，教你两个自在合搞，你心下如何？"西门庆压根儿没想到潘金莲会有如此大的肚量，真是喜出望外，"欢喜的双手搂抱着说道：'我的乖乖的儿，正是如此！不枉的养儿不在阿金溺银，只要见景生情。我到明日梯己买一套妆花衣服谢你。'"潘金莲正是依赖于这种"见景生情"式的趋奉，使得她最终赢得了西门庆的专宠，正如西门庆在收用春梅时对潘金莲所说的："我的儿，你会这般解趣，怎教我不爱你！"（语见第十回）

潘金莲的巧于趋奉固然博得了西门庆的欢心，同时也为自己招来了一个又一个对手：先是李瓶儿，而后是宋惠莲，又是如意儿等。在与这些女人的相处、争宠中，潘金莲可谓费尽了心机，她的虚伪、机诈时露端倪，在剪除宋惠莲的过程中，则表现得尤为淋漓尽致。第二十三回，宋惠莲在藏春坞洞内同西门庆交欢时说了潘金莲的坏话，不料让潘金莲给偷听到了，当时便气得不能动弹，发恨道："若教这奴才淫妇在里面，把俺们都吃他撑下去！"然而第二天当着宋氏的面，潘金莲却丝毫不露锋芒：她先是故意重复宋氏昨晚的话，让对方明白她对昨晚的一切了如指掌，把个宋惠莲吓得当场跪下求饶；而后显示自己的宽宏大量，有意稳住对方："我眼里放不下砂子的人？""傻娘子，我闲的慌，听你怎的？"让宋氏放心，然后离间宋惠莲同西门庆，让宋氏不敢再向西门庆进谗言，故作神通地说："你爹虽故家里有几个老婆，或是外边诸人家的粉头，来家通不瞒我一些儿，一五一十就告我说。你大娘当时和他一个鼻子眼儿里出气，甚么事儿来家不告诉我！你比他差些儿！"明明是自己偷听到的，偏要让对方以为是西门庆泄露出去的。宋惠莲则信以为真，转过身去指责西门庆："你好人儿！原来昨日人对你说的话儿，你就告诉与人。今日教人下落了我怎一顿……有话到明日不告你了。"说得西门庆丈二和尚摸不着头脑："甚么话？我并不知道。"而宋惠莲还以为他装糊涂，气呼呼地走开了。潘金莲的虚伪机诈于中可见一斑。

宋惠莲从此以后再也不敢在西门庆跟前编派潘金莲的不是，而且"每日只在金莲房里，把小意儿贴恋"。然而潘金莲早已把她列入要剪除的黑名单之中了，只是寻找合适的时机而已。真是天助潘氏，机会终于来了。第二十六回，宋惠莲丈夫来旺儿得知其妻与西门庆有奸，酒醉后狂言要杀西门庆。在西门庆采取行动前，宋惠莲同潘金莲各自施展开了自己的游说本领，她们游说的落脚点虽然都落在了西门庆能够没有障碍地同宋惠莲偷情上边，但真正的用意却迥然不同：宋氏对丈夫尚有一份情义，因而只是让西门庆借故将他打发走；而潘氏则只有一个目的，先剪除来旺儿，再进一步剪除宋惠莲，正如她在孟玉楼前发誓的那样："今日与你说的话，我若教贼奴才淫妇与西门庆放了第七个老婆——我不喇嘴说——就把'潘'字倒过来。"可见她的心里主要放在宋氏身上，来旺儿不过是实现其目的的一个切入点、突破口。当然她的这份心思是不能让西门庆看出一丁点儿的，在西门庆面前她则装出全心全意为他着想的样子："你既要干这营生，不如一狠二狠，把奴才结果了，你就搂着他老婆也放心。"同时还详细分析了若来旺儿健在所带来的种种不便。这一段分析，正扣张竹坡所评点的那样："入情入理，写尽千古权奸伎俩也。"因此，西门庆在陷害来旺儿的过程中丝毫未觉察潘氏的这份虚伪机诈，当在情理之中。

潘金莲个性化语言的显著特征之二是争强好胜。这种争强好胜，使得她在日常生活中泼悍霸道，而在同对她有威胁的妻妾婢妓的争斗中则凶狠恶毒。

第五十八回，潘金莲酒醉归房，黑暗中踩着了狗屎，鞋子弄脏了，这本是一件家常小事，可她却要发作一通，她的丫鬟秋菊再一次成了出气筒："论起这咱晚，这狗也该打发去了，只顾还放在这屋里做甚么？是你这奴才的野汗子，你不发他出去！教他恁遍地撒屎，把我恁双新鞋儿，连今日才三四日儿，蹎了恁一鞋帮子屎。知道了我来，你与我点个灯儿出来，你如何恁推聋妆哑装憨儿？"并吩咐春梅："与我采过跪着，取马鞭子来，把他身上衣服与我扯了，好好教我打三十马鞭子便罢。但扭一扭儿，我乱打了不算！"把秋菊打得"杀猪也似叫"。本来这鞋子踩脏与丫鬟秋菊有何相干，可潘金莲却偏要归罪于她的"失职"，其泼悍霸道于中可见一斑。

对于秋菊这样不会有任何威胁的丫鬟，潘金莲只是把其当作施发淫威的对象，并没有陷害她的心思；而对于像李瓶儿这样的足以同潘氏争宠的对手，潘金莲是必置之于死地而后快的，其语言之恶毒自然也就到了无以复加的地步。第六十回，潘金莲在设计利用白狮子猫儿害死李瓶儿之子官哥儿从而给李瓶儿以重大的精神打击之后，仍不肯罢休：她"每日抖擞精神，百般称快"，骂丫头道："贼淫妇？我只说你日头常晌午，却怎么今日也有错了的时节。你'班鸠跌了弹——也嘴答谷了'，'椿凳折了靠背儿——没的椅了'，'王婆子卖了磨——推不的了'，'老鸨子死了粉头——没指望了'，却怎的也和我一般？"这哪里是骂丫头，分明是在骂李瓶儿，只是没指名道姓罢了。这种恶毒的冷嘲热讽对于刚失去亲子的李瓶儿无疑是雪上加霜，在伤疤上撒盐，从此一病不起，最终气死在病榻上。李瓶儿临终前同吴月娘讲的话分明是对潘氏罪行的血泪控诉："娘到明日好生看养着,与他爹做个根蒂儿,休要似奴心粗,吃人暗算了。"

尽管我们没有足够的理由说一部《金瓶梅》实际上就是西门庆同其妻妾婢女的淫乱史,但恐怕谁也不能否认,有关西门庆同潘金莲等的两性生活的内容确实在书中占据着重要的位置,所以潘金莲的语言中每描述与"性"有关的内容——而且往往是比较低级、下流的内容时也就很自然了,这样,粗鄙淫荡也就成了潘金莲个性化语言的最鲜明的特征。

综观《金瓶梅》全书,我们认为,作者为潘金莲这个人物设计的语言是成功的。它的成功主要体现在具有鲜明的交际特征和个性化特征,从而多方面多角度地刻划了这个人物的媚、奸、假、淫、毒,使之成为最具魅力的人物形象。

(原载于《齐齐哈尔师院学报》1994 年第 4 期,中国人民大学报刊复印资料《中国古代、近代文学研究》1994 年第 10 期全文转载)

附记

本文是研究《金瓶梅词话》文学语言的第二篇论文,也是我与蔡永良君合作的最后一篇论文。

本文的部分内容也是五年后问世的本人第一部修辞学著作《〈金瓶梅〉文学语言研究》写作的基石之一,成为该书第三章第一节的基本内容。

本文在《齐齐哈尔师院学报》发表后被中国人民大学报刊复印资料《中国古代、近代文学研究》全文转载。

文言文今译方法和规律举隅

一、语气词、连词的今译规律

文言虚词在古文中的作用是不可低估的。清代著名学者刘淇在他的那部虚词名著《助字辨略》的扉页中如此写道："构文之道，不过实字、虚字两端，实字其体骨，而虚字其性情也。盖文以代言，取肖神理，抗坠之际，轩轾异情，虚字一乖，判于燕越，柳柳州所由发哂于杜温夫者邪！且夫一字之失，一句为之蹉跎；一句之误，通篇为之梗塞，讨论可阙如乎！"三言两语便从篇章学、阅读学这两个角度将虚词在文章章法、结构、表情达意中的功能以及在文章阅读、文意理解中的作用阐述得一清二楚，讨论古文的阅读、虚词的理解及把握问题，实不"可阙如"。不但如此，更由于文言虚词绝大多数无论在意义上还是在用法上都同现代汉语虚词有着很大的差异，若以今律古，不免乖误，因此虚词的今译也就自然而然地成为学习文言文的重点、难点之一。

根据目前大中学生在文言虚词的今译中存在的问题，本章将有选择地讨论两类常人颇感棘手的虚词——语气词和连词的今译问题。

（一）常用语气词的今译

文言文中语气词是用得很普遍的，它是用来表示陈述、疑问、反问、感叹、祈使、提顿等语气的，今译时要注意两点：

一是注意不同语气的细微差别。例如"也"和"矣"用法相接近，但彼此又有区别，古人曾说："也之与矣，相去千里。"（《淮南子·说林训》）吕叔湘先生在《文言虚字》里说："'矣'字用于直陈语气，和'也'字大有区别。简单地说，'也'字是静性的语助词，表本然之事；'矣'字是动性的语助词，表已然或将然之事，即经过一番变动而成之事。""矣"字在现代汉语中有一个"了"字跟它基本相合，今译时一般可用"了"字对译。例如：

①有蒋氏者，专其利三世矣。（柳宗元《捕蛇者说》）
②以故城中益空无人，又困贫，所从来久远矣。（《史记·滑稽列传》）

"也"字在陈述句中的基本作用是判断静止性的事情。有时可译为"啦""啊"，有时可以不译。例如：

①苍颜白发，颓然乎其间者，太守醉也。（欧阳修《醉翁亭记》）
②夫大国难测也。（《左传·庄公十年》）
③亚父者，范增也。（《史记·项羽本纪》）

例①对译为"啦"，例②对译为"啊"，例③不必译。

二是要注意语气词的连用。在文言文中，语气词连用的情况是很多的。连用时，一般说来重点落在末一个语气词上，所以今译时通常只要把这个语气词对译出来就可以了。例如：

①穷予生之光阴以疗梅也哉！（龚自珍《病梅馆记》）
②其可怪也欤？（韩愈《师说》）

例①的"哉"表感叹，对译为"啊"；例②的"欤"表商量语气，对译为"吧"。

古代汉语的语气词有时可以表示几种语气，它的位置一般是在句子的末尾，但也有位于句中的。今译时虽有规律可循，但又不能死译，要根据语言环境作相应的处理，下面试就几个常用的语气词分别给予举例说明。

1. 也

语气词"也"，一般说来有两种用法。一种是用在句尾，一种是用在句中。用在句尾的，大多表示的是肯定语气：一是用在判断句的句尾，一是用在叙述句的句尾，但也有用在疑问句、感叹句、祈使句句尾的。

（1）"也"字用在判断句句尾。

①项籍者，下相人也。（《史记·项羽本纪》）
②和氏璧，天下所共传宝也。（《史记·廉颇蔺相如列传》）
③夺项王天下者，必沛公也。（《史记·项羽本纪》）
④沛公之参乘，樊哙者也。（《史记·项羽本纪》）

以上四个判断句都用"也"字煞尾，它的作用是加强判断的肯定语气，可以用"啊"字来对译，也可以不译。译或不译应揣摩语气的强弱后决定。例①、②可以不译，例③、④根据上下文可知谈话的人语气强烈，可以译为"啊"。

（2）"也"字用在叙述句句尾。

①不患人之不己知，患不知人也。（《论语·学而》）
②今以钟磬置水中，虽大风浪不能鸣也。（苏轼《石钟山记》）

③饮少辄醉，而年又最高，故自号曰"醉翁"也。（欧阳修《醉翁亭记》）

④蟹六跪而二螯，非蛇鳝之穴无可寄托者，用心躁也。（《荀子·劝学》）

例①、②中的"也"是表示谓语所陈述的内容确实存在，对整个句子的句意加强肯定。这个"也"字可对译为"啊"，也可以不译，这由语气的强弱决定。例①语气强烈，可对译为"啊"；例②语气较弱，可不译。例③、④表示因果关系，例③语气较弱，可不译；例④语气较强，可对译为"啊"。

（3）"也"字用在疑问句、感叹句、祈使句句尾。

①何为不去也？（《礼记·檀弓下》）
②是何楚人之多也！（《史记·项羽本纪》）
③寡人已知将军能用兵矣。寡人非此二姬，食不甘味，愿勿斩也。（《史记·孙子吴起列传》）

例①表疑问，可对译为"呢"；例②表感叹，可对译为"呢"；例③表祈使，可对译为"吧"。

还有一种用在句中的"也"，表示停顿的语气，以期引起对方注意，倾听下文。这种"也"字大都用在主语的后面，有时也用在复句中前一分句的句尾，也有用在时间词、副词之后的。这种"也"与现代汉语中的"啊"字相当。例如：

①赐也何敢望回？（《论语·公冶长》）
②惑而不从师，其为惑也，终不解矣。（韩愈《师说》）
③古也墓而不坟。（《礼记·檀弓上》）

例①的"也"在主语"赐"后，例②的"也"在分句"其为感"后，例③的"也"在时间词"古"后。

2. 矣

"矣"字前面已讲过，它和现代汉语中的语气词"了"基本相合，所以对译起来容易掌握。它大多用在叙述句句尾，表示一种直陈语气，说明一件事情有一个发展变化的过程，表示动作行为已实现，或将实现。但也有用在疑问句、感叹句、祈使句后面的。例如：

①有蒋氏者，专其利三世矣。（柳宗元《捕蛇者说》）
②天下苦秦久矣。（《史记·陈涉世家》）
③如此，则荆吴之势强，鼎足之形成矣。（《资治通鉴·赤壁之战》）
④不过三岁，塞下之粟必多矣。（晁错《论贵粟疏》）

⑤太后曰："敬诺！年几何矣？"（《战国策·赵策》）

⑥甚矣！吾不知其人也！（《史记·刺客列传》）

⑦孟尝君不说，曰："诺，先生休矣！"（《战国策·齐策》）

例①、②表示动作行为已实现，例③、④表示动作行为将实现，例⑤表疑问，例⑥表感叹，例⑦表祈使。以上的"矣"都可以对译为"了"。

3. 乎

"乎"在句子里的位置有两种：一种是在句尾，一种是在句中。它主要用于疑问句和感叹句中，可用现代汉语的语气词"吗、呢、吧"和"啊、吧"等对译。

用在句尾表疑问语气的有三种情况：一是表示真实性的询问语气。例如：

①壮士！能复饮乎？（《史记·项羽本纪》）

②若毒之乎？（柳宗元《捕蛇者说》）

③刘豫州何不遂事之乎？（《资治通鉴·赤壁之战》）

例①、②可对译为"吗"，例③可对译为"呢"。

二是表示反诘语气的。例如：

①孟子曰："是焉得为大丈夫乎？"（《孟子·滕文公下》）

②事不目见耳闻，而臆断其有无，可乎？（苏轼《石钟山记》）

③安能复为之下乎？（《资治通鉴·赤壁之战》）

例①、③可对译为"呢"，例②可对译为"吗"。

三是表示揣测语气的。例如：

①食饮得无衰乎？（《战国策·赵策》）

②圣人之所以为圣，愚人之所以为愚，其皆出于此乎？（韩愈《师说》）

③而彭祖乃今以久特闻，众人匹之，不亦悲乎？（《庄子·逍遥游》）

例①的"乎"期待对方回答，可对译为"吧"；例②、③的"乎"不期待对方回答；例②推测中还兼有感叹，可对译为"吧"；例③可对译为"吗"。

"乎"字用在句尾或句子开头表感叹的，可用现代汉语"啊"对译。例如：

①长铗归来乎！食无鱼。（《战国策·齐策》）

②嗟乎！师道之不传也久矣！（韩愈《师说》）

③呜乎！汝病吾不知时，汝殁吾不知日。（韩愈《祭十二郎文》）

例①的"乎"用在句尾，例②、③的"乎"用在句子开头，都可以译成"啊"。

"乎"字也可以用在句中，一般用在句子中的停顿处，可对译为"啊"。例如：

①以无厚入有间，恢恢乎其于游刃必有余地矣。（《庄子·养生主》）
②默默乎河伯，女恶知贵贱之门，小大之家！（《庄子·秋水》）

4. 哉

"哉"在句中的位置有两种：一种是在句尾，一种是在句中。它主要用在疑问句和感叹句中，可用现代汉语"呢、呜、吗"和"啦、呀"等对译。"哉"用在疑问句中以反诘句最普遍，常和副词"岂"或疑问代词搭配，用在询问句中常和疑问代词相搭配，带有感叹的语气。例如：

①是岂无坚甲利兵也哉？（《荀子·议兵》）
②岂人主之子孙则必不善哉？（《战国策·赵策》）
③禽兽之变诈几何哉？（《聊斋志异·狼》）
④而此独以钟名，何哉？（苏轼《石钟山记》）

例①、②的"哉"与"岂"搭配，表反诘语气，对译为"吗"；例③、④的"哉"与疑问代词"何"搭配，表询问语气，对译为"呢"。

"哉"用在感叹句中，一般也用"呀""啊"等对译。例如：

①小子安知壮士志哉！（《后汉书·班超传》）
②何有于我哉！（《论语·述而》）
③贤哉，回也！（《论语·雍也》）
④大哉尧之为君也。（《论语·泰伯》）

例①、②的"哉"用在句尾，表感叹，可对译为"呀"，例③、④是个主谓倒装句，"哉"位于提前了的谓语的末尾，可对译为"啊"。

5. 焉

"焉"所表示的语气，跟现代汉语的"呢"语气很接近，但不是句句都可以用"呢"字来对译。"焉"用作语气词首先表示陈述语气，其次表示疑问和感叹语气。它的位置一般在句尾，但也有在句中的。先看表陈述的语气：

①宅边有五柳树。因以为号焉。（陶渊明《五柳先生传》）
②三人行，必有我师焉。（《论语·述而》）
③自此，冀之南、汉之阴，无陇断焉。（《列子·汤问》）

以上三例中的"焉"不必对译为"呢"。但用于疑问句和感叹句中一般可用"呢""呀"对译。例如：例①的"焉"表疑问，对译为"呢"；例②的"焉"表感叹，对译为"呀"。

"焉"也有用在句中停顿的地方。例如：

①少焉，月出于东山之上，徘徊于斗牛之间。（苏轼《赤壁赋》）
②于是焉，河伯欣然自喜，以天下之美为尽在己。（《庄子·秋水》）

以上两例的"焉"，现代汉语中没有相当的词对译。

6. 耳

"耳"字用在句尾，有的可用"罢了"对译，有的可用"呢""了"等对译，这由它在句中的语气轻重、语意连贯等决定。例如：

①直不百步耳，是亦走也。（《孟子·梁惠王上》）
②口耳之间，则四寸耳。（《荀子·劝学》）
③昔甘茂之孙甘罗，年少耳，然名家之子孙，诸侯皆闻之。（《史记·樗里子甘茂列传》）
④臣乃今日请处囊中耳。（《史记·平原君虞卿列传》）
⑤晋鄙，嚄唶宿将，往恐不听，必当杀之，是以泣耳，岂畏死哉？（《史记·魏公子列传》）

例①、②的"耳"语气较强，可对译为"罢了"；例③的"耳"语气较弱，可对译为"呢"；例④的"耳"同"矣"，可对译为"了"；例⑤的"耳"根据语意可对译为"啊"。

7. 欤

欤，也作"与"，用法大致和"乎"相近。一般用在句末，也有用在句中的。"欤"，有表特质疑问的，有表反诘疑问的，有表感叹的，翻译成现代汉语大致跟"吗""呢""啊""吧"相当。例如：

①商君曰："子不说吾治秦与？"（《史记·商君列传》）
②四海之大，有几人欤？（张溥《五人墓碑记》）
③子非三闾大夫欤？（《史记·屈原贾生列传》）
④舜其大孝也与！（《礼记·中庸》）
⑤（荣）乃于邑曰："其是吾弟与？"（《史记·刺客列传》）

例①的"与"表特指疑问，译成"吗"；例②、③的"欤"可分别译成"呢"和"吗"；例④、⑤的"与"可分别译成"啊"和"吧"。感叹语气根据强弱不同而选择对译词语，译者要正确处理。

（二）常用连词的今译

连词恐怕是文言虚词的今译中最难把握、处理的词类之一，因为它往往介于可译与可不译之间，而且无论是译还是不译，均既要照顾原文的语气——力求使译文不走样、不变形，又要考虑译文的规范、流畅——力求使译文符合现代汉语的语言习惯。何时该译何时不译、如何去恰切地对译等问题常常是阻碍初学者的拦路石，不去除则会影响译文的传真性、规范性。这里我们选择几个最常见的连词，作一番讨论、分析。

1. 之

连词"之"①的用法，概括起来主要有三种：一种是连接定语和中心语，一种是连接主语和谓语，一种是连接主语和介词短语。

（1）"之"连接定语和中心语，表示领属、修饰等关系。

①今臣之刀十九年矣。（《庄子·养生主》）
②域民不以封疆之界，固国不以山溪之险。（《孟子·公孙丑下》）
③小大之狱，虽不能察，必以情。（《左传·庄公十年》）
④夫秦王有虎狼之心。（《史记·项羽本纪》）

例①、②中的"之"表领属（限制）关系，例③、④中的"之"表修饰关系。在通常情况下，这种"之"字可今译为现代汉语的结构助词"的"，但不可把"之"和"的"等同起来：首先是词性不同，"的"为助词，"之"为连词；其次是语法功能不同，"的"可以同前面的词或短语组合成"的"字短语，作主语和宾语，而"之"则只能起连接前边的定语和后边的中心语的作用，无法单个同前边的定语组合成短语。

连接定语和中心语的"之"除表示领属、修饰关系之外，有时还可表示一种同一性的偏正关系："之"所连接的两个名词性成分指的是同一类事物，而且往往是种（定语）与属（中心语）的关系，这种"之"字可以今译为"这（那）样的""这（那）种""这（那）些"等。例如：

①以君之力，曾不能损魁父之丘。（《列子·汤问》）
②公输盘为楚造云梯之械。（《墨子·公输》）
③齐明、周最、陈轸、召滑、楼缓、翟景、苏厉、乐毅之徒通其意。（贾谊《过秦论》）

例①中的"之"可译为"这样的"；例②中的"之"可译为"这种"；例

---

① 这种情况的"之"，不少书均作结构助词，作用同"的"，其实不然。现代汉语中的"的"字可以同它前面的成分构成"的"字短语，而"之"不能。我们将它处理作连词。

③中的"之"可译为"这些"。

（2）"之"连接主语和谓语，使主谓短语呈现名词性。

①孤之有孔明，犹鱼之有水也。（《三国志·诸葛亮传》）
②媪之送燕后也，持其踵，为之泣。（《战国策·赵策》）
③师道之不传也久矣。（韩愈《师说》）
④不虞君之涉吾地也。（《左传·僖公四年》）

上述四例中的主谓短语"孤有孔明""鱼有水""媪送燕后""师道不传""君涉吾地"原本是谓词性短语，主谓之间加了个"之"以后便成为名词性短语了①，分别作主语（例①、②、③）和宾语（例④）。连接主语谓语的"之"字在现代汉语中没有相当的词可以对译，所以通常无须译出。

不少书将"之"的这种用法称作"取消句子独立性"，这种说法在例①、②中固然讲得通，然而在例③、④中则颇难讲通：无论"师道不传"还是"君涉吾地"，均为句中短语而非独立的句子，加了个"之"之后，怎么能说是取消了"句子"的独立性呢？

（3）"之"连接主语和介词短语，强调作状语的介词短语。

①寡人之于国也，尽心焉耳矣。（《孟子·梁惠王上》）
②二子之于法术，皆未尽善也。（《韩非子·定法》）
③且今时赵之于秦，犹郡县也。（《史记·张仪列传》）

由于现代汉语中没有合适的虚词可以对译，所以这种用法的"之"通常不译。

作连词的"之"除了以上三种主要的用法外，还有一种不太常见的用法：连接两个或两个以上的名词，同现代汉语的连词"和"对当。例如：

①皇父之二子死焉。（《左传·文公十一年》）
②昔者，鬼侯之鄂侯、文公，纣之三公也。（《战国策·赵策》）

例①中的"皇父之二子"是指"皇父和他的两个儿子"，例②中的"鬼侯之鄂侯、文公"是指"鬼侯和鄂侯、文公"。不过"之"的这种用法比较罕见。

2. 而

连词"而"的用法相当复杂，概括起来，主要有以下三种情况：

（1）"而"连接并列的两种成分，表示两种性质或行为的联系。

---

① 中学语文课本以及不少讲虚词的书均将这种"之"的用法称为"取消句子独立性"，殊为不妥，这里显然将主谓短语同一般谓语句混为一谈，是不科学的。

①士不可以不弘毅，任重而道远。（《论语·泰伯》）

②强本而节用，则天不能贫。（《荀子·天论》）

③亡羊而补牢，未为迟也。（《战国策·楚策》）

④尉剑挺，广起，夺而杀尉。（《史记·陈涉世家》）

⑤恭而无礼则劳，慎而无礼则葸。（《论语·泰伯》）

⑥秦无亡矢遗镞之费，而天下诸侯已困矣。（贾谊《过秦论》）

例①、②中的"而"连接两个短语，该两个短语处于一种平等的关系，无先后之分，这种"而"字既可对译为"且""又"，也可不译。例③中的"而"连接两个短语，例④中的"而"则连接词和短语，这两个"而"字的前后两项，存在先后关系：或是动作时间顺序上的承接，如例③；或是事情因果联系上的相承，如例④，因此"而"可对译为"便""就"等。例⑤中的"而"连接词和短语，例⑥中的"而"连接两个句子，这两个"而"字的前后两项，存在相对或相反的关系，"而"字实际上表示一种转折的意思：当它连接的是词和短语时，通常可译为"却"，如例⑤；当它连接的是句子的时候，通常可译为"然而"，如例⑥。

（2）"而"连接状语和谓语动词，状语往往是谓语动词所表动作、行为的方式、状态、原因、时间、方位等，两者是一种顺承关系。

①夫子式而听之。（《礼记·檀弓下》）

②吾恂恂而起，视其缶，而吾蛇尚存，则弛然而卧。（柳宗元《捕蛇者说》）

③未至，道渴而死。（《山海经·夸父逐日》）

④吾尝终日而思矣，不如须臾之所学也。（《荀子·劝学》）

⑤北山愚公者，年且九十，面山而居。（《列子·汤问》）

⑥昌以牦悬虱于牖，南面而望之。（《列子·汤问》）

例①中"而"之前的状语"式"（同"轼"，即扶轼）是"而"之后的动词"听"的方式；例②中的"恂恂""弛然"分别是谓语动词"起""卧"的状态；例③中的"道渴"是"死"的原因；例④中的"终日"是"思"的时间；例⑤、⑥中的"面山""南面"分别是"居""望"的方位。所以上述六例中的"而"以及其他同此类的"而"字，通常无须译出，也实在没有合适的词对译。

（3）"而"连接主语和谓语，表假设、转折等关系。

①管氏而知礼，孰不知礼？（《论语·八佾》）

②子产而死，谁其嗣之？（《左传·襄公三十年》）

③诸君而有意，瞻予马首可也。（《清稗类钞·冯婉贞胜英人于谢庄》）

④十人而从一人者，宁力不胜，智不若耶？（《战国策·赵策》）

⑤人而无信，不知其可也。（《论语·为政》）

例①、②、③中的"而"字表假设，可译为"假如"；例④、⑤中的"而"字表转折，可译为"却"。

3. 以

连词"以"的用法主要有三种：一种是连接两个动词或动词性短语，一种是连接两个形容词或形容词性短语，一种是连接状语和谓语动词。

（1）"以"连接动词或动词性短语，表动作行为的相承、目的、结果。

①自始合，而矢贯余手及肘，余折以御。（《左传·成公二年》）

②越国以鄙远，君知其难也。焉用亡郑以陪邻？（《左传·僖公三十年》）

③一狼洞其中，意将隧入以攻其后也。（《聊斋志异·狼》）

④属予作文以记之。（范仲淹《岳阳楼记》）

例①中的"以"连接两个动词，表动作的先后，意同"而"，可不译，也可译为"而后"。例②中前一个"以"字连接两个动词性短语，用法同例①，无须译出；后一个"以"字表结果："亡郑"的后果是"陪邻"，"以"可不译，也可译作"去"。例③、④中的"以"均表目的："隧入""作文"的目的是"攻其后""记之"，"以"的这种用法最为常见，可不译，也可译作"来"。

（2）"以"连接形容词或形容词性短语等，表示并列关系。

①夫夷以近，则游者众；险以远，则至者少。（王安石《游褒禅山记》）

②深林杳以冥冥兮，乃猿狖之所居。（屈原《涉江》）

③治世之音安以乐，乱世之音怨以怒，亡国之音哀以思。（《礼记·乐记》）

④使民敬、忠以劝，如之何？（《论语·为政》）

上述四例中的"以"均表示并列关系，通常可译为"且""又"。

（3）"以"连接状语和谓语动词，表动作、行为的方式、状态。

①樊哙侧其盾以撞，卫士仆地。（《史记·项羽本纪》）

②予与四人拥火以入。（王安石《游褒禅山记》）

③各各竦立以听。（《聊斋志异·促织》）

④木欣欣以向荣，泉涓涓而始流。（陶渊明《归去来兮辞》）

例①、②中的"以"表方式："撞"的方式和"入"的方式；例③、④

中的"以"表状态："听"的状态和"向荣"的状态。由于现代汉语中没有恰当的词可以对译，所以处于状语和谓语动词之间的"以"字通常无须译出。

4. 虽

连词"虽"的用法相对来说要简单一些，一种是表示让步，这种用法现代汉语中也有，所以对译时一般没什么问题。例如：

①君若以力，楚国方城以为城，汉水以为池，虽众，无所用之。（《左传·僖公四年》）

②天都虽近而无路，莲花可登而路遥。（徐宏祖《游黄山日记》）

例①、②中的"虽"一般都知道当译为"虽然"。

"虽"还有一种用法是表假设，作用同"纵"。例如：

①安陵君受地于先王而守之，虽千里不敢易也，岂直五百里哉？（《战国策·魏策》）

②虽有天下易生之物也，一日暴之，十日寒之，未有能生者也。（《孟子·告子上》）

③今虽死乎此，比吾乡邻之死则已后矣。（柳宗元《捕蛇者说》）

④今以钟磬置水中，虽大风浪不能鸣也，而况石乎！（苏轼《石钟山记》）

上述四例中的"虽"表假设，可译为"纵然""即使"。如何区别表让步的"虽"和表假设的"虽"呢？这主要看"虽"连接的成分：如果"虽"连接的成分所表达的事物是已经实现的或已经证实的，则"虽"表让步，如例①中秦晋两国军队之数量——"众（多）"是已经存在的事实，例②中天都峰之距离——"近"是已经被证实的事实；反之，"虽"连接的成分所表达的事物是尚未实现或尚未证实的，则"虽"表假设，如例①中的以千里之地易安陵是尚未实现的事情，例②中的"天下易生之物"也是尚未被证实的事物，今译时要注意分辨。

5. 则

连词"则"的用法虽然不少，但由于其各种用法的含义在现代汉语中均有一些词与之相当，只要留心文意，注意选择，一般来说今译并不麻烦。

（1）"则"连接两个有时间上先后关系的成分，表相承。

①每闻琴瑟之声，则应节而舞。（《聊斋志异·促织》）

②既其出，则或咎其欲出者。（王安石《游褒禅山记》）

③问之，则曰："彼与彼年相若也，道相似也。"（韩愈《师说》）

上述三例中"则"连接的两个部分均存在时间上的先后关系，均可译为"就""便"。

（2）"则"连接两个有假设或因果关系的成分，表推断、结果。

①王知如此，则无望民之多于邻国也。（《孟子·梁惠王上》）
②若此论则无过务矣。（《吕氏春秋·察今》）
③忠之属也，可以一战。战则请从。（《左传·庄公十年》）

上述三例中"则"连接的两个部分均存在假设关系，通常与"如""若"等词配合使用，"则"可译为"那就""那么"。

④故木受绳则直，金就砺则利。（《荀子·劝学》）
⑤居安思危，思则有备，有备无患。（《左传·襄公十一年》）

例④、⑤中"则"连接的两个部分均存在因果联系，"则"可译为"便""就"。

（3）"则"连接两个并列相承的成分，表转折。

①今虽死乎此，比吾乡邻之死，则已后矣。（柳宗元《捕蛇者说》）
②如平地三月花者，深山中则四月花。（《梦溪笔谈·采草药》）
③手裁举，则又超忽而跃。（《聊斋志异·促织》）
④公使阳处父追之，及诸河，则在舟中矣。（《左传·僖公三十三年》）
⑤至则无可用，放之山下。（柳宗元《黔之驴》）

例①、②、③中的"则"表转折的语气较明显，通常可译作"却"；不少书将例④、⑤列为"则"的另一个用法：表发现①，其实从前后语意联系来看，这也是一种转折——与后来预料的相反，也即发现一种意料之外的既成事实，我们觉得没必要另列，至于今译，可以不译，也可译作"却"。

除了以上三种最常见、最基本的用法外，"则"有时还可以表示让步、假设，可译为"如果""虽然"，例如：

①彼则肆然而为帝，过而遂正于天下，则连有赴东海而死矣。（《战国策·赵策》）
②善则善矣，未可以战也。（《国语·吴语》）

例①中的"则"表假设，可译为"假如"；例②中的"则"表让步，可译为"虽然""倒是"。但是，"则"的这些用法，相对于前面提到的几种用

---

① 见郭锡良等编：《古代汉语》（上册），北京：北京出版社，1981 年。

法则要少见得多。

同语气词一样，连词的今译有较大的灵活性，具体操作时还是要揣摩上下文意，切不可犯拘泥、硬套教条、规律的错误，以致译文别扭不畅①。

二、常见固定结构的今译规律

文言文中某些词由于经常组合而逐渐形成一种固定的格式。在这种固定结构中，几个词的意义已完全融合在一起，共同表示某一个特定的含义。若不从整体去把握它的含义，而试图按照通常的做法，从词的字面义的组合去推求整个结构的意义，则往往会不得要领，以致影响对文意的理解、把握。因此了解文言文中常见的一些固定结构，谙熟这些固定结构的使用习惯以及特殊含义，实在是初学者在学习文言文的过程中所不可缺少的一个重要环节。本部分将分两大类，依次介绍一些常见固定结构的今译规律。

(一) 含有疑问代词、语气词的固定结构

这一类固定结构，有一个共同的特征：都包含有疑问代词或疑问语气词，这些疑问代词（语气词）今译时该如何处理，均与整个结构的特定用法有关。下面试一一介绍。

1. "如（若、奈）……何"式

这是一种表疑问的固定结构，其中"如、若、奈"为动词，表处置的意思，"何"为疑问代词，作"怎么""怎样"解，整个结构往往可以译为"把……怎么样""对……怎么办"。例如：

①一薛居州，独如宋王何？（《孟子·滕文公下》）

②以君之力，曾不能损魁父之丘，如太行王屋何？（《列传·汤问》）

③晋侯谓庆郑曰："寇深矣，若之何？"对曰："君实深之，可若何？"（《左传·僖公十五年》）

④巫妪、三老不来还，奈之何？（《史记·滑稽列传》）

⑤力拔山兮气盖世，时不利兮骓不逝！骓不逝兮可奈何？虞兮虞兮奈若何！（《史记·项羽本纪》）

⑥舜为天子，皋陶为士，瞽瞍杀人，则如之何？（《孟子·尽心上》）

例①中的"如宋王何"可译为"能把宋王怎么样"；例②中的"如太行王屋何"可今译为"能把太行、王屋怎么样"；例③、④中的"若之何""奈之何"均可今译为"对此怎么办"；例⑤中的"奈若何"今译为"把你怎么

---

① 何乐士等编：《古代汉语虚词通释》，北京：北京出版社，1985年。

办"；例⑥中的"如之何"可译为"对此怎么办"。

有时候，"如（若、奈）……何"式中间的成分可以直接省去，而简化为"如（若、奈）何"式，可今译为"怎么办""怎么样"，如例③、⑤中的"可若何""可奈何"均可今译为"能怎么办"。

"如（若、奈）……何"式往往还可以作状语，表强烈的反问语气，可今译为"为什么""怎么能"，经常出现的形式是"如（若、奈）之何"以及"如（若、奈）何"。例如：

①明耻教战，求杀敌也。伤未及死，如何勿重？（《左传·僖公二十二年》）

②民不畏死，奈何以死惧之？（《老子》七十四章）

③此车一人殿之，可以集事。若之何其以病败君之大事也？（《左传·成公二年》）

例①中的"如何"可译为"为什么"，"如何勿重"可以译为"为什么不可以再伤害他一次"。① 例②中的"奈何"也可以今译为"为什么"。例③中的"若之何"可今译为"怎么能"，其后的副词"其"表加强语气，无须译出，该句可今译为"怎么能因为受伤而败坏国君的大事"。②

2. "……孰与……"式

这是一种表疑问的固定结构，通常用来表示比较，其中"孰"为疑问代词，作"谁""哪一个"解，"与"为介词，作"因"解，整个结构可以用"某同某相比，谁（哪一个）怎么样"或"某比起某来怎么样"的格式去一一解释。例如：

①我孰与城北徐公美？（《战国策·齐策》）

②（项伯）孰与君少长？（《史记·项羽本纪》）

③公之视廉将军孰与秦王？（《史记·廉颇蔺相如列传》）

④大王自料勇悍仁强孰与项王？（《史记·淮阴侯列传》）

例①、②中的"孰与"可以用"某同某相比，谁怎么样"的格式去解释，如例①可以译为"我同城北徐公相比，谁漂亮"，例②可以译为"项伯同你相比，谁年少谁年长"。例③、④则可以用"某比起某来怎么样"的格式去解释，如例③可以译为"你们看廉将军比起秦王来怎么样"，例④可以译为"大王自己估计您的勇猛强悍仁慈强大比起项王来怎么样"。从上述四例中可

---

① 参见沈玉成译：《左传译文》，北京：中华书局，1981 年，第 99 页。
② 参见沈玉成译：《左传译文》，北京：中华书局，1981 年，第 204 页。

以推知：当"孰与"后既有比较的对象，又有比较的内容时，"孰与"可以用"某同某相比，谁怎么样"的格式去解释；当"孰与"后只有比较的对象而没有比较的内容时，"孰与"可以用"某比起某来怎么样"的格式去解释。

有时，"孰与"可以用来连接两个分句，从而构成一种选择复句，其意义近似于"与其……孰若……"，可以译为"哪里比得上"，试比较：

①大天而思之，孰与物畜而制之？（《荀子·天论》）
②与其坐而待亡，孰若起而拯之？（《清稗类钞·冯婉贞胜英人于谢庄》）

例①可以翻译成"尊崇大自然并且仰慕它，哪里比得上把它当作牲畜蓄养并且控制它"；例②可以翻译成"与其坐着等死，哪如奋起拯救我们村庄"[①]。只是例②在语气上较例①要强烈一些。

3."何所 VP"式

这是一种表疑问的固定结构，其中"何"为疑问代词，作谓语，"所"为结构助词，与它后面的成分"VP"构成"所"字词组，作主语，这是一种主谓倒装结构，翻译时可还原，即译为"（所）VP 的是什么"或者干脆译为"VP 什么"。例如：

①问女何所思？问女何所忆？（《乐府诗集·木兰诗》）
②何所闻而来？何所见而去？（《世说新语·简傲》）
③白雪纷纷何所似？（《世说新语·言语》）
④卖炭得钱何所营？（白居易《卖炭翁》）

例①中的"何所思"可以译为"思考的是什么"，也可译为"思考什么"，"何所忆"与此同。例②中的"何所闻"可以译为"听到的是什么（便来了）"，也可以译为"听到了什么（便来了）"，只是后者更口语化一些，"何所见"与此同。例③中的"何所似"可译为"与之相似的是什么"，也可译为"像什么"。例④中的"何所营"既可译作"谋求的是什么"，也可译作"谋求什么"。

4."何（奚）以……为"式

这是一种表反问的固定结构，其中"何""奚"是疑问代词，"以"是介词，"为"是表疑问的语气词[②]，这种固定结构早在清代王念孙的《读书杂

---

① 有的书译作"不如""何不"，今依中学语文课本第三册（人民教育出版社 1988 年版）作"与其……哪如……"解。

② "何以……为"中的"为"有的人认为是动词，有的人认为是助词，人民教育出版社编的中学语文课本作语气助词，考虑到同现代汉语语法系统的一致性，文中作语气词处理。

志》中已有论及①。整个结构往往可以译为"要……干什么"或"哪里用得着……"。例如：

①奚以之九万里而南为？（《庄子·逍遥游》）
②汝为人臣子，不顾恩义，畔主背亲，为降虏于蛮夷，何以汝见为？（《汉书·李广苏建传》）
③夫颛臾，昔者先王以为东蒙主，且在邦域之中矣，是社稷之臣也。何以伐为？（《论语·季氏》）
④今夫齐，亦君之水也。君长有齐阴，奚以薛为？（《战国策·齐策》）

例①可以译为"要飞升到九万里高空再向南干什么"，例②"何以汝见为"可以译为"要见你干什么"，例③"何以伐为"可以译为"哪里用得着去讨伐"，例④"奚以薛为"可以译为"要薛城干什么"。

有时"何（奚）以……为"式中的"以"可以省略而形成"何（奚）……为"式，其今译照旧，例如：

①如今人方为刀俎，我为鱼肉，何辞为？（《史记·项羽本纪》）
②败军之将，被禽不速死，奚喋喋为！（邵长蘅《阎典史传》）

例①中的"何辞为"可译作"哪里用得着告辞"，例②中的"奚喋喋为"可以译作"（要）唠唠叨叨干什么"。

不但"以"可以省略，"以"之后的成分有时也可以省略，而形成"何（奚）以为"式，其今译亦照旧，只是需将省略的意思补出便可。例如：

①胜自砺剑，人问曰："何以为？"（《史记·伍子胥列传》）
②诵《诗》三百，授之以政，不达；使于四方，不能专对，虽多，亦奚以为？（《论语·子路》）

例①中需补出的"以"后省略的意思"砺剑"，因此"何以为"可以译作"（要）磨剑干什么"；例②中需补出"以"后省略的意思"诵《诗》"，因此，"奚以为"可以译作"（要）读《诗》干什么"。

5."不亦……乎"式
这是一种表反问的固定结构，其中"亦"为副词，起加强语气的作用，整个结构可以译为"难道不……吗"或"岂不（是）……吗"。例如：

①阻而鼓之，不亦可乎？（《左传·僖公二十二年》）
②民以为大，不亦宜乎？（《孟子·梁惠王下》）

---

① 参见曹炜：《试论〈读书杂志〉在汉语语法学上的贡献》，载《扬州师院学报》1993 年第 3 期。

③我欲行礼，子敖以我为简，不亦异乎？（《孟子·离娄下》）

④舟已行矣，而剑不行，求剑若此，不亦惑乎？（《吕氏春秋·察今》）

⑤汝亦知射乎？吾射不亦精乎？（欧阳修《卖油翁》）

⑥今吴之有越，犹人之有腹心疾也，而王不先越而乃务齐，不亦谬乎？（《史记·伍子胥列传》）

例①中"不亦可乎"可译为"难道不可以吗"，例②中"不亦宜乎"可译为"难道不应该吗"，例③中"不亦异乎"可译为"岂不是可怪吗"，例④中"不亦惑乎"可译作"岂不糊涂吗"，例⑤中"吾射不亦精乎"可译作"我的射技难道不精湛吗"，例⑥中"不亦谬乎"可以译作"岂不是失策吗"。

6. "得无……乎（耶）"式和"无乃……乎"式

这是两种表测度或反问的固定结构，意义近似，只是后者较前者语气上重一些，反诘的意味浓一些。前者通常可以译为"莫非……吧""恐怕……吧"；后者通常可以译为"恐怕……吧""岂不是……吗"。例如：

①成反复自念，得无教我猎虫所耶？（《聊斋志异·促织》）

②今民生长于齐不盗，入楚则盗，得无楚之水土使民善盗耶？（《晏子春秋·内篇杂下》）

③食饮得无衰乎？（《战国策·赵策》）

④师劳力竭，远主备之，无乃不可乎？（《左传·僖公三十二年》）

⑤若以不孝令于诸侯，其无乃非德类也乎？（《左传·成公二年》）

⑥居敬而行简，以临其民，不亦可乎？居简而行简，无乃大简乎？（《论语·雍也》）

例①、②中的"得无……耶"均宜译作"莫非……吧"；例③则以译作"饮食恐怕没有减少吧"为好；例④中的"无乃不可乎"当译作"恐怕不可以吧"；例⑤中的"其无乃非德类也乎"则以译作"这恐怕不是道德的准则吧"为好；例⑥中，"无乃大简乎"同前文"不亦可乎"上下呼应，更显其反诘的意味，当译为"岂不是太简单了吗"。

7. "何……之有"式

这是一种表反问的固定结构，其中"有"为动词，"何"为疑问代词，作"有"的宾语，"之"为代词，复指前置的"何"，"何……之有"即"有何……"，可译为"有什么……呢"。例如：

①姜氏何厌之有？（《左传·隐公元年》）

②宋何罪之有？（《墨子·公输》）

③三害未除，何乐之有？（《晋书·周处传》）

④孔子云："何陋之有?"（刘禹锡《陋室铭》）
⑤寇仇，何服之有?（《孟子·离娄下》）

例①中的"何厌之有"即"有什么满足呢"；例②中的"何罪之有"即"有什么罪呢"；例③中的"何乐之有"即"有什么高兴（的）呢"；例④中的"何陋之有"即"有什么简陋呢"；例⑤中的"何服之有"即"有什么服孝的呢"，可以译为"臣下还服什么孝呢"。

同"何……之有"式相近的还有"……何有"式①，也表反问，可依据具体环境，译为"有什么困难""有什么关系"等，例如：

①默而识之，学而不厌，诲人不倦，何有于我哉?（《论语·述而》）
②能以礼让为国乎，何有?（《论语·里仁》）
③王如好货，与百姓同之，于王何有?（《孟子·梁惠王下》）
④除君之恶，唯力是视。蒲人、狄人，余何有焉?（《左传·僖公二十四年》）
⑤祁氏私有讨，国何有焉?（《左传·昭公二十八年》）

例①、②、③中的"何有"可译为"有什么困难"，"何有于我哉"即"对我来说有什么困难呢"，"于王何有"即"对于实行王政有什么困难呢"；例④、⑤中的"何有"可译为"什么关系"，"余何有焉"即"对我来说有什么关系呢"，"国何有焉"即"同国家（或对国家来说）有什么关系呢"。

结构、用途同"何……之有"式，类似的还有"何……之为"式，因其不常见，也附在这里介绍一下。这也是一种表反问的固定结构，"为"为动词，"之"复指前置的宾语"何"，"何……之为"即"为何……"，直译为"还做什么……"，通常可译作"还算得上什么……""还谈得上什么……"等。例如：

①今二子者，君生则纵其惑，死又益其侈，是弃君于恶也，何臣之为?（《左传·成公二年》）
②是祸之也，何卫之为?（《左传·昭公元年》）

例①中的"何臣之为"可译为"还算得上什么臣子呢"；例②中的"何卫之为"可译为"还谈得上什么保卫呢"。

8."何其……"式和"何……之……"式
这是两种意义相近的表感叹、反问的固定结构。"何其"中的"何"为

---

① 有的人将"何有……"看作"何……之有"的紧缩式，说见黄江海等：《文言句式例析》，福州：福建人民出版社，1981 年。其实不然，这是两种不同的句式，今译时也不一样，该书将"何有于我哉"（《论语·述而》）译作"对于这些我又有什么呢"，乃误。

疑问代词①，"其"为指示代词，"何……之……"中的"何"为疑问代词，"之"为结构助词。这两种固定结构均可译为"怎么这么（如此）""为什么这么"。例如：

①自三代以下者，天下何其嚣嚣也？（《庄子·骈拇》）

②虽有君命，何其速也！（《左传·僖公二十四年》）

③汝来何其晚也？（《史记·孔子世家》）

④亡一羊，何追者之众？（《列子·说符》）

⑤此非吾君也，何其声之似我君也？（《孟子·尽心上》）

⑥何子求绝之速也？（《史记·管晏列传》）

⑦何辞之鄙背而悖于所闻也！（《盐铁论·毁学》）

⑧何许子之不惮烦？（《孟子·滕文公上》）

例①中"天下何其嚣嚣也"可以译作"天下怎么如此喧哗不停呢"；例②中的"何其速也"可以译作"怎么这么快啊"；例③可以译作"你来得怎么（或作'为什么'）这么迟呢"；例④中"何追者之众"可以译作"怎么追捕的人这么多啊"；例⑤中"何其声之似我君也"可以译为"他的声音为什么（或作'怎么'）同我们君主这么相似呢"；例⑥与例②相比，更能看出"何……之……"式同"何其……"式表义的共同性来，可以译作"为什么您要求绝交得这么快呢"；例⑦则可以译为"怎么言辞这么鄙俗乖谬而同平常听到的完全相反呢"；例⑧可以译作"为什么许子如此不怕麻烦呢"。

古汉语中除了这两种常见的固定结构外，有时还用"何如……之……"式和"一何……"式表感叹、反问，例如：

①吏呼一何怒！妇啼一何苦！（杜甫《石壕吏》）

②凤兮凤兮，何如德之衰也！（《庄子·人间世》）

③臧文仲居蔡，山节藻棁，何如其知也？（《论语·公冶长》）

例①中的"一何"可以译为"多么"；例②中的"何如……之……"译法同"何……之……"式，该例可以译为"凤啊凤啊！为什么道德如此衰弱啊"②；例③中的"何如其知也"可以译为"（这个人）怎么这样聪明呢"。

（二）不含有疑问代词的其他固定结构

这类固定结构在文言文中也确实不少，这里我们选择一些常用的，对初

---

① "何其"中的"何"有的人认为是疑问副词，说见何乐士等编：《古代汉语虚词通释》，北京：北京出版社，1985 年，第 208 页。我们以为当作疑问代词为是。

② 何乐士等编的《古代汉语虚词通释》将此句译为："凤啊凤啊！怎么命运这么不好！"欠妥。

学者来说又不太容易把握的格式作一些介绍。

1. "惟（唯）……为……"式

这是一种表强调的固定结构，其中"惟（唯）"为副词表范围，"为"是助词表判断，整个结构可以译为"只有……（才）是……"。例如：

①无恒产而有恒心者，惟士为能。（《孟子·梁惠王上》）
②故事半古之人，功必倍之，惟此时为然。（《孟子·公孙丑上》）
③惟天为大，惟尧则之。（《孟子·滕文公上》）
④惟智者为能以小事大。（《孟子·梁惠王下》）
⑤非惟小国之君为然也，虽大国之君亦有之。（《孟子·万章下》）

例①中"惟士为能"可以译作"只有士人才能做到"；例②中"惟此时为然"可以译为"只有这个时候才行"；例③中"惟天为大"可以译作"只有天是最伟大的"；例④则可以译为"只有明智的人才能够以小国的身份服事大国"；例⑤则可以译为"不只是小国的君主是如此，即使大国的国君也有朋友"。

2. "惟（唯）……所VP"式

这是一种表强调的固定结构，"惟（唯）"为副词，表范围，"所"为助词，与后面的成分"VP"构成"所"字词组，整个结构可以译为"听凭……VP""随便……VP"。例如：

①先王无流连之乐，荒亡之行，惟君所行也。（《孟子·梁惠王下》）
②大人者，言不必信，行不必果，惟义所在。（《孟子·离娄下》）
③臣唯命所试。（《列子·汤问》）
④兵既整齐，王可试下观之，唯王所欲用之，虽赴水火犹可也。（《史记·孙子吴起列传》）
⑤太祖尝赐诸子良马，惟其所择。（《周书·齐炀王宪传》）

例①中"惟君所行也"可译为"随便您如何巡游吧"；例②中"惟义所在"可以译为"随便义在何处（'大人者'总与义同在）"；例③可译为"下臣我听凭您的命令试验"；例④中"唯王所欲用之"可以译作"随便大王想要如何使用她们"；例⑤中"惟其所择"可以译为"听凭（或作'随便'）他们挑选"。

3. "……之谓……"式

这是一种表判断的固定结构，"谓"为动词，"之"为代词，复指前置的宾语，整个结构可以译为"说的（就）是……""……便叫作……"。

① 所谓故国者，非谓有乔木之谓也，有世臣之谓也。（《孟子·梁惠王下》）

②《诗》云："他人有心，予忖度之。"夫子之谓也。（《孟子·梁惠王上》）

③《诗》云："殷鉴不远，在夏后之世。"此之谓也。（《孟子·离娄上》）

④富贵不能淫，贫贱不能移，威武不能屈，此之谓大丈夫。（《孟子·滕文公下》）

⑤舜尽事亲之道，而瞽瞍底豫，瞽瞍底豫而天下化，瞽瞍底豫而天下之为父子者定：此之谓大孝。（《孟子·离娄上》）

⑥《诗》云："如切如磋，如琢如磨。"其斯之谓与？（《论语·学而》）

例①可以译为"所谓故国，并非说的是该国有高大的树木，而说的是有累代功勋的老臣"；例②中"夫子之谓也"可以译为"说的就是夫子您啊"；例③中的"此之谓也"可以译为"说的就是这个意思"；例④中的"此之谓大丈夫"可译为"这便叫作大丈夫"；例⑤中的"此之谓大孝"也宜译作"这便叫作大孝"；例⑥"其斯之谓与"可以译为"那说的就是这个意思吧"。

4."有（无）以……"式

这是两种极为常见的固定结构，"有""无"为动词①，"以"为介词，整个结构可以译为"有什么（可以）……""没有什么（可以）……"。例如：

①河曲智叟无以应。（《列子·汤问》）

②王使人瞷夫子，果有以异于人乎？（《孟子·离娄下》）

③吾终当有以活汝。（马中锡《中山狼传》）

④ 孟子对曰："杀人以梃与刃，有以异乎？"曰："无以异也。"（《孟子·梁惠王上》）

⑤故不积跬步，无以至千里；不积小流，无以成江海。（《荀子·劝学》）

⑥汤又使人问之曰："何为不祀？"曰："无以供粢盛也。"（《孟子·滕文公下》）

例①中"无以应"可以译为"没有什么可以回答"；例②中"果有以异于人乎"可以译为"（他）果真有什么不同于常人的地方吗"；例③中的"有以活汝"可以译为"有可以使你活命的办法"；例④中"有以异乎"可以译为"有什么不同吗"，"无以异也"则可以译为"没有什么不同"；例⑤中的"无以至千里""无以成江海"分别可以译为"没有什么办法可以到达千里之外的地方""没有可能汇成江海"；例⑥中的"无以供粢盛也"可以译为"没有什么办法可以提供祭祀用的谷米"。

---

① "有（无）以……"中的"以"有的人认为是动词，说见南开大学中文系古代汉语教研室编：《古代汉语读本》（修订本），天津：天津人民出版社，1981 年。我们认为不妥，"以"当作介词为是。

5. "有（无）所……"式

这是两种由动词"有""无"同"所"字词组构成的固定结构，整个结构为动宾词组，通常可译为"有（所）……的东西（地方）""没有（所）……的东西（地方）"等。例如：

①有所不行，知和而和，不以礼节之，亦不可行也。（《论语·学而》）
②饱食终日，无所用心，难矣哉。（《论语·阳货》）
③物类之起，必有所始。（《荀子·劝学》）
④子曰："由也好勇过我，无所取材。"（《论语·公冶长》）
⑤潭中鱼可百许头，皆若空游无所依。（柳宗元《小石潭记》）

例①中"有所不行"可译为"有所行不通的地方"；例②中"无所用心"可译为"没有所用心的地方（即事情）"；例③中"必有所始"可以译为"必定有所开始、发生的地方"；例④中的"无所取材"可以译为"没有可取的地方（或东西）"；例⑤中的"皆若空游无所依"可以译为"（鱼）都好像在空中游动，没有所依仗的东西（即水）"。

6. "……所以……"式

在现代汉语中，"所以"是个连词，表结果；而在文言文中，"所以"通常是两个词，它是由助词"所"和介词"以"构成的固定结构，既可表原因，又可表依据，通常可以翻译为"……的原因""用来……的（方法）"等。例如：

①吾党之小子狂简，斐然成章，不知所以裁之。（《论语·公冶长》）
②不以尧之所以治民治民，贼其民者也。（《孟子·离娄上》）
③公事毕，然后敢治私事，所以别野人也。（《孟子·滕文公上》）
④师者，所以传道受业解惑也。（韩愈《师说》）

以上四例中的"所以"均是表依据的，例①中"不知所以裁之"可以译为"（我）不知道用来培养他们的方法"，例②中"不以尧之所以治民治民"可以译为"不按照尧用来治理百姓的方法治理百姓"，例③中"所以别野人也"可以译为"（这就是）用来区别官吏同平常百姓的办法"，例④中"所以传道受业解惑也"可以译为"是用来传授道理、教授学业、解释疑难的"。

⑤故君子之所以日进，与小人之所以日退，一也。（《荀子·天论》）
⑥国之所以废兴存亡者亦然。（《孟子·离娄上》）
⑦亲小人，远贤臣，此后汉所以倾颓也。（诸葛亮《出师表》）
⑧吾所以为此者，以先国家之急，而后私仇也。（《史记·廉颇蔺相如列传》）

以上四例中的"所以"均是表原因的，例⑤可以译为"所以君子一天比一天进步的原因，同小人一天比一天退步的原因，是一样的"；例⑥可以译为"国家兴衰存亡的原因也是这样"；例⑦"此后汉所以倾颓也"可以译作"这是后汉衰败倾覆的原因"；例⑧"吾所以为此者"可以译为"我这样做的原因"。

当然，古汉语中"所以"也有作"因此"解，表结果的，例如：

⑨吾闻卫世子不肖，所以泣也。（《韩诗外传》）

例⑨中的"所以"同今天现代汉语的用法一致，可以不译。但是这种情况较为少见。

7."有……于此"式

这是文言文中用来举例说明某个问题时常用的一种固定格式，翻译时，不必照字面译作"有……在这里"，而只需译为"比如有"，也可译为"假如有。"例如：

①今有璞玉于此，虽万镒，必使玉人雕琢之。（《孟子·梁惠王下》）
②有人于此，毁瓦画墁，其志将以求食也，则子食之乎？（《孟子·滕文公下》）
③有楚大夫于此，欲其子之齐语也，则使齐人傅诸？使楚人傅诸？（《孟子·滕文公下》）
④今且有人于此，以随侯之珠，弹千仞之雀，世必笑之。（《庄子·让王》）

例①"有璞玉于此"可以译为"比如（或'假如'）有块未经雕琢的宝石在这里"，例②、③、④可据此类推。

文言文中除了"有……于此"式外，也常用"（今）有……者"式来引出作为佐证的例子：

①今有人日攘其邻之鸡者，或告之曰："是非君子之道。"（《孟子·滕文公下》）
②今有受人之牛羊而为之牧之者，则必为之求牧与刍矣。（《孟子·公孙丑下》）

例①、②中"（今）有……者"的今译同"有……于此"式，例①可以译为"比如有一个人每天偷邻人一只鸡，有人劝告他说：'这不是君子的行为。'"例②可以译为"比如有一个人，接受别人的牛羊而替人放牧，那必定要替牛羊寻找牧场和草料了"。

三、一些特殊词汇现象的今译规律

上文讨论的是古汉语中一些特殊语法现象的今译问题。其实古今汉语差异，除了体现在语法学领域外，也同样体现在词汇学领域。这里将针对初学者经常会碰到的一些特殊词汇现象，如通假字（词）、古今同形异义词语、古代专有名词等的今译问题展开讨论。

（一）通假字（词）的今译规律

从静态角度看，通假字似属于文字现象，因为它着眼于字形、字音同字义的联系，如《孟子·公孙丑下》："寡助之至，亲戚畔之"中的"畔"通"叛"，我们之所以这样认定，一是依据"畔"的字形得出"畔"的意义应与"田"有关（"畔"为田界之义），而在上述句中这个意义又显然讲不通；二是依据"畔"的读音得出"畔"与"叛"音同，两者具备互通的条件，而"叛"义在句中又明显讲得通。然而从动态角度看，通假字实际上是词汇现象，它着眼的是词语运用中为适合环境而采取的变通，即用某个词的词形灵活地表示另一个词的意义，如"畔"与"叛"在意义上本无联系，然而在具体运用中，为了适合例中的语境——可以讲得通，"畔"灵活地临时表示了"叛"这个词的意义。古汉语中，词在运用中产生的这种通假现象大量存在，翻译时必须注意识别，要将被借的词的意义译出来，不然照借词翻译，便不免乖谬。例如：

①秦伯素服郊次，乡师而哭。（《左传·僖公三十三年》）
译：秦伯穿着素服驻留郊外，对着归来的秦国将士号哭。
②今兹未能，请轻之，以待来年，然后已。（《孟子·滕文公下》）
译：（什一，去关市之征）今年还办不到，将先减轻一些，等到明年，然后完全实行。
③愿伯具言臣之不敢倍德也。（《史记·项羽本纪》）
译：希望项伯您替我告诉项王我不敢忘恩负义。
④光以其书视丞相敞等。（《汉书·霍光传》）
译：霍光将郎官的奏书给丞相杨敞等人看。
⑤魏攻中山而弗能取，则魏必罢。（《韩非子·说林上》）
译：魏国攻打中山国如不能攻取，那么魏国必定疲顿。

例①中"乡"假借为"向"，即"对着"；例②中"兹"假借为"载"，即"年"；例③中"倍"假借为"背"，即"忘""负"；例④中"视"假借为"示"，即"给……看"；例⑤中"罢"假借为"疲"，即"疲顿"，若以为"罢"表"罢休"，虽句中说得通，然与文意相左。所以今译时不能照借词译，而要将被借的本词译出来。

（二）古今同形异义词语的今译规律

由于古今汉语的差异，使得古今汉语词汇中存在着大量的古今同形异义词语，初学者往往不了解古今词汇的这种差异，以今律古，就会影响译文的准确性。例如：

①九族既睦，平章百姓。（《尚书·尧典》）

译：九族和睦之后，便又考察百官中有善行的，加以表彰。

②微夫人之力不及此。（《左传·僖公三十年》）

译：没有那个人（指秦伯）的力量，我们到不了今天。

③子路从而后，遇丈人，以杖荷蓧。（《论语·微子》）

译：子路跟随着孔子，却落在了后面，碰到一位老者，用拐杖挑着除草用的工具。

④元始中，立与平帝外家卫氏交通，为王莽所诛。（《后汉书·刘永传》）

译：元始年间刘立与汉平帝母亲家卫氏相勾结，被王莽所杀。

⑤学问之道无他，求其放心而已矣。（《孟子·告子上》）

译：学问之道没有别的，就是把那丧失了的善良之心找回来罢了。

例①中的"百姓"指的是百官，先秦古籍中"百姓"皆此意，若译为"老百姓"则谬；例②中的"夫人"不是指今天意义上的"妻子"，而是短语，指的是"那个人"；例③中的"丈人"不是指"岳父"，而是指"老者"；例④中的"交通"也不是指今天"交通运输"的"交通"，而是指"交往"，文中指"相勾结"；例⑤中的"放心"是指"丧失了的善良之心"，若译为"安心没有顾虑"则大谬。

古今同形异义词语既是文言文翻译中的一个难点，又是文言文中常见的语言现象之一，除了今译时思想中要有根弦，了解上下文意，不轻易下笔之外，还要注意利用工具书，如《辞源》《汉语大词典》等，其中收集了不少古今同形而意义有别的词条，是辨别古今同形异义词语的良师益友。

（三）古代专有名词的今译规律

由于年代的久远，古代的不少专有名词，如人名、地名、礼制名等，现代很少有人了解了，从而变得艰涩隐晦，影响人们对文意的把握，一概照搬不译是最省力也是最消极的办法，我们不主张这样处理。至于如何处理，由于情况复杂，实在没有一种万能的可适用于任何一种专有名词今译的操作方法，但得掌握一条原则：通俗、浅显，即今译之后，人们可以看懂，能够了解是怎么一回事。例如：

①冬，莒人来求赂。公子友败诸郦，获莒子之弟挐……公赐季友汶阳之田，及费。（《左传·僖公元年》）

译：冬，莒国人来求取财物，公子友在郦地打败了他们，俘虏了莒子的弟弟挐……僖公把汶阳的田地和费地赐给公子友。

例中，"公子友、莒子、挐、汶阳"不译，是因为它们很明显是指何人、何地，"莒、郦、费"译为"莒国、郦地、费地"以示区别国名、地名；"公"可不译，译为"僖公"，则更得体；至于"季友"，即"公子友"，不能不译，否则以为是两个人。

②攻赵贲，下郦、槐里、柳中、咸阳，灌废丘，最。（《史记·樊郦滕灌列传》）

译：（樊哙）攻打赵贲，攻下郦地、槐里、细柳、咸阳，其中用水灌槐里从而破城，功劳最大。

例中"郦、槐里、咸阳"均可不译，"郦"译作"郦地"更符合现代汉语的习惯——当今地名无单音节的，均为双音节。"柳中"可不译，此处译为"细柳"，是考虑到人们对"细柳"要远较"柳中"来得熟悉，这不仅是因为"细柳"作为地名被收入了《辞源》，而"柳中"没有，而且不少人对《史记·周勃世家》中所载《周亚夫军细柳营》的故事不会陌生。至于"废丘"不能不译，因为"废丘"即"槐里"，前者为旧名，后者为新名，一地列二名据《史记集解》所言是为了追求行文的变化，避免重复。

③宗庙之事，如会同，端章甫，愿为小相焉。（《论语·先进》）

译：祭祀的工作，或者同别国会盟，我愿意穿着礼服，戴着礼帽，做一个小司仪者。

例中"宗庙、会同"在先秦就犹如今天的开业剪彩、卡拉 OK 之于当代一样的习以为常，然而在今天却不大有人熟悉了，尤其是"会同"，所以宜译出。"端"为古代礼服之名，尤今之谓西装、燕尾服等，"章甫"为古代礼帽之名，若不译，作"穿着端，戴着章甫"，固然可以，但人们仍不了解它们为何物。"相"为祭祀、盟会时的赞礼之人，可以译为"司仪者"，若不译，作"小相"，人们或不知何义，或误解为宰相，则会闹笑话。

④以相如功大，拜为上卿，位在廉颇之右。（《史记·廉颇蔺相如列传》）
译：因为相如功劳大，（赵王）提升他为上卿，官位在廉颇之上。

例中的"拜"不少书均不译，而古代官吏升降均有一套相应的词语，如"迁""拜"通常用于升，"谪""徙"通常用于降，例中用"拜"则为提升，译出为宜。古代官职以右为尊，"右×"官位高于"左×"官位，"迁"常用于升，也用于平级调整，但"左迁"则为降级，故有"左降"一词。例中的"右"实乃"上"意，必须译出，不然，译作"官位在廉颇之右"，今人仍不了解其确切含义。

附 记

本文选自《文言文今译方法和规律》（江苏教育出版社 1994 年版）中的若干章节。

《文言文今译方法和规律》系我同常熟理工学院中文系翟振业教授合作的一本小书。翟振业教授生于 1938 年，年长我 25 周岁，1962 年毕业于南京师范学院中文系。我们成了忘年之交，主要起因于一件事：1984 年我于苏州大学中文系毕业后被分配到了苏州师专（今常熟理工学院）中文系任教古代文学课程。几年后，系里让我任教现代汉语课程，我便提出申请去读现代汉语助教进修班。当时翟振业教授为系主任，他同意了我的申请，学校方面也同意了，可我所在的教研组组长却不同意。系秘书事后告诉我，为我的事，翟振业教授受到了诘难，他甚至难过得掉了眼泪。

从此之后，我就很感念翟振业教授对我的关照，交往也就多了起来。那时的系主任，与普通教师没多大区别，可以经常在一起海阔天空地神聊。我结婚的家具都是翟振业教授帮我张罗的，为了省钱，他托他的朋友、时任常熟周行中学校长赵平同志带着我去当地家具厂买的，前后跑了多次，一大衣橱、一五斗橱、一写字台、一食品柜、一大床带两个床头柜，全木家具，总共 1 500 多元，是让家具厂厂长打折出售的。这个价格即使在 1986—1987 年也算是很便宜的。反过来，我却没帮他办过什么事。

合作撰写《文言文今译方法和规律》的时候，翟振业教授已卸任系主任了，担任了古代文学教研组组长，而我当时则已担任汉语教研组组长。也是在聊天的时候，谈到当前中学语文教学中文言文教学存在的问题，两人有不少想法是一致的，其中他的不少想法已经以单篇论文的形式发表在了《西南师范大学学报》《云南师范大学学报》《中学语文教学》《中学语文教学参考》等上面，而我的一些想法有的发表了（如《语文》），有的则尚未发表。于是，两人一拍即合，决定合作撰写并出版一本小书。老先生客气，让我确定书名，我便将小书定名为"文言文今译方法和规律"。

出版之前，我和翟振业教授还专程去南京大学找我当年的偶像王希杰教授给小书作序，王希杰教授热情地接待了我们，并满口应允给我们写序。在序中，王先生对我的溢美之词远超翟振业教授，这让我很难为情，也很过意不去，但翟振业教授却认为没什么。于是小书就这样印出来了。

这本小书共有九章，其中第一、六、七、八、九章及第五章中的"几种修辞现象的今译规律"部分由翟振业教授执笔，第二、三、四章及第五章中的"几种特殊词汇现象的今译规律"部分则由我执笔。这里，就选了第三、四章及第五章中"几种特殊词汇现象的今译规律"等文字，也能反映那个时期自己对文言文今译的一些思考，而且对现在的年轻学子可能也还有帮助。